农林经济管理系列教材

农林高校创业管理实务

主　编　马红玉　夏显力
副主编　赵　笑　汪红梅　王少坤

科学出版社
北　京

内 容 简 介

本书立足于高等农林院校自身的优势与特色以及学生差异化的特征，基于管理实践的视角，借鉴蒂蒙斯的创业管理模型，结合创业管理必需的机会、团队、资源要素，从创业基本认知，创业者的基本素质，创业机会的识别与评价，创业团队建设，创业中的领导与激励、冲突与沟通，创业资源整合，商业模式，新企业开办等内容编写。全书共九章内容，每章均有思维导图对学习目的、学习要求等内容进行梳理总结，同时还将农业领域以及农林院校学生创业的典型案例融入章节内容中，充分凸显了教材理论与实践相结合的特性及实用性。

本书既可以作为农林院校学生公共选修课以及专业课程的参考教材，又可以作为对创业管理感兴趣的高等院校学生的辅助教材。通过课程的学习培养学生的创新意识，理解创业行动的内在规律，掌握创业技能，为乡村振兴战略的实施培养合格的新型农业创业人才。

图书在版编目(CIP)数据

农林高校创业管理实务/马红玉,夏显力主编. —北京:科学出版社,2023.8
农林经济管理系列教材
ISBN 978-7-03-074510-1

Ⅰ.①农… Ⅱ.①马… ②夏… Ⅲ.①创业–企业管理–高等学校–教材
Ⅳ.①F272.2

中国版本图书馆 CIP 数据核字（2022）第 253338 号

责任编辑：方小丽／责任校对：姜丽策
责任印制：张　伟／封面设计：蓝正设计

科 学 出 版 社 出版
北京东黄城根北街 16 号
邮政编码：100717
http://www.sciencep.com

北京中石油彩色印刷有限责任公司 印刷
科学出版社发行　各地新华书店经销
*

2023 年 8 月第 一 版　　开本：787×1092　1/16
2023 年 11 月第二次印刷　印张：13
字数：314 000
定价：48.00 元
（如有印装质量问题，我社负责调换）

序　言

党的二十大报告指出："我们要坚持教育优先发展、科技自立自强、人才引领驱动，加快建设教育强国、科技强国、人才强国，坚持为党育人、为国育才，全面提高人才自主培养质量，着力造就拔尖创新人才，聚天下英才而用之。"教育、科技、人才是全面建设社会主义现代化国家的基础性和战略性支撑。创新创业教育必须坚持科技是第一生产力、人才是第一资源、创新是第一动力，不断塑造发展新动能新优势。

党的二十大报告同时指出："加快建设国家战略人才力量，努力培养造就更多大师、战略科学家、一流科技领军人才和创新团队、青年科技人才、卓越工程师、大国工匠、高技能人才。"农林院校是农业现代化专业人才聚集地和培养农业现代化专业人才的重要平台，在农业农村现代化建设管理及农业现代化建设专业人才等方面具有资源优势。因此，乡村振兴的过程中不仅要不断加强农业农村现代化建设，更要充分发挥农林院校的资源优势，为农业农村现代化建设助力，加快推动农业现代化建设的步伐。2019年9月习近平总书记在给全国涉农高校的书记校长和专家代表的回信中，对涉农高校办学方向提出要求：以立德树人为根本，以强农兴农为己任，拿出更多科技成果，培养更多知农爱农新型人才。[①]为响应号召，农林院校需进行创新创业课程改革，激发农林专业学生创新潜力，培养农业类创新型人才，这些都为本书编写提供了很好的契机。

本书编写得到了共青团西北农林科技大学委员会、西北农林科技大学教务处以及经济管理学院的资助与支持。从指导学生的各类创业项目开始，团委给我提供了更为广阔的交流学习平台；本书也获得了学校教务处规划教材建设项目资助，同时我所在的经济管理学院温馨如家人般互助互爱的氛围使得我在创业管理这样"小众"的研究领域不断探索和进步。

本书编写得到了很多前辈和师友的指导和帮助。作为一名非科班出身、踏足创业管理研究领域的青年教师，从接触创业相关研究开始，得到了南开大学张玉利教授、上海财经大学刘志阳教授、江苏大学庄晋财教授等的悉心指导，他们引领我像创新创业者一样努力前行。感谢夏显力教授在教学改革方面给予的鼎力支持，我先后参与了其主持的教育部首届新文科研究与改革实践项目（编号2021090089）、陕西省研究生教育综合改革研究与实践项目（编号YJSZG2023033）等，在此过程中我对创新创业教育有了更加深刻的理解与体会。感谢学校团委李国龙老师、胡代欣老师、陈龙老师和郎蕊老师对本书的大力支持。也要感谢选修我"创业管理"以及"趣味创业学"课程的同学们，是你们全身心的投入和参与，才使得课堂

---

① 《习近平给全国涉农高校的书记校长和专家代表的回信》，https://www.gov.cn/xinwen/2019-09/06/content_5427778. htm，2019-09-05。

变得更加生动、有趣，给本书增添了很多创意。本书得以付梓，还要感谢科学出版社方小丽女士和尹越女士的大力支持，她们敬业的工作态度以及宝贵的意见和建议，让我受益良多。

本书结构由马红玉和夏显力统筹确定，第一～三章由赵笑负责，第四～六章由汪红梅负责，第七～九章由王少坤负责，全书由马红玉、夏显力统稿。参与编写人员还包括西北农林科技大学经济管理学院研究生，其中薛婧、张淑云参编第一章，汪沛卓、郭鹏宇参编第二章，吴溪溪参编第三章，罗洁、杨欣颖参编第四章，田锦萱参编第五章，李明钰、张淑云参编第六章，吴嘉乐、杨晓妍参编第七章，罗靖参编第八、九章。

创业者永远在路上，创新创业教育也是如此。希望未来使用本书的各位读者能够从这本书中汲取营养，助益大家培养创业思维、成就梦想，也欢迎各位读者提出宝贵的意见和建议。

马红玉

2023 年 6 月于杨凌

目　　录

第一章　创业基本认知 ··· 1
第一节　创业的定义与功能 ·· 1
第二节　创业的要素与类型 ·· 8
本章小结 ··· 21
关键术语 ··· 22
本章思考题 ·· 22
本章参考文献 ··· 22

第二章　创业者的基本素质 ·· 23
第一节　创业者的基本条件与精神 ·· 24
第二节　创业者的能力 ·· 27
第三节　创业者的人格 ·· 31
第四节　创业者的气质 ·· 36
本章小结 ··· 39
关键术语 ··· 39
本章思考题 ·· 39
本章参考文献 ··· 39

第三章　创业机会的识别与评价 ··· 40
第一节　认识创业机会 ·· 43
第二节　寻找创业机会 ·· 45
第三节　评价创业机会 ·· 50
本章小结 ··· 53
关键术语 ··· 54
本章思考题 ·· 54
本章参考文献 ··· 54

第四章　创业团队建设 ·· 55
第一节　创业团队的概念与意义 ·· 56
第二节　创业团队组建 ·· 59

第三节　创业团队管理 ··· 69
　　第四节　团队领导者的角色 ··· 72
　　本章小结 ··· 77
　　关键术语 ··· 78
　　本章思考题 ··· 78
　　本章参考文献 ·· 82

第五章　创业中的领导与激励 ··· 84
　　第一节　创业中的领导行为 ··· 84
　　第二节　创业中的激励问题 ··· 93
　　本章小结 ··· 102
　　关键术语 ··· 103
　　本章思考题 ··· 103
　　本章参考文献 ·· 103

第六章　创业中的冲突与沟通 ··· 104
　　第一节　创业中的冲突 ·· 105
　　第二节　谈判 ··· 115
　　第三节　创业中的沟通 ·· 121
　　本章小结 ··· 133
　　关键术语 ··· 133
　　本章思考题 ··· 133
　　本章参考文献 ·· 134

第七章　创业资源整合 ··· 135
　　第一节　认识创业资源 ·· 135
　　第二节　创业资源管理 ·· 141
　　本章小结 ··· 153
　　关键术语 ··· 153
　　本章思考题 ··· 154
　　本章参考文献 ·· 156

第八章　商业模式 ··· 158
　　第一节　商业模式认知 ·· 158
　　第二节　商业模式设计 ·· 165

第三节　商业模式评估 ··· 170
　　本章小结 ·· 176
　　关键术语 ·· 176
　　本章思考题 ·· 176
　　本章参考文献 ·· 178

第九章　新企业开办 ·· 180
　　第一节　企业组织形式 ··· 180
　　第二节　新企业成立的相关法律法规 ··· 186
　　第三节　企业运营准备 ··· 192
　　本章小结 ·· 198
　　关键术语 ·· 198
　　本章思考题 ·· 198
　　本章参考文献 ·· 199

第一章

创业基本认知

【学习目的】

通过本章的学习，了解创业的定义、创业的作用与价值、创业要素以及创业类型。

【学习要求】

1. 掌握蒂蒙斯模型中创业三要素及其在创业过程中的动态变化。
2. 熟悉各个创业模型的构成要素。
3. 了解创业的主要作用和价值。
4. 了解创业类型。

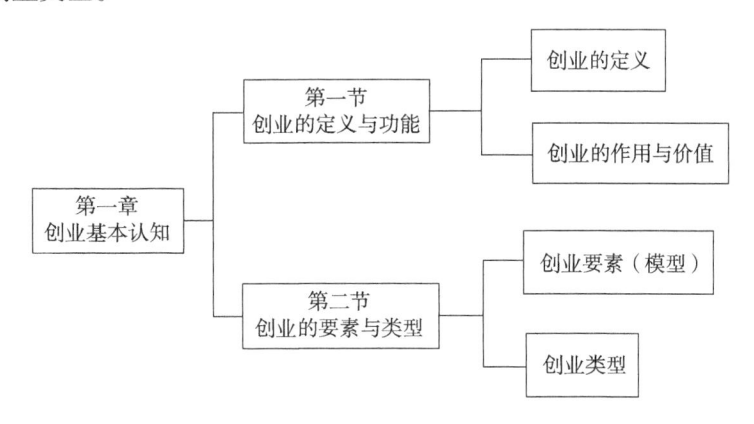

```
                          ┌─── 创业的定义
           ┌─ 第一节 ─────┤
           │  创业的定义与功能  └─── 创业的作用与价值
第一章 ────┤
创业基本认知 │
           │  第二节       ┌─── 创业要素（模型）
           └─ 创业的要素与类型 ┤
                          └─── 创业类型
```

第一节 创业的定义与功能

一、创业的定义

《辞海》将"创业"解释为"开创建立基业、事业"，最早见于《孟子·梁惠王下》："君子创业垂统，为可继也。"创业是一种普遍的社会活动和人类活动。威廉·加特纳（William Gartner）于 1990 年在《创业学杂志》（*Journal of Business Venturing*）发表的"What are we talking about when we talk about entrepreneurship?"一文中深入全面揭示了创业现象，探索了研究者和实践者对创业内涵的界定，经过归纳发现，人们对创业现象强调较多的属性有以下几种（表 1-1）。加特纳得出以下观点：第一种是关注创业的特征，非常强调如创新、增长、动态性等属性；第二种是关注创业的结果，非常强调价值创造、营利性和自我雇佣与管理等属性。

表 1-1 加特纳创业属性研究

序号	分值	创业属性
1	3.48	新事业的创造
2	3.34	新创企业的发展
3	3.24	新事业附加价值的创造
4	3.09	通过整合资源和机会的产品或服务创造
5	3.07	为了抓住感知机会的资源筹集
6	3.07	创新
7	1.97	影响企业的政府管制
8	1.97	购买已存在的企业
9	1.95	少数人拥有的特殊才能
10	1.92	政府组织的创造
11	1.90	打破现状
12	1.87	个人生活方式事业的创造
13	1.82	夫妻店的建立
14	1.68	杠杆收入
15	1.58	外向性
16	1.56	利己主义的行为

还有学者将创业视为一种过程。霍华德·H. 史蒂文森（Howard H. Stevenson）、戴维·E. 冈伯特（David E. Gumpert）在《哈佛商业评论》（Harvard Business Review）发表的"The heart of entrepreneurship"一文中，将创业视为一种过程，通过对创业者和管理者的思维方式和行为风格进行比较，认为创业者与管理者的决策风格是明显不同的，创业者将创业看成不拘泥于当前资源条件的限制而对机会的追寻，是将不同的资源进行组合以利用和开发机会、创造价值的过程。霍华德·史蒂文森和冈伯特对创业的概念凸显了创业行为活动在于快速的把握机会的过程。莫里斯（Morris）在《创业的重新概念化：一个投入产出的视角》中提出了一个包括投入、过程、强度和产出的创业整合模型，基于以往对创业属性与含义的理解，分析归纳出财富的创造、企业的创造、创新的创造、变革的创造、雇用的创造、价值的创造、增长的创造这七种能够反映创造现象和本质的创造活动（表 1-2）。

表 1-2 莫里斯关于创业本质的七种创造活动

视角	观点
财富的创造	创业包含了为获得利润进行生产的风险承担
企业的创造	创业体现了一项从前没有过的新企业创造
创新的创造	创业包含了使已有生产方式或是产品过时的资源的独特组合
变革的创造	创业包含了为抓住环境中的机会而进行创造性的变革，包括对个人生涯、方法、技能等的调整、修正、修改等
雇用的创造	创业包含了对生产要素（包括劳动力）的雇用、管理和发展等
价值的创造	创业是为了开发没有开启的市场机会，而为顾客创造价值的过程
增长的创造	创业被定义为销售、收入、资产和雇用的增长，一种正向的、强烈的导向

通过分析 1982 年至 1992 年出版的主要管理类学术期刊和流行教材上出现的 77 个创业定义，出现频率较多的有以下关键词："开始、创建、创造""开发新事业、创建新企业""创新、新产品、新市场""追逐机会"等（表 1-3）。

表 1-3　莫里斯关于创业定义研究包含的关键词

序号	对创业定义的不同理解	出现频数/个	序号	对创业定义的不同理解	出现频数/个
1	开始、创建、创造	41	10	追求成长	12
2	开发新事业、创建新企业	40	11	一种过程活动	12
3	创新、新产品、新市场	39	12	已有企业	12
4	追逐机会	31	13	首创活动、做事情、超前认知与行动	12
5	风险承担、风险管理、不确定	25	14	创造变革	9
6	追逐利润、个人获利	25	15	所有权	9
7	资源或是生产方式的新组合	22	16	责任、权威之源	8
8	管理	22	17	统帅资源	8
9	价值创造	13	18	战略形成	6

以上关键词基本上反映出创业活动的不同侧面。追逐利润、价值创造、追求成长等反映了创业的目标；追逐机会，创造变革，资源或是生产方式的新组合，管理，开发新事业、创建新企业等是实现目标的手段；风险承担、超前认知与行动、一种活动过程等是创业活动的属性。莫里斯还提出了投入-产出概念模型（图 1-1），进一步反映创业的本质和范围，该模型是由创业过程的输入和输出两部分构成的。输入部分集中在创业过程本身，确定了环境中机会、创业者个体、组织情景、独特商业概念和资源五个要素。输出部分包括所要达到的创业强度，以及创业活动产出的结果，如价值创造、利润或个人收益、失败或损失等。这一模型从投入-产出视角澄清了创业本质，全面刻画了创业的过程，说明创业活动可能会随着产业和环境条件的变化而变化。

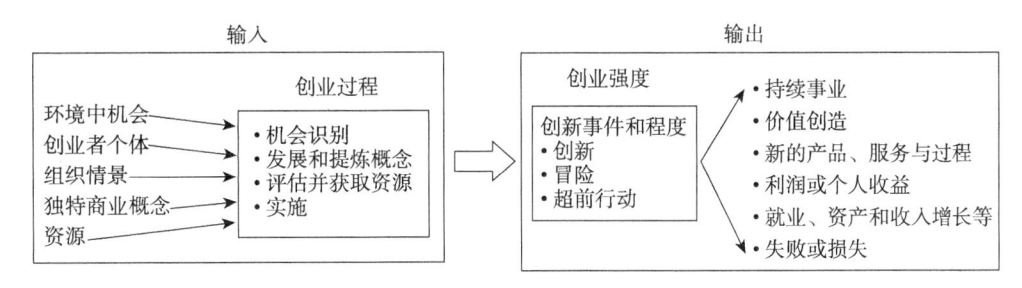

图 1-1　投入-产出概念模型

在李家华编著的《创业基础》一书中，将创业作为一个行为过程，创业的概念可以从突破资源束缚、寻求机会、价值创造三方面进行分析和理解。

首先，创业需要面对资源难题，设法突破资源束缚。无数创业案例表明：大多数创业者在创业初期甚至全过程都会经历资源约束和"白手起家"的过程。这是因为创业活动通常是创业者在资源高度约束情况下进行的从无到有、"从零到一"的财富创造过程。创业者往往需要通过技术创新和商业模式（business model，BM）创新等方式对资源进行更为有效的整合，进而实现创业目标。换言之，创业者只有努力创新资源整合手段和资源获取渠道，才能真正摆脱资源约束的困境。因此，积极探求创造性整合资源的新方法、新模式和新机制成为创业的基本特性。

其次，创业需要寻求机会。创业通常离不开创业者识别机会、把握机会和实现机会的有效活动。创业者从创业初始就需要努力识别商业机会，只有发现了商业机会，才有可能更好地整合资源和创造价值。因此，一般认为寻求有效机会是产生创业活动的前提。

最后，创业必须进行价值创造。创业属于人类的劳动形式之一，劳动需要产生劳动成果，创业也需要创造劳动价值。创业的本质在于创新，因此，与一般劳动相比，创业更强调创造出创新性价值。当今较为典型的创业大多诉求创新带来的新价值，这些新价值通过技术、产品和服务等方式的变革更好地为消费者服务，促进社会的发展和进步。需要特别注意的是，创业通常需要比一般劳动付出更多的时间和努力，需要承担更多的风险，也更需要坚韧不拔、坚持不懈的努力。当然，创业的渐进和成功也会带来分享不尽的成就感。

结合上述各位学者的观点，概括来说，创业的定义有狭义和广义之分。狭义的定义就是创建新企业，英文中经常用"start-up"一词，按照这样的定义，很容易区分一个人的工作是否属于创业。广义的定义则把创业理解为开创新事业，英文中倾向于使用"entrepreneurship"一词。任何一个在不确定情况下开发新产品或新业务的人都是创业者，无论他本人是否意识到，也不管是身处政府部门、获得风险投资的公司、非营利机构，还是由财务投资人主导的营利性企业。狭义的创业定义是广义创业的载体，在创业活动日趋活跃以及对社会经济发展的贡献越来越突出的今天，为了探索创业的本质、弘扬创业精神，更多的人倾向于使用广义的创业定义。

哈佛大学史蒂文森教授的定义为大多数学者认可，认为创业是不拘泥于当前资源条件的限制而对机会的追寻，组合不同的资源以利用和开发机会并创造价值的过程。结合表1-3中列举的关键词，该定义集中体现了创业所包含的关键要素，也体现了创业活动所具有的关键要素，包括识别机会、整合资源、创造价值等，也反映了创业活动的主要特征，如资源高度约束，但该定义对环境的不确定性关注不够。

（一）创业、就业的区别

总的来说，创业是指创业者投入一定的资本、智力、精力和时间等去创办属于自己的企业的行为。就业是指就业者到别人创办的企业去找一份相对稳定的工作，通过劳动获得一份工资收入的行为。

从创业与就业之间的关系看，创业与就业之间是相互依存的。但是创业是主动的，就业是被动的；创业是就业的前提，就业依赖于创业。没有创业也就没有就业，如果社会上创业的人少了，那么社会上就会出现大量的失业者。

创业与就业相比较具有以下本质区别。①从解决社会就业的角度看，创业者不但解决了自己的就业问题，还提供了解决他人就业的工作岗位，从而能为国家缓解就业问题；而就业者只能依靠创业者来解决就业问题，在社会劳动力供大于求的情况下，就业者也就加重了社会就业的负担。②从自主权和才华施展的角度看，创业者的自主权大，才华可以得到充分施展。这是因为企业是属于创业者自己的，创业者有权对自己的企业进行自主经营管理。在这种条件下，创业者有多大的能耐都可以在企业这个平台上最大限度地施展出来，从而能充分地发挥自己的才华。而就业者的自主权比较小，才华的施展可能会受到很大的限制。这是因为企业不属于就业者，就业者没有权利按照自己的意志对企业进行自主经营管理，就业者只能在企业分工的岗位上发挥自己的作用；就业者在经营管理方面，虽然也有很多好的点子，但是可能由于种种原因而不能被别人认同和采纳，千里马也需要伯乐来发现和赏识。③从社会贡献的角度看，一个成功的创业者可以通过创业起到夯实国民基础、将创新创业结合起来从而引领社会发展、提高自身综合素质等作用。④从风险和收益的角度看，创业意味着要面临更大的风险，相应的收益波动也会较大。

（二）创业、创新的对比

从前面各个学者对创业的定义中可以发现创新出现的频率很高。成功的创业离不开创新。腾讯公司开发了 QQ 即时通信网络工具，极大地改变了人们的联络和社交方式；百度公司开发了百度搜索引擎，向人们提供了更简单、便捷的信息获取方式。每个成功的创业者都注重创新，他们可能开发出新的产品或服务，可能找到了新的商业模式，也可能探索出新的制度和管理方式，从而获得成功。著名经济学家约瑟夫·A. 熊彼特（Joseph A. Schumpeter）曾经把创新作为创业者与创业精神的重要特征，管理大师彼得·F. 德鲁克（Peter F. Drucker）1985 年出版的名著《创新与企业家精神》也将创新与创业精神放在一起进行讨论，可以看出两者紧密相关、很难割裂。

不管是否具有经济管理背景，很多人都对创新的概念并不陌生。创新一直是人们关注的话题，现在人们更热衷于讨论创业。那么，创新与创业有什么区别？是不是一回事？

创业与创新并不是完全等同的概念，有些创业活动主要是在模仿甚至复制别人的产品和服务以及经营模式，自身并没有什么创新，但也是在创业。也就是说，创业更侧重财富创造，更关注市场和顾客。同时，创业还加注重商业化过程，这一过程可表现为把创新商业化，也可以表现为模仿并商业化。当然基于创新的创业活动更容易形成独特的竞争优势，也有可能为顾客创造和带来新的价值，进而实现更好的成长。

在与创业者接触的过程中，经常会遇到这样的情况：他们对自己的产品很自豪，经常沾沾自喜地强调产品的技术性能如何好，对顾客不喜欢自己的产品感到不理解。很多具有技术背景的创业者更像一位工程师，他们喜欢发明新东西，而忽视顾客的需求，他们不会从顾客的角度、从价值创造的角度创新。成功的创业活动离不开创新，包括产品和服务创新、技术创新，也包括制度创新和管理创新等。与创新相比，创业更强调机会、顾客和价值创造。从价值创造的角度看，应更加倡导顾客导向的创业、创业导向的创新。

不能仅仅看到创新，也不能仅仅专注于创造，这不是一个创业者应该做的。一个伟大的创业者可以在早期就看到一个事物的潜力，并将其做大做强。汤姆·格拉斯蒂（Tom Grasty）通过一个类比对此进行了解释："如果将创造比成池塘里面的一块鹅卵石，那么创新就是这块鹅卵石所激起的水波效应。一开始必须有一个人将这块鹅卵石投掷到水中，这个人就是一名创造者。也必须有一个人能够意识到，这些小小的波纹最终会引发一个大浪，而这个人就是一名创业者。"真正的创业者不会仅仅驻足在水边。他们目睹这些波纹，并在真正的大浪来临之前，就觉察到这一股势不可挡的力量。在预测之后，他们会聪明地骑着这一股大浪奋勇向前。正是这些行为，推动着每个创业者的创新。

案例

"网红"李子柒：为何她能利用互联网成功创业

"90 后"古风美食博主李子柒在海外走红。截至 2021 年 12 月，这个四川女孩的微博粉丝超2757万，抖音粉丝超5507万，海外社交媒体上的全球粉丝超1000万，视频作品经常收获上百万乃至上千万的浏览量。李子柒国内外各网络平台的粉丝已强势超越了大多数娱乐圈明星，成为中国短视频头部IP和对外网影响力最大的中国自媒体博主。《人民日报》、中央电视台、《中国日报》、环球网、学习强国APP、共青团中央微博等主流媒体和平台都在力荐，人们纷纷热议，盛赞其为"东方美食生活家"，她还被评为"成都非物质文化遗产推广大使""首批中国农民丰收节推广大使""中国新闻周刊2019年度文化传播人物"等。她到底靠什么深得国内外网民的热捧和喜爱呢？

李子柒的视频作品来源于中国人古朴的传统生活，以中华民族引以为傲的美食文化为主线，围绕衣、食、住、行四个方面展开。在李子柒的镜头下，传统的笔墨纸砚、蜀绣，古法制作的苏式鲜肉月饼、桂花酒，这些流传于上千年历史之中的技艺，浸润着岁月的打磨和一代代人的匠心，运用互联网包装和营销手段，使传统文化自洽地走向未来、走向世界。全国政协文化文史和学习委员会原副主任阎晓宏曾在讲"在方式上还要重视创新，提高工作效果"时提到李子柒，认为李子柒是用一种朴素真实的方式宣传中国文化，通过新媒体技术创新和网络传播，赢得了海内外民众的认可。这是传播文化方式的一种创新。

在美食领域，不少网红都在积极探索"个人IP+品牌"的商业模式，但能够成功的少之又少。李子柒是国内优质个人食品品牌的开创者之一，还入选了2020年《财富》中国最具影响力的商界女性未来榜。其品牌作为年度国货出海十大新品牌之一，正被大众簇拥着加速奔跑。2019年仅单品螺蛳粉，销量就有30亿单。其他的藕粉、红糖姜茶、米糕等产品，也做到了年销售2000万～8000万单，累计约3亿～5亿元的销售额。2021年李子柒入驻饿了么，强化线下渠道，产品覆盖休闲零食、冲调饮品、方便速食等多个品类，在上海已有10家首批外卖店。

在产品方向上，李子柒团队很明确，要做新传统、慢生活的产品。在选品和产品创新中，李子柒的产品努力做到"传统文化时尚化，地方美食全球化"。在"个人IP+自制产品"这条赛道上，虽然李子柒这个IP还没有很强大的竞争对手，但团队也面临着不同的挑战。第一，本来好的产品随着时间的流逝品质逐渐变差，品牌需要重新挖掘、包装，让年轻人喜欢。第二，某些符合当地人口味，其他地方不一定吃得惯的食品，品牌也需要重新包装和研发让产品大众化。李子柒产品的愿景是"让世界爱上中国味道"。

具体到产品上，比如粽子，就是中国传统文化的标志之一。李子柒品牌的龙舟粽子拆开后，产品外包装可以DIY，组装完成后，一艘龙舟就在眼前活灵活现，放在家中当摆件，也能增进亲子互动。还有螺蛳粉这种地方特产，市场上的螺蛳粉味道较重，为此团队研发了其他地方也能接受的口味，加上营销助力，上线一年就做到了月销1000万袋，成功破圈。而且李子柒品牌正在加速螺蛳粉全球化，现在全球都在慢慢接受中国味道的螺蛳粉。再比如藕粉，以前吃藕粉的人集中在中老年，年轻人大多不会接触这一品类。在经过调研后，李子柒团队增加了坚果等调剂品，提升了包装颜值，虽然价格比纯藕粉贵三四倍，但在2020年的"双十一"活动期间，藕粉销量超过66万罐，为天猫"双十一"藕粉销量第一品牌。

阅读李子柒案例，思考以下问题：
（1）李子柒创业、创新主要体现在哪些方面？
（2）你是如何理解创新与创业之间关系的？

二、创业的作用与价值

创业是经济活力之源、社会进步之翼。如今，创业正在世界范围内催生一种新型的经济形态，这种经济形态突出强调创新创业对于社会经济发展的重要作用，即通过创新和创业发现市场空白，丰富市场供需，引领人们的消费，更好地满足多样性和深层次的需求，推动消费结构升级和市场繁荣发展。正是借助创业型经济的优势，许多发达国家占得了全球市场的先机。根据全球创业观察（Global Entrepreneurship Monitor，GEM）的报告，我国在全球创业活动中属于活跃状态的国家，且我国的创业环境正在不断改善。

创业的主要作用和价值体现在以下不同的方面。

对创业者而言，创业者选择创业可以获得一份自己喜欢的事业，因为是为自己打工，创业过程中会极大程度激发自身的潜力，能全方位锻炼自身能力。创业具有帮助创业者实现人生价值的功能。创业为每个人创造发展的机会和增加个人财富的可能性，对许许多多梦想着开创自己事业的人而言，创业不但是一种充分实现自我的机会，更是发挥个人潜能的舞台。当创业获得一定成果，创业者内心的满足感是无法替代的。

对社会而言，创业具有以下几种功能。

（1）创业具有促进科技进步和繁荣市场的功能。创业往往伴随着新技术、新产品、新工艺、新方法进入市场，伴随着大量科研成果转化型企业的诞生，因此，创业可以促进技术进步，推动经济结构升级。创办科研成果转化型企业，可以较快促进社会科技进步，促进我国整体科技水平提高和综合国力提升。目前，我国技术创新水平总体不高，市场开发还不够充分，在国际分工中优势不大。要改变这种被动状态，就要发展创业型经济，而发展创业型经济的根本，取决于拥有创新创业人才的状况。大学生是社会未来的精英，培养更多的大学生创业者，或者使更多的大学生拥有创新和创业的技能，是我国实现创业型经济发展的最重要途径，将为我国创业型经济发展提供根本性支撑。

（2）创业具有缓解就业压力的社会功能。作为世界人口大国，我国有着庞大的就业人群。我国推进城镇化和经济结构转型升级的过程中，必然伴随着诸多就业矛盾的产生。这些年来，我国的就业人数持续增加，就业总量压力不断增大，部分农业富余劳动力需要转移就业。另外，就业的结构性矛盾更加突出：一方面，传统行业出现大批失业人员，一些人再就业困难；另一方面，新兴产业行业和技术性职业所需素质较高的人员又供不应求，不同地区、不同行业劳动力供求的不平衡性加剧，劳动力素质与岗位需求不能适应的矛盾变得更加突出。特别需要关注的是，由于我国农村剩余劳动力的不断积累以及大学生就业难等问题的存在，城市很难吸收农村剩余劳动力，农民工在城市就业的压力进一步加大，越来越多的农民工试图通过创业改变自己的生活状态，这无疑是一种可行有效的途径。但是农民工创业群体与大学生创业群体相比，受教育程度普遍偏低，创新等技能明显较弱。因此，加强农民工群体的创业培训和创业学习具有重要的作用。

（3）创业具有调节社会资源配置的功能。创业企业要生存并获得持续发展，必须具备一定的竞争力。从行业发展来看，创业企业的成功将会影响行业已有的经营格局，加剧行业经营的竞争，形成优胜劣汰局面，激发市场的活力，有利于资源向经营良好、效率更高的企业流动，促使社会资源合理配置，产生更高的社会效益。

第二节　创业的要素与类型

一、创业要素（模型）

在经典创业模型研究中，学者总结的创业核心要素主要包括创业者自身特点、获取资源的便利性、环境要素、创业过程等。

对于各要素之间的关系，现有的创业模型基本上可以分为要素均衡模型和要素主导模型两类。要素均衡模型是指模型中的各个要素互相协调、均衡发展并发挥作用，主要包括蒂蒙斯（Timmons）、加特纳和萨尔曼（Sahlman）所构建的创业模型。而要素主导模型中的各要素之间不再是协调均衡的关系，而是以某一要素为主导来协调其他要素之间的关系，即一种主要因素的存在影响另一些要素的存在和相互作用，最终影响创业结果。威克姆（Wickham）、克里斯坦·波儒雅（Christian Bruyat）和皮埃尔–安德·朱琳（Pierre-Andre Julien）、萨拉（Zahra）和乔治（George）、李海洋（Haiyang Li）以及杰恩（Jain）所构建的创业模型就属于这一类。

（一）要素均衡模型

1. 蒂蒙斯模型

迄今为止，对创业要素研究的众多模型中，最经典的莫过于蒂蒙斯模型（图 1-2）。该模型由美国创业教育之父——百森商学院杰弗里·蒂蒙斯提出，提炼出了创业的三大关键要素，即创业机会、创业者及其创业团队、创业资源。他认为，成功的创业活动必须对机会、团队和资源三者进行最适当的匹配，并且还要随着事业的发展而不断进行动态平衡。创业前期，机会的发掘与选择最为关键，创业初期的重点则在于团队的组成，当新事业顺利启动后，才会增加对资源的需求。机会是创业过程的核心驱动力，在创业初始阶段，商业机会较大，而资源较为稀缺，于是三角形向左边倾斜；随着新创企业的发展，组建团队、吸纳人才是关键，可支配的资源不断增多，而商业机会则可能会变得相对有限，从而导致另一种不均衡。创业者必须不断寻求更大的商业机会，并合理使用和整合资源，以保证企业平衡发展。机会、资源和团队三者必须不断动态调整，最终实现动态均衡。创业团队、创业资源和创业机会在取得平衡后促使创业活动的进行。

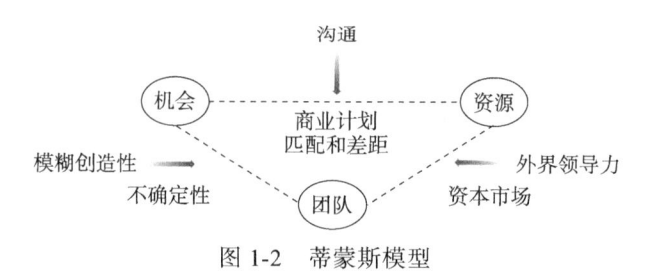

图 1-2　蒂蒙斯模型

蒂蒙斯认为，由于机会模糊、市场不确定、资本市场风险以及外部环境变化等因素经常影响创业活动，创业过程中充满了风险，因此，创业者必须依靠自己的领导、创造和沟通能力来发现和解决问题，掌握关键要素，及时调整机会、资源、团队三者的组合搭配，以保证新创企业顺利发展。一般认为，这三个核心要素是创业活动中不可或缺的。如果没有机会，创业活动就成了盲动，难以创造真正的价值。应该说机会是普遍存在的，关键要看创业者及其创业团队能否有效识别和开发机会，如果没有创业者及其创业团队的主观努力，创业活动是不可能发生的。创业者及其创业团队把握住合适的机会后，还需要有相应的资金和设备等资源。如果没有必要的资源，机会也就难以被开发和实现。

蒂蒙斯三要素理论也可以用不同的方式来做解读。蒂蒙斯三要素用中国传统的道理来讲就是"天时、地利、人和"。"天时"对应创业机会，讲究的是发现与开发利用市场时机，要顺势、借势而为。"地利"对应创业资源，拥有、整合并优化配置核心资源以开发商业机会，构建资源利用的创新模式（商业模式）。"人和"对应的是创业者及其创业团队，讲究的是内部伙伴的领导力和服务沟通客户的能力。创业三大要素"天时、地利、人和"一个都不能少，创业者只有充分管理并平衡好"天时、地利、人和"之间的关系，才能创业成功。

如果将蒂蒙斯模型简单地延伸就更为通俗易懂，即可以推及人做任何事情，都需要三要素：人、事、物；适用范围更广。也就是说，"人"对应创业者，是指谁来干；"事"对应机会，可以理解为干什么；"物"对应必要资源，说的是做事需要什么，即必要的资源条件。

案例

西南大学魔芋

张盛林教授大学毕业留校就以魔芋作物为研究对象，主要在西南魔芋产区从事魔芋栽培技术的试验、示范和推广工作。张盛林教授的创业历程起源于与校领导的一次随意交谈，"魔芋对人功效好，为何不自己开个公司呢，现在国家政策也好，鼓励咱们高校专业技术人员创业，在税收和场地等方面都有很大的政策优惠"。这让他感到，如果开办一个公司的话，可运用协会的技术和西南大学丰富的资源将魔芋食品进行加工推向市场，为广大的消费者所知。

2012年1月，西南大学校长办公会决定由西南大学资产经营管理有限公司与西南大学魔芋科研人员共同组建魔芋科技有限公司，并授权允许永久使用"西大"作为公司标识。2012年3月，重庆西大魔芋生物科技有限公司正式成立，张盛林教授为公司法人，西南大学持有少数股份。公司人员主要是由原魔芋技术团队中的几名技术人员和已毕业的攻读蔬菜学专业的研究生组成。

在创建初期，公司系统生产了魔芋粉、蒟蒻洁肤棉两种产品。由于魔芋对现代人"三高"（高血压、高血糖、高血脂）问题有重要的调节作用，张教授决定将公司的目标顾客定为"五高"人群（高血压、高血糖、高血脂、高收入和高级知识分子）。他认为，这些人会更加注重生活品质，也会更容易接受科学健康的科普知识，从而购买魔芋产品。

公司刚刚起步的时候，利用西南大学广泛的社会网络与地方资源，将产品主要推销给政府机关、国有企事业单位等。魔芋产品带有浓厚的西部原生态特色，一经推出就广受重点客户的欢迎，当年销售额就达到1000万元左右，公司也因此赚取了"第一桶金"。

但好景不长，随着2013年外部政策以及市场的变化，以魔芋作为礼品采购的单位越来越少，公司这条"快速通道"被堵死了。公司开始陷入举步维艰的境况。

1. 问题一：原材料采购引发争执

魔芋产业的全过程包括魔芋的种植、脱水加工、精粉提取、制品生产等多个环节，产业链较长。种芋选择是魔芋种植中最为关键的环节，如果选择不当，下地的种芋有伤病，则很容易招致软腐病，这有可能造成种下去的种芋全军覆没。种芋价格较高，种植魔芋需投入较高本金，这对农民来说是一笔不少的资金。而且魔芋种植风险大，使得风险承受能力本来就较弱的他们更是不敢轻易尝试。此外，魔芋种植地大都在偏远的山区，交通不便，农村剩余劳动力大多数年龄偏大、文化水平不高，对魔芋种植技术的认识和运用、施肥过程中用剂把握程度的差异等也会造成魔芋质量水平千差万别。要想在保障原材料质量的同时最大限度降低农户承担的风险，需要建立完善的病害防治管理制度，包括种芋的挑选检测、对芋农进行严格的技术培训、启动资金的资助、化肥的运输供应等，需要投入大量的资金、人力和时间。这些在公司的初创阶段，显然都不满足。

张教授和他的研究团队成员就此展开了讨论，争议颇多。团队成员认为："公司刚刚起步，根本没有那么大的财力、物力和人力来做这些事情，张教授的想法理论上可以，但操作很难，可行性不强""以大凉州金阳县优质白魔芋种植基地来说，山路九拐十八弯，路面坑坑洼洼而且狭窄，运输费用高。如果为农户提供除采摘外全过程的服务，公司无法承担这些成本！"张教授认为要想获得稳定并且高质量的原材料，就必须对农户魔芋种植的各个环节进行全过程的监督和扶持，让农户一心一意种好魔芋。

最终，张教授做出了一个折中的决定：现在公司规模小，从资金、人力和群众基础等方面综合考虑，率先在老种植基地石柱的20家农户进行试点工作，推行"基地+公司功能"的运营模式。不再是过去只向农户提供魔芋种植技术方面的指导，现在转化为向种植农户提供除了魔芋采摘工作之外全方位的服务，等到魔芋成熟时直接向农户采购。同时，向农户承诺以一定的价格收购魔芋。通过这种方式，石柱基地的芋农获得了良好的收益，公司在创立不久后也获得了较为稳定的原材料供应。

2. 问题二：产品定位困惑，减肥还是解酒？

由于魔芋的亲水性和膨胀力超过任何一种植物胶的黏韧度，在填充肠胃的同时可以消除饥饿感，再加上它本身所含的低热量，所以可以控制体重，达到减肥的目的。张教授在公司创立不久便据此开发了魔芋粉这种新产品。后来采用先进的造粒工艺，改进生产工艺，专门带领团队成功研发出颗粒魔芋膳食纤维、颗粒魔芋代餐粉产品和蒟蒻甘露饮料（代餐包），满足公众需要补充膳食纤维这一需求，这些也是除正餐之外的一种辅助性减肥食品。然而，魔芋食品疗效本身不显著，要想让消费者认同，需要立竿见影的产品效果。

魔芋还有解酒的功能，张教授在2013年申请了"酒易"商标，着手打造"酒易"这款产品。现在社会上有很多人为了应酬不得不喝酒，喝酒之后又很难受，伤肝又伤胃，"酒易"能缓解这一难受状态，并且在24个小时内能实现通便，消费者感受会很明显。公司于2016年10月新推出了甜橙味、苹果味、葡萄味三种类型的酒易膳食纤维植物固体饮料，反响相当不错。

"酒易"见效快，被消费者认可的可能性更大，公司创办只有几年时间，资金、人力等各方面都较为薄弱,现在是否可以倾力只推"酒易"产品,首先树立健康解酒这样一个独特的品牌形象,让消费者关注到西大魔芋公司的存在,后面再完善产品线?但是魔芋粉、蒟蒻代餐粉这两种相对传统的魔芋食品满足的用户需求更多,受众更为广泛,如果处理得当的话,能够获得较多的市场份额,市场潜力巨大,如果不做的话,将会在这块远远落后于同业竞争对手。公司应该有所侧重,还是全面开拓市场?经过和研发团队商讨,张教授最后决定保持原有的生产线不变,同时继续生产"酒易"。

3. 问题三:产品营销摸索

如果消费者不认可产品的功能,产品销售不出去,之前所做的一切都是徒劳的。公司在2012年底之后铺设了一些销售网点。张教授认为,西南大学在农业方面有特殊优势,在社会上也有良好的口碑和声望,魔芋作为西南大学的一种特色产品,应该也会受到外来参观学校或者想带些西南大学土特产回去的人员的青睐。

于是,公司在西南大学特产店旁设立了魔芋专卖店。出于人流量的考虑,在重庆市北碚区城南状元碑的永辉超市二楼设立了城南专卖店。同时通过学校关系,西南大学的文具超市作为分销商进行魔芋产品的推销。刚开始的时候,公司没有做任何广告进行产品推广,也没有聘请专门的销售人员,周六日或者假期请几个大学生做做兼职,在校园里和轻轨车站,或者人流量较大的地方发传单。这些举措,对于产品的推销效果微乎其微。

在经营公司的过程中,张教授已经能明显感受到虽有过硬的技术,但是却无法有效地对公司的管理和营销活动进行指导,进行魔芋产品的销售。因此,他开始积极借用"外部大脑",加强自身同外界创业人士及市场营销等方面专家的交流与学习,多次前往广州学习公司战略管理培训课程,同时专门派公司员工到成都进行营销课程的学习。

在产品推广方面,也做了些努力。2014年,公司启动淘宝、微信平台,兴致勃勃地想把魔芋系列产品推向全国,但事与愿违,面向全国市场的销售额只能达到实体单店销售额的10%,远远未达预期目标。2016年"双十一",张教授亲自进行魔芋的推广,但是收效甚微。看稀罕的比较多,购物的很少。2017年3月,公司雇用经济管理学院营销与物流系的本科学生,组建了10人的销售团队进行产品推广,他们在B站(哔哩哔哩)上制作关于魔芋产品方面的鬼畜搞笑视频吸引网民关注,同时在校园里邀请学生参加饥饿体验活动,真实感受魔芋代餐粉的减肥效果;利用今日头条等自媒体,撰写软文对公众进行魔芋知识的科普等;销售团队周末跑到重庆市人流量较大的旅游景点磁器口、洪崖洞等地去摆摊,但是都收效甚微。

从2015年开始,张教授便已投入数十万元参加国内知名学者和专家开展的关于市场推广和"互联网+"模式的讲座及培训课程,但收效甚微,他诙谐地说:"培训效果是有的,但是销售效果没有专家们说得那么好。"

现在消费西大魔芋产品的人群也主要是来校参观学习的老师、以前食用过魔芋产品的消费者以及西南大学少数学生,这么多年的销售收入只能使公司获得薄利,在市场上勉强存活。

随着人们生活水平的提高和对健康的重视,将来50%以上的国民都将有消费魔芋产品的需求。张教授坚信未来的魔芋产品市场将一片向好,但现阶段公司面临的诸多问题都需要大笔资金的注入。公司的规模小,收益不显著,银行不愿发放贷款,风投大部分看重的是公司的财务能力、经营管理、创业团队成员的综合能力等方面,这些公司都有待完善。

资料来源:黄俊,刘敏,张盛林. 2017. 书生创业,如何从0到1?——基于一家高校初创企业的案例研究[Z]. 中国管理案例共享中心案例库.

阅读上述案例，回答以下问题：

（1）根据蒂蒙斯模型，张教授创业的三要素指什么？

（2）在张教授创业过程中，三要素是如何动态调整，以最终实现动态均衡的？

2. 加特纳模型

威廉·加特纳于1985年发表的《描述新企业创立现象的理论框架》一文中提出的加特纳模型（图1-3），着重识别出创业过程的四个构成要素及其相互关系。这四个构成要素分别是个人——创立新企业的个人；环境——环绕并影响组织的情势；组织——创立的新企业；创立过程——个人所采取的创立新企业的行动。加特纳模型强调任何创业活动都是创业者个人、组织、环境、创立过程这四个维度相互作用的结果。

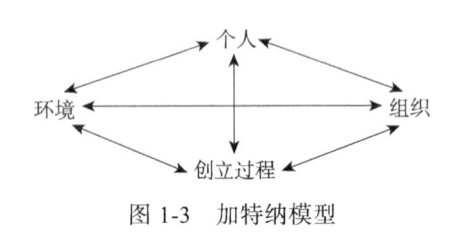

图1-3 加特纳模型

表1-4列出加特纳模型中各个关键维度所包含的变量，可以看出这些变量在新企业创立的多维度现象中具有高度复杂的交互作用。

表1-4 加特纳模型中各个关键维度所包含的变量

变量	维度
个人	成就需求、控制焦点、风险承担倾向、工作满意度、先前工作经验、父母从事创业、年龄、受教育程度
环境	风险资本可得性、有经验的创业者的可得性、技术熟练的劳动工人、供应商的可接近性、顾客或新市场的可接近性、政府影响、大学的邻近性、土地或设备的可得性、运输的可接近性、区域人口态度、支持性服务的可得性、生活条件、高职业性和产业性差异、巨大的产业基础、较大规模的城市区域、财务资源的可得性、进入障碍、竞争对手之间的对抗、来自替代性厂商的压力、购买者的议价力、供应商的议价力
组织	整体的成本领先、差异化、聚焦、新产品或服务、并行竞争、连锁加盟进入、地理转移、供应短缺、开发未利用的资源、变成一个第二来源、合资企业、许可、市场放弃、出售业务、政府的偏向性购买、政府政策改变
创立过程	创业者识别商业机会、创业者整合资源、创业者销售产品和服务、创业者生产产品、创业者建立一个组织、创业者对政府和社会做出反应

张玉利等在《创业研究经典文献述评》一书中简要评价了加特纳模型，认为加特纳模型率先从创业过程复杂性视角解释创业过程，比较全面地概括了创业过程的构成要素，为后续的创业过程理论模型提供了雏形，但只是一系列构成要素的大集合（四个维度下的变量总数达50个以上），未能清楚阐释各个要素之间的相互作用。

3. 萨尔曼模型

萨尔曼在《关于商业计划的几点思考：创业风险》（*Some Thoughts on Business Plan: The Entrepreneurial Venture*）一书中提出了自己的创业模型（图1-4）。萨尔曼认为，在创业过程中，为了更好地开发商业机会和创建新企业，创业者必须把握人（people）、机会（opportunity）、外部环境（external context）和交易行为（deal）四个关键要素。这里的人是指为创业提供服务或者资源的人，包括经理、雇员、律师、会计师、资金提供者、零件供应商以及与新创企业直接或间接相关的其他人。机会是指任何需要投入资源的活动，不但包括亟待企业开发的技术、市场，而且包括创业过程中所有需要创业者投入资源的事务。外部环境是指无法通过管理来直接控制的因素，如资本市场利率水平、相关的政策法规、宏观经济形势以及行业内的进入威胁等。创业者的交易行为是指创业者与资源供应者之间的直接或间接关系。

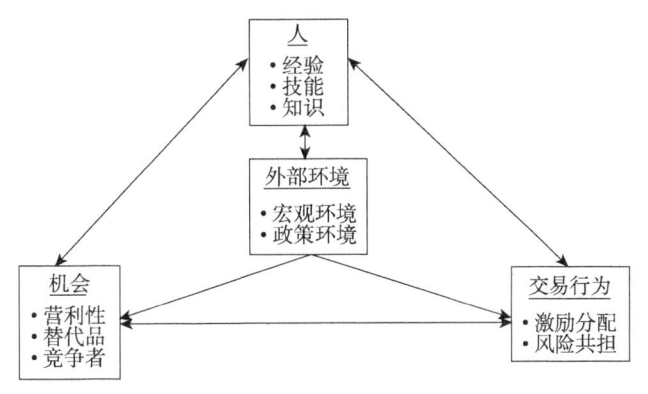

图 1-4　萨尔曼模型

在萨尔曼的创业模型中，创业过程是四个关键要素相互协调、相互促进的过程。外部环境是萨尔曼模型的核心要素，该创业模型十分强调外部环境的重要性，认为其他三个创业因素受外部环境的影响，并且也会反过来影响外部环境。考虑交易行为因素是这个模型的一个重要特点，如前所述，这里的交易行为是指创业者与资源供应者之间的直接或间接关系，即与利益相关者之间的关系。所以说，萨尔曼的创业模型明确指出了社会网络对创业的重要性。萨尔曼模型的核心思想是要素之间的协调性，也就是人、机会、交易行为与外部环境必须相互协调，才能共同促进创业成功。同时，这个模型扩大了创业要素的外延，更具实践指导意义，为创业过程研究开辟了新视野。

（二）要素主导模型

1. 威克姆模型

威克姆在其论文"战略型创业"（Strategic entrepreneurship）中提出了基于学习过程的创业模型，该模型主要涉及创业者、机会、资源与组织四个相互关联的要素（图1-5）。创业者在模型中处于核心地位，创业组织是一个学习型组织，组织必须不断学习，通过创业学习识别创业机会、管理创业资源，集中整合资源适应机会，使创业要素实现动态协调发展，最终实现创业成功。

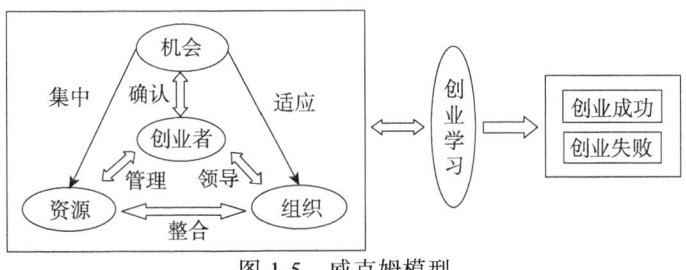

图 1-5　威克姆模型

这个创业过程模型告诉我们：创业者处于创业活动的中心地位。创业者在创业中的职能体现在与其他三个要素的关系上，即识别和确认创业机会，管理创业资源，领导创业组织。该模型还揭示了资源、机会与组织三要素之间的相互关系。资本、人力和技术等资源应该用来开发和利用机会；通过整合资源来创建组织，包括组织的资产、结构、程序、制度以及文化等；组织的资产、结构、程序和文化等应该构成一个有机的整体，以适应要开发的机会。为此，组织必须根据机会的变化不断进行调整。

这个模型把创业型组织看作学习型组织。也就是说，组织不但必须通过不断学习来对机会和挑战做出及时的反应，而且应该根据现时反应的结构来调整和修正未来的反应，即组织的资产、结构、程序和文化等随着组织的发展而不断完善，组织在不断的成功与失败中得到学习与锻炼，从而获得更大的成功并且发展壮大。

威克姆模型的特点主要在于：把创业者作为调节其他创业要素之间关系的中枢，承担着确认机会、管理资源和带领团队实施创业活动的职能。在这个过程中，组织不断学习，而创业者根据机会来动员所需的资源，领导组织适应机会的变化，最终取得创业成功。

2. 克里斯坦-朱琳模型

该模型是由克里斯坦·波儒雅和朱琳于2001年在《创业研究领域界定》一文中提出的基于创业者和新企业互动的创业过程理论模型，也有学者将该模型译为克里斯坦-朱琳模型（图1-6），这个模型以个人与新事业为核心。克里斯坦-朱琳模型主要强调个人与新事业的互动关系，把如何创立新事业、随时间而变的创业流程管理和影响创业活动的外部环境这三者之间相互协调和平衡等视为创业管理的核心问题。此模型认为，在个人与新事业的互动下，随着时间的变迁，创业企业根据一定的流程演进与发展。在企业发展的整个流程中，外部环境不断对企业产生影响，使个人与新事业之间的关系不断复杂化，因此，创业流程管理也会日趋复杂，并在一定程度上成为个人-新事业、时间和环境的函数。

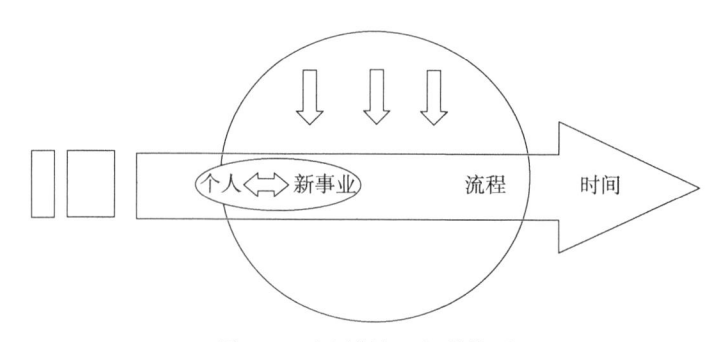

图1-6 克里斯坦-朱琳模型

对比克里斯坦-朱琳模型与蒂蒙斯模型，克里斯坦-朱琳模型强调创业者和新企业的互动，其内涵表现为蒂蒙斯模型中创业"机会、资源、团队"三要素的相互作用关系；蒂蒙斯模型强调创业过程的动态平衡问题，而克里斯坦-朱琳模型则更重视创业流程管理。两个模型都非常重视创业者的作用，把创业者视为创业活动的灵魂和推手，强调发展创业者的创业才能是创业管理工作的一大重点。同时两个模型都强调外部环境的重要性,强调创业过程中创业者经协调创业机会和资源的平衡关系,或进行创业者与新企业互动的创业流程管理来实现新企业与外部环境的妥协。

3. 萨拉–乔治模型

在研究并分析了前人创业模型的基础上,萨拉和乔治在其名篇《国际创业:研究现状与将来方向》(*International Entrepreneurship: The Current Status of the Field and Future Research Agenda*)以及《战略型创业:构建一体化框架》(*Strategic Entrepreneurship: Creating an Integrated Mindset*)中提出了萨拉–乔治创业综合模型(图1-7)。萨拉–乔治模型主要分析了企业国际创业的三个维度及其影响因素,以及国际创业对企业发展的影响(主要体现在对企业财务绩效和非财务绩效的影响上)。

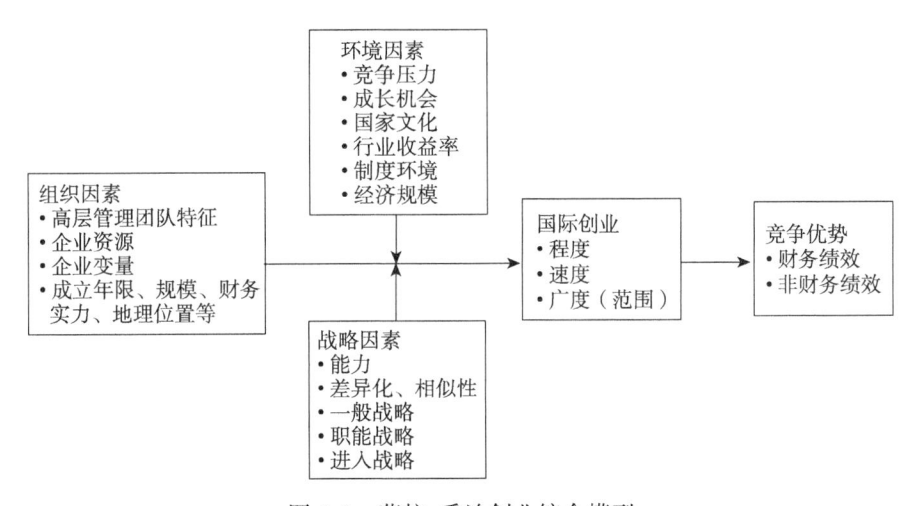

图1-7 萨拉–乔治创业综合模型

萨拉–乔治模型将国际创业作为模型的核心,并将国际创业分为程度、速度和广度(范围)三个维度。国际创业受到环境、组织和战略这三方面因素的影响,这些因素共同作用于国际创业的全过程。此模型主要研究了高层管理团队特征、企业资源和企业一般状况等组织变量对国际创业的直接影响。长期以来,战略管理和创业研究者一直承认外部环境对企业战略选择具有重要影响。此模型考察了环境变量的影响以及企业外部环境对国际创业不同方面的影响,即在组织因素与国际创业的互动过程中,外部环境(如竞争压力、国外文化等)成为影响两者关系的权变变量,促使组织不断根据环境变化来调整自己的行为和决策,而组织的行为和决策也影响着企业国际创业的进程。最后,此模型还研究了企业战略因素对国际创业的作用,并认为一般战略、职能战略和进入战略等关键战略变量相互关联、互相作用,共同对企业国际创业产生影响,并能够给企业带来最终的竞争优势,扩大和拓展国际创业的范围。

萨拉–乔治模型的特点是综合性强,具有前瞻性和指导性,不仅探讨了外部环境变量,而且研究了内部组织因素及其对企业战略选择的影响。但是,国际创业也十分强调企业的成长性,运用成长性绩效的度量指标来衡量企业国际创业的成功,也逐渐被多数学者接受。因此,在度量国际创业对企业竞争优势的影响程度时,应加入成长性绩效的度量指标。萨拉和乔治的创业综合模型对于创业,尤其是国际创业的研究和发展做出了突出的贡献,指导着企业的国际创业行为和决策。

4. 李海洋模型

李海洋认为,影响创业战略选择的主要因素是新创企业面临的环境,在新创企业面临的环境和它们所选择的战略之间存在环境决定(environmental determinism)和环境管理(environment management)两种机制。前者是指环境决定战略,而后者则指企业实施的战略会影响其所处的竞争环境。

李海洋模型(图1-8)认为,新创企业战略是中心,企业的战略选择决定企业的最终绩效。此模型以新创企业战略为中心阐释了环境决定机制和环境管理机制。关于环境决定机制,此模型认为,行业环境和一般环境不断发生变化,迫使企业不断根据环境来调整自己的战略,以适应市场变化,捕捉市场上出现的机会,提高市场绩效。关于环境管理机制,此模型认为,企业的战略选择与实施本身就是市场环境变化的一种体现,属于市场环境的子环境,各个企业实施战略的变化是市场竞争的结果,因而构成了市场竞争环境,这种环境反过来又会影响企业的其他战略选择,这种循环往复也促使竞争环境不断发生变化。

```
环境                新创企业战略         绩效
•行业增长率    →                →    •市场绩效
•环境敌对性                            •财务绩效
```

图1-8 李海洋模型

李海洋模型重点强调,新创企业的战略规划在环境-绩效关系中起中介作用和调节作用。这里,战略对环境-绩效关系的中介作用是指战略会影响环境对企业绩效的作用。就提高绩效而言,如果环境为企业提高绩效提供了重要的机会,那么企业实施适当的战略来开发和利用环境所提供的机会,就能提高自己的绩效;如果环境充满了威胁,不利于企业发展,那么企业实施适当的战略,就能降低不确定性并削弱环境的不利影响。而战略对环境-绩效关系的调节作用则是指企业可通过有针对性地实施不同的战略来影响或者控制自己所处的环境因素,特别是那些影响企业营运绩效的环境。基于上述观点,李海洋构建了自己的创业模型。

李海洋模型的主要特点在于关注企业的战略选择及其对绩效的影响,并且首次通过战略对环境-绩效关系的两种作用机制来阐述企业战略在环境与绩效之间所扮演的角色。该模型引入了环境敌对性这一维度,从行业环境敌对性的角度阐释了新创企业的战略选择。众所周知,环境包含多个维度,不同的维度对企业战略产生不同的作用,倘若把各个不同维度引入创业模型,并研究环境各个维度、战略和绩效之间的作用关系,就更能说明环境因素的综合作用对战略进而对绩效所产生的影响,以及企业战略对各环境-绩效关系的调节作用和中介作用。

5. 杰恩模型

杰恩认为除了战略这一要素之外,新创企业绩效的影响因素还包括风险投资因素和行业结构因素。风险投资因素主要包括尽职调查、参与企业管理、经验等;而行业结构因素则反映环境特征，具体包括行业集中度、行业成长性、行业的广告和研发密集度等。杰恩的创业模型（图1-9）以创业绩效为中心考察了绩效影响因素与其他各因素之间的关系。该模型的基本思想是，创业者在创业过程中必须认真考虑行业结构因素、管理战略和风险投资因素，因为这三种因素的共同作用决定企业能否取得创业成功。行业结构因素代表行业环境，决定企业进入的行业；风险投资因素代表创业与成长的治理因素，决定管理层级、管理模式与战略的选择和执行；管理战略取决于内外部创业环境。因此，杰恩模型可以看作一个环境–绩效模型。

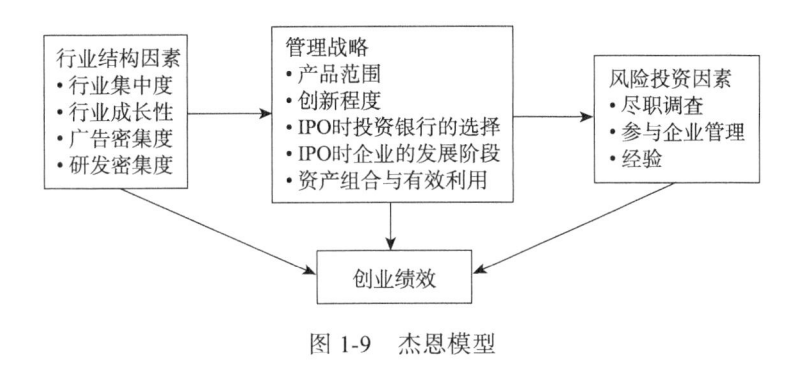

图 1-9　杰恩模型

杰恩模型的一个显著特点是风险投资因素对于战略因素的导向作用。除了提供资金以外，风险投资者通常还运用自己的行业专有知识、技能和关系来帮助创业者制订经营计划，甚至行使管理职能。杰恩模型表明，这种共同决策机制能否发挥作用要取决于风险投资者和创业者之间的战略匹配度：在风险投资者与创业者关系融洽，经常共同参与决策的情况下，风险投资对于创业绩效的作用主要通过创业战略这一中介变量来体现；而在风险投资者与创业者关系一般，很少共同参与决策的情况下，风险投资对创业绩效产生直接的作用。

上述众多模型均揭露出影响创业的重要因素，对创业实践者和创业研究人员具有重要意义。创业者自身特征是创业过程的核心要素，具有较强的主观能动性。机会的识别、资源的获取以及环境的优劣等要素都在创业过程中发挥重要的作用。

二、创业类型

创业活动涉及各行各业，创业者的创业动机千差万别，创业项目和领域多种多样，创业的类型也因此呈现出多样化的趋势，可以从不同角度做出分类。了解创业类型，比较不同类型的创业活动，有助于更好地理解创业活动。

（一）基于常见维度的分类

1. 创业动机角度分类：生存（被动、就业）型创业与机会型创业

2001 年，全球创业观察报告最先提出了生存型创业和机会型创业的概念，并逐年对生存型创业和机会型创业的概念进行丰富。生存型创业（necessity-push entrepreneurship），是指创业者出于别无其他更好的选择，为了生计而相对被动进行的创业。其主要特征为：创业

者受生活所迫，物质资源贫乏，在现有市场中捕捉机会，从事低成本、低门槛、低风险、低利润的创业。机会型创业（opportunity-pull entrepreneurship），是指创业者的创业动机是抓住现有机会并实现价值的强烈愿望，谋求更多发展而从事的创业活动。例如，李彦宏发现互联网搜索引擎存在的巨大商机后舍弃在美国的高薪岗位，创办百度公司，就是典型的机会型创业。

机会型创业与生存型创业的主要区别如下。①创业者的个人特征。创业者个人特征是影响创业动机的主要因素，对机会型创业与生存型创业的区分起显著影响。相对而言，年轻和学历高的创业者更有可能进行机会型创业。②创业投资回报预期。创业投资回报与创业风险相关，生存型创业者期望低一些的投资回报，也承担小一些的创业风险；机会型创业者往往期望较高的投资回报，也会承担更大的创业风险。③创业壁垒。生存型创业者更多地受到创业资金、技术和人才等的限制，更多地回避技术壁垒较高的行业。机会型创业者拥有一定资金、技术和人才优势，会更关注新的市场机会，选择有一定壁垒的行业。④创业资金来源。生存型创业者的资金主要来源于个人和家庭自筹。机会型创业者能比生存型创业者获得更多的贷款机会和政府政策及创业资金支持。⑤拉动就业。相比生存型创业，机会型创业不仅能解决自己的就业问题，而且能解决更多人的就业问题。⑥机会型创业由于更多着眼于新的市场机会，拥有更高的技术含量，有可能创造更大的经济效益，从而改善经济结构。无论是从缓解就业压力，还是从改善经济结构的目的出发，政府和社会更加关注机会型创业，大力倡导机会型创业。

2. 创业者数量角度分类：独立型创业、团队（合伙）型创业

独立型创业是指创业者独立创办自己的企业。其特点在于产权归创业者个人所有，企业由创业者自由掌控，决策迅速；但创业者要独自承担风险，创业资源整合比较困难，并且受个人才能限制。合伙型创业是指与他人共同创办企业，其优势和劣势正好与独立型创业相反。

3. 创业项目性质角度分类：传统技能型创业、高新技术型创业、知识服务型创业

传统技能型创业是指使用传统技术、工艺的创业项目。比如生产饮料、中药、工艺美术品、服装与食品加工等。这些独特的传统技能项目在市场上表现出经久不衰的竞争力。高新技术型创业是指知识密集度高，带有前沿性、研究开发性质的新技术、新产品创业项目。知识服务型创业是指为人们提供知识、信息的创业项目。当今社会，各类知识性咨询服务机构不断细化和增加，这类项目中有不少投资少、见效快、市场前景广阔。

4. 创业方向和风险角度分类：依附型创业、尾随型创业、独创型创业、对抗型创业

依附型创业可以是依附于大企业或产业链而生存，在产业链中确定自己的角色，为大企业提供配套服务；也可以是特许经营权的使用，如利用某些品牌效应和成熟的经营管理模式进行创业。尾随型创业指模仿他人所开办的企业和经营项目，一般是行业内已经有许多同类企业，创业者尾随他人，学着别人做。独创型创业是指提供的产品和服务能够填补市场空白，大到商品完全独创，小到商品的某个技术独创。对抗型创业是指进入其他企业已形成垄断地

位的某个市场，与之对抗较量。如针对 20 世纪 90 年代初外商在中国市场上大量销售合成饲料的局面，希望集团建立了西南最大的饲料研究所，定位于与外国饲料争市场，最终取得了成功。

5. 创业者类型角度分类：大学生创业、农民创业、退伍军人创业等

大学生创业是一种以在校大学生和毕业大学生的特殊群体为创业主体的创业过程。创业逐渐成为在校大学生和毕业大学生的一种职业选择。大学生作为我国的年轻高级知识人群，有着较为丰富的知识储备和创造力，但社会实践经验与能力相对欠缺。大学生创业成为国家、社会以及学者共同关注的话题。近年来，国家、高校给予创业大学生这个特殊的创业群体高度的支持，大学生创业也将在机遇和挑战中走向新的高度。

农民创业是指具备一定创业资本和能力的农民在寻找或开拓市场空间的基础上，通过重组各项生产要素资源、开辟新的生产领域和创新经营形式，以达到自身利益最大化和扩大劳动力就业的过程。当前我国农民创业呈现出以下特点：第一，从区域分布来看，多数农民选择在本地创业；第二，从创业领域来看，多数农民选择第二、三产业创业，极少数农民选择第一产业；第三，从创业的资金来源来看，创业者自由资产居多，部分依靠借贷资金；第四，从创业的投资额来看，农民创业基本属于小规模；第五，从创业形式来看，农民基本上是单独创业，与他人联合创业的居少数。当前我国农民创业主要有以下几种模式：一是打工创业模式，农民通过打工积累创业资金与创业技术，然后开始创业；二是家庭经营模式，这种类型一般规模比较小，农民以家庭为单位，开办商店、餐馆、从事养殖等；三是产业带动模式，农民依托本地的乡镇企业，在其带动下进行创业。从农民创业的特点和模式来看，我国农民创业还处于起步阶段，通常是规模小、模式单一。

退伍军人创业是指个人参军退伍后并没有选择就业，而是投身于创办事业当中。如退役军人任正非，与几个志同道合之人共同创立华为公司，改写中国乃至世界制造通信业的历史，而从华为的管理中体现出来的"狼性精神"也一定程度上体现了任正非的军事管理思维。

在"大众创业、万众创新"的新时代，越来越多的人加入到创业活动的浪潮，创业者的类型也在不断增多，不能仅仅局限于以上的几种分类。

6. 是否运用网络角度分类：数字创业和传统创业

数字创业也称为互联网创业，简单地说，就是利用互联网作为平台进行创业的行为。我们身边的例子已经有很多，随着信息技术的不断进步和电子商务平台的不断壮大，互联网作为平台形成了巨大的市场，互联网具有传播速度快、互动性强、不受地理等自然条件限制等特点，互联网创业越来越常见。目前，互联网创业主要有两种形式：网上开店，在网上注册成立网络商店；网上加盟，以某个电子商务网站门店的形式经营，利用母体网站的货源和销售渠道。网上加盟的优势为门槛低、成本少、风险小、方式灵活，特别适合初涉商海的创业者，如易趣、阿里巴巴、淘宝等知名商务网站，有较完善的交易系统、交易规则、支付方式和成熟的客户群，每年还会投入大量的宣传费用。

传统创业是指需要实体经营，产品本身是真实的，并没有依托互联网进行创业，如开个门店卖衣服、水果等。

7. 创业起点角度分类：创建新企业和企业内创业

创建新企业是指创业者或团体从无到有地创建全新的企业组织。这个过程充满机遇，但风险和难度也很大。企业内创业是指在已有公司或企业内进行创新创建的过程。例如，企业流程再造。正是通过二次、三次乃至连续不断地创新创业，企业的生命周期才能不断地在循环中延伸。

（二）基于创业初始条件的分类

创业者往往是在资源匮乏的情况下开展创业活动，研究创业活动的初始条件对分析创业活动的特点，预测创业活动的发展演变规律，具有十分重要的意义。在这方面，阿玛尔·毕海德（Amar Bhide）教授的研究工作特别具有影响力。

芝加哥大学教授毕海德曾在哈佛商学院讲授创业课程，为了梳理出清晰的授课计划，他带领学生对1996年进入美国Inc.500强（杂志评选出成长速度最快的500家企业排名）的企业主进行了深入访谈，并于2000年出版了《新企业的起源与演进》一书。在该书中，他以"投资–不确定性–利润"关系图为分析基点，将创业活动分为边缘型创业（marginal businesses）、有前途的创业（promising start-ups）、风险资本支持的创业（venture capital-backed start-ups）、大公司内部创业（corporate initiatives）和变革型创业（revolutionary ventures）五种类型（图1-10）。

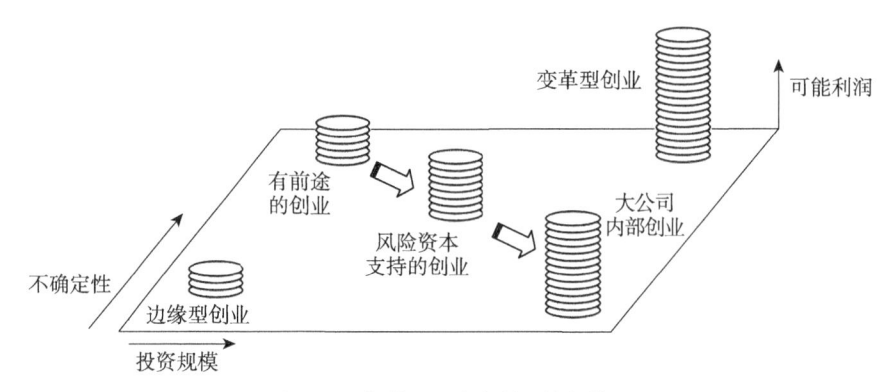

图1-10 投资–不确定性–利润模型

这五种创业活动在投资规模、不确定性和可能利润三个方面分别表现出不同的特征。①边缘型创业活动导致了大量的边缘企业，如洗衣店、美容院、草坪维护和园艺等企业。它们所面临的不确定性小，投资规模也小，只能为创业者（业主）提供一份工资，且这种工资是由竞争性市场根据业主的劳动来确定的。②一些创业活动也往往会产生许多有前途的新企业，如Inc.500强企业。它们的一个显著特征是有利可图的经营所需要的规模较小，但具有较大的不确定性，正是这种不确定性将有前途的新企业和边缘型企业明显地区别开来。③风险资本支持的新企业，如英特尔、康柏等企业，它们是由职业风险资本家投资创办的。与有前途的新企业相比，其特点是风险不确定性有所降低，但投资规模有很大提高，而且可能利润也大大增加。④大公司内部创业，特指大型成熟企业的创业活动，如微软的Windows 95和英特尔的奔腾处理器等一些公司的新产品投放或进入新市场。其风险不确定性较低，但较大的投资规模带来较高的投资回报。⑤具有变革型的新企业创业活动，如联邦快递等，在投资规模、不确定性和可能利润三个方面都具有较高水平。

在新企业的演进过程中，毕海德认为，机会性质的变化改变着企业家（创业者）所面临的问题和必须完成的任务。在面临重大的资本约束和不确定性时，新企业的创始人依靠的只能是对无法预测的事件采取机会主义式的适应。随着企业的成长，企业会将更多的资源投入到不确定性较低的创新或创业活动中，这时机会主义就会让位于为长远发展而预测和计划的系统性工作。换句话说，弥补初出茅庐的新企业与大公司之间的差距所需要的不仅仅是运气或者放权的意愿。为了实现投资和各项工作的"互补"或者"协同"效应，企业家往往会采取战略性方法，而不是依靠机会主义的调整。所以，企业家（创业者）及其从事的创业活动往往会从"投资—不确定性—利润"关系图的左上角逐渐向右下角移动。

（三）基于效果的分类

戴维森（Davidson）基于创业效果在个人层面和社会层面的活动结果对创业进行了分类（图 1-11）。其中，①英雄型事业（hero enterprises），一般是指一流的企业家所从事的新事业活动。它既能够为社会创造价值，又能给创业者个体带来财富，比如星巴克开创了一个全新的休闲产业，取得了企业、消费者和社会等层面的多赢效果。②强盗型事业（robber enterprises），这种新事业活动仅为创业者个体带来财富，但对社会没有价值。③催化剂型事业（catalyst enterprises），这种新事业活动对个人来说虽然是失败的，没有给创业者个体带来收益，但其他社会成员可以利用他们的思想和方法成功地从事创业活动，如竞争者通过创新应对新事业威胁等。比如万燕 VCD 的创业虽然失败，但催化出一个巨大的新兴产业。④失败型事业（failed enterprises），如破产的污染企业。因此，根据创业活动结果对个体和社会层面的不同影响，也可以划分出双赢型、利己型、利他型和失败型四种创业活动，这对全面认识和促进创业实践及研究具有重要的指导意义。

	个体层面活动结果 +	个体层面活动结果 −
社会层面活动结果 +	英雄型事业	催化剂型事业
社会层面活动结果 −	强盗型事业	失败型事业

图 1-11 基于不同层面活动结果的创业活动类型

创业活动作为一种社会现象，普遍存在于人类活动中。随着环境的变化，创业活动的类型也越来越多，无法一一列举。了解创业活动的类型，比较不同类型的创业活动，有助于把握创业活动的本质和关键要素，掌握不同类型创业活动的特殊性，例如，技术出身的创业者往往会高估产品和技术的优势，低估市场的风险。因此，对创业适当地分类，了解创业活动的类型，对研究和实践都很重要。

本 章 小 结

本章作为本书的第一章，主要是让读者对创业有初步的了解和认识。本章共有两节内容。第一节介绍创业的定义与功能。首先，梳理大量学者关于创业内涵的界定，得出创业的定义；

其次，从创业者个人和社会两个角度介绍了创业的作用和价值。第二节主要介绍创业的要素与类型。将创业模型分为要素均衡模型和要素主导模型两大类，分别详细介绍了每种创业模型的要素，并从不同角度对创业类型进行分类。

关 键 术 语

蒂蒙斯模型　生存型创业　机会型创业　农民创业　数字创业

本章思考题

1. 蒂蒙斯模型三要素有哪些？在创业过程中是如何变化的？
2. 创业的价值体现在哪些方面？对社会有什么作用？
3. 创业分类的常见维度有哪些？
4. 生存型创业与机会型创业有何区别？

本章参考文献

董保宝，葛宝山. 2008. 经典创业模型回顾与比较[J]. 外国经济与管理，30(3): 19-28.
李家华. 2015. 创业基础[M]. 2版. 北京：清华大学出版社.
张玉利，等. 2016. 创业管理[M]. 4版. 北京：机械工业出版社.
郑光贵，魏力. 2014. 论大学生创业与就业的本质区别及创业优势[J]. 安徽商贸职业技术学院学报（社会科学版），13(3): 62-66, 80.
Bhide A V. 2000. The Origin and Evolution of New Business[M]. Oxford: Oxford University Press.
Bruyat C, Julien P A. 2001. Defining the field of research in entrepreneurship[J]. Journal of Business Review, 16(2): 165-180.
Davidsson P, Wiklund J. 2001. Levels of analysis in entrepreneurship research: current research practice and suggestions for the future[J]. Entrepreneurship: Theory and Practice, 25(4): 81-99.
Gartner W B. 1985. A conceptual framework for describing the phenomenon of new venture creation[J]. Academy of Management Review, 10(4): 696-706.
Gartner W B. 1990. What are we talking about when we talk about entrepreneurship?[J]. Journal of Business Venturing, 5(1): 15-28.
Morris M H, Lewis P S, Sexton D L. 1994. Reconceptualizing entrepreneurship: an input-output perspective[J]. SAM Advanced Management Journal, 59(1): 21-31.
Sahlman W A, et al. 1999. Some Thoughts on Business Plan[M]. 2nd ed. Cambridge: Harvard Business School Press.
Stevenson H H, Gumpert D E. 1985. The heart of entrepreneurship[J]. Harvard Business Review, 63(2): 85-94.
Timmons J A. 1999. New Venture Creation: Entrepreneurship for the 21st Century[M]. 5th ed. New York: McGraw-Hill.
Wickham P A. 1998. Strategic Entrepreneurship[M]. New York: Pitman Publishing.
Zahra S A, George G. 2002. International Entrepreneurship: The Current Status of the Field and Future Research Agenda[M]. Oxford: Blackwell Publishers.

第二章

创业者的基本素质

【学习目的】

通过本章的学习，了解创业者的基本条件与精神、创业者的能力、创业者的人格和创业者的气质，使创业者明确自身素质如何影响创业活动。

【学习要求】

1. 了解成为创业者的基本条件与精神。
2. 分析创业者的基本素质对创业活动的影响。
3. 理解创业者需要具备的能力、人格与气质。

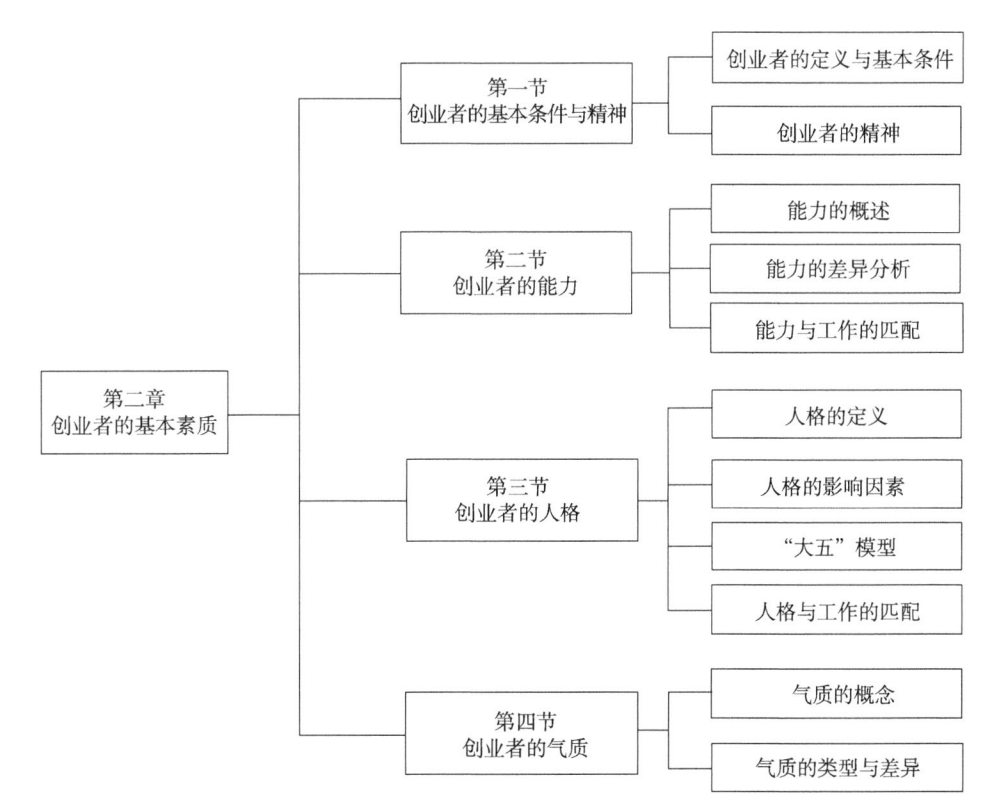

```
第二章              第一节              创业者的定义与基本条件
创业者的基本素质    创业者的基本条件与精神
                                        创业者的精神

                    第二节              能力的概述
                    创业者的能力        能力的差异分析
                                        能力与工作的匹配

                    第三节              人格的定义
                    创业者的人格        人格的影响因素
                                        "大五"模型
                                        人格与工作的匹配

                    第四节              气质的概念
                    创业者的气质        气质的类型与差异
```

第一节 创业者的基本条件与精神

一、创业者的定义与基本条件

(一)创业者的定义

创业者一词由法国经济学家坎帝隆(Cantillon)于1755年首次引入经济学。1800年,法国经济学家萨伊(Say)首次给出了创业者的定义,他将创业者描述为将经济资源从生产率较低的区域转移到生产率较高的区域的人,并认为创业者是经济活动过程中的代理人。著名经济学家熊彼特则认为创业者应为创新者,这样,创业者概念中又加了一条,即具有发现和引入新的更好的能赚钱的产品、服务和过程的能力。

创业者是指发现某种信息、资源、机会或掌握某种技术,利用或借用相应的平台或载体,将其发现的信息、资源、机会或掌握的技术,以一定的方式,转化、创造成更多的财富、价值,并实现某种追求或目标过程的人。创业搭档是创业者,而创业合伙人不一定是创业者。创业者通常表现出灵活开放、好奇的个性,具有精力充沛、坚持不懈、注意力集中、想象力丰富以及冒险精神等特征。

(二)创业者的基本条件

1. 可贵的创新品质

创业者必须是有理想、有抱负的人,具备献身精神、进取意识、强烈的事业心和历史责任感等可贵的创新品质。具备了这样一些品质,才能有为求真知、求新知而敢闯、敢试、敢冒风险的大无畏勇气,才能构成创新型人才的强大精神动力。

2. 坚韧的创新意志

创新是一个探索未知领域和对未知领域进行破旧立新的过程,充满各种阻力和风险,可能会遇到重重困难、挫折甚至失败。因此,创新型人才每前进一步都需要非凡的胆识和坚忍不拔的毅力,为了既定的目标必须坚持不懈地奋斗,锲而不舍,遭受阻挠和诽谤不气馁,遇到挫折和挫败不退却。只有具备了这样的创新意志,才能不断战胜创新活动中的种种困难,最终实现理想的创新效果。

3. 敏锐的创新观察

历史上的科学发现和技术突破,无一不是创新的结果。从这个意义上讲,创新就是发现,而且是突破性的发现。要实现突破性的发现,就要求创新型人才必须具有敏锐的观察能力、深刻的洞察能力、见微知著的直觉能力和一触即发的灵感和顿悟,不断地将观察到的事物与已掌握的知识联系起来,发现事物之间的必然联系,及时地发现别人没有发现的东西。

4. 丰富的创新知识

创新是对已有知识的发展,在人类知识越来越丰富和深奥的今天,要求创新型人才的知识结构既有广度,又有深度。因此,创新型人才须具有广博而精深的文化内涵,既要有深厚而扎实的基础知识,了解相邻学科及必要的横向学科知识,又要精通自己的专业并能掌握所从事学科专业的最新科学成就和发展趋势。

5. 科学的创新实践

创新的过程是遵循科学、依据事物的客观规律进行探索的过程,任何一种创新都不能有半点马虎和空想,因此,创新型人才必须具有严谨而求实的工作作风,严格遵循事物的客观规律,从实际出发,以科学的态度进行创新实践。

二、创业者的精神

(一)创业精神的本质

创业精神是创业者在创业过程中具有的开创性的思想、观念、个性、意志、作风和品质等重要行为特征的高度凝练,主要表现为创新、冒险、合作、执着等。

1. 创新是创业精神的灵魂

创业活动中的创新包括从产品创新到技术创新、市场创新、组织形式创新等。创新被认为是创业精神的具体化。创业者具有创新精神,才可能创建新颖独特的企业,并保持一个企业的特色和可持续发展。华为从2万元起家,用25年时间,从名不见经传的民营科技企业,发展成为世界500强和全球最大的通信设备制造商,创造了中国乃至世界企业发展史上的奇迹,成功的秘密就是创新。创新无疑是提升企业竞争力的法宝,同时它也是一条充满了风险和挑战的成长之路,尤其在高新技术产业领域,创新被称为一个企业的生存之本和一个品牌的价值核心。

2. 冒险是创业精神的天性

没有甘冒风险和承担风险的魄力,就不能成为创业者。无数创业者的经历证明,虽然不同创业者的生长环境、成长背景和创业机缘各不相同,但无一例外都是在诸多不确定性因素条件下敢为人先、勇于创新的实践者。比尔·盖茨靠什么法宝建立了他的微软帝国?他为何在竞争激烈的现代经济中独占鳌头而历久不衰?在比尔·盖茨看来,成功的首要因素就是冒险。任何事业中,把所有的冒险都消除掉的话,自然也就把所有成功的机会都消除掉了。他自己的一生当中,持续一贯的特性就是强烈的冒险天性。他甚至认为,如果一个机会没有伴随着风险,这种机会通常就不值得花心力去尝试。他坚定不移地认为,有冒险才有机会,正是有风险才使得事业更加充满跌宕起伏的趣味。

3. 合作是创业精神的精华

社会发展到今天,行业分工越来越细,没有谁能一个人完成创业需要完成的所有事情。真正的创业者善于合作,能将合作精神扩展到企业的每个员工。面临困境时,团队成员间能团结一心、奋力拼搏。美国心理学家马斯洛(Maslow)的需要层次理论,提出人最高层次的需要是自我实现，因此作为创业者要做到与员工共同分享，满足职工不同层次的需要，激励员工做更多的事，赚更多的钱，做更大的贡献。另外，要恰当处理竞争与合作的关系。对创业者来说，有时合作比竞争更重要，有了合作，才能达到双赢，才能把自己的蛋糕做大。

4. 执着是创业精神的本色

创业的过程必然伴随着各种艰辛和曲折，因此创业者必须坚持不懈、咬定青山不放松。创业实践表明，往往只有偏执者才能在创业中生存下来。创业精神是创业的动力，也是创业的支柱。没有创业精神就不会有创业行动，也就无从谈起创业成功，因此，创业精神对创业至关重要。每一个成功的企业家几乎都是拼命三郎。央视17频道的《致富经》节目每一期都要介绍一位创业者的创业故事，每一位创业者几乎都毫无例外地遭遇了各种难以想象的困难，但他们往往都能坚持到最后，最终都取得了相应成就，这都离不开执着的拼搏精神。

（二）创业精神的来源

创业精神的形成与发展受相应文化环境、产业环境、生存环境等的影响。

1. 文化环境

创业本身是一种学习，创业者离不开现实文化环境。作为学习者，生活区域的文化就是学习的重要内容之一，因此在一个商业文化氛围浓厚的地方，潜在的创业行动者容易培养创业精神。以温州为例，温州十分发达的商业文化传统孕育了当今温州商人的创业精神。

2. 产业环境

不同的产业环境会对创业精神产生影响。对于垄断行业而言，企业缺少竞争，就容易抑制创业精神的产生。而在一个完全竞争的市场结构中，由于企业间优胜劣汰、竞争激烈，更有可能形成创业精神。

3. 生存环境

常言道："穷则思变。"从生存环境来看，资源贫瘠、条件恶劣的区域往往能激发人的斗志。从创业视角分析，在资源贫瘠的地方，人们为了改善生存状况而寻求发展机会，整合外界资源，进而催生创业动机，激发创业精神。

（三）创业精神的作用

创业精神能够激发人们进行创业实践的欲望，是心理上的一种内在动力机制。它在很大程度上决定一个人是否敢于投身创业实践活动，支配人们对创业实践活动的态度和行为，影响态度和行为的方向及强度。

创业精神能够在三个广阔的领域产生作用：个人成就的取得（个人如何成功地创建自己的企业）、大企业的成长（大企业如何使其整个组织都重新焕发创业精神，以具有更强的竞争力和创造高成长）和国家的经济发展（帮助人民变得富强）。创业精神的力量能够帮助个人、企业乃至整个国家或地区在面对 21 世纪的竞争时走向成功和繁荣。当前，世界产业结构正经历着彻底转变，创业精神在我国将发挥更大的作用，它有利于加快转变经济发展方式，促进经济社会又好又快地发展。

（四）创业精神的培育

1. 宣扬创业文化

创业文化是创业者成长的外部环境，对创业者而言，创业文化具有陶冶功能、激励功能和导向功能。高校应想方设法将创业精神有机地融入学科活动、科技活动等活动中去，以培养学生的创业精神；可经常邀请成功的企业家或成功的校友来学校做报告，增强大学生的创业信心，利用他们的创业激情感染学生，使其成为激励学生创业的榜样。

2. 培育创业人格

个性特征对个体的创业非常重要，尤其是"独立性""坚持性""敢为性"等，所以，人格教育与创业精神和创业能力的培养是相辅相成的。高校要依据大学生的心理特点有针对性地讲授心理健康知识，帮助大学生树立心理健康意识、优化心理素质、增强心理调适能力和社会生活的适应能力，自觉培养坚忍不拔的意志品质和艰苦奋斗的精神，提高承受和应对挫折的能力。此外，还可以采用创业案例剖析创业者的人格特征、进行心理训练等，让学生形成良好心理素质与优良的人格特征。

3. 培养创新能力

创新是创业精神的核心，高校必须突出对学生创新能力的培养，要尊重学生的个性发展，爱护和培养学生的好奇心、求知欲，为学生的禀赋和潜能的充分开发创造一种宽松的环境。鼓励学生勇于突破，有意识地突破前人、突破书本、突破老师。通过开设创新创业类课程、举办主题技能竞赛让学生感受、理解知识产生和发展的过程，培养学生的科学精神和创新思维。

4. 强化创业实践

鼓励学生利用课余时间参加一定的创业模拟和社会实践活动，增强学生对企业的了解和对社会的适应能力。如在校内外开展创业竞赛活动，与社会企业联合开展学生的实习、见习等，"纸上得来终觉浅，绝知此事要躬行"，让学生在实践中磨炼自己，形成正确的创业认知，培育创业精神和提升解决问题的能力。

第二节　创业者的能力

一、能力的概述

能力（ability）指的是个体能够成功完成工作中各项任务的可能性，它是对个体现在能做的事情的一种评估。

能力可以分为两大类：体质能力和智力能力。体质能力（physical ability）是指个体在自然躯体方面的能力，如耐力、爆发力、手指灵活性、手臂稳定性、腿部力量等。在许多行业中对于体质能力有严格的要求，专家在分析体力工作者所做的工作时，归纳得出九项基本能力，分别是：动态力量、躯干力量、静态力量、爆发力、广度灵活性、动态灵活性、躯体协调性、平稳性、耐力。不同的个体在每项能力上都存在一定程度的差异，即某个个体在某项能力上得分高并不意味着他在其他能力上得分高。如果管理者能确定某一工作对这九项基本能力的要求程度，并且保证从事此工作的员工达到相应的能力水平，则必然会提高团队的工作绩效。智力能力（intellectual ability）即从事心理活动所需要的能力。简单来讲就是从事那些思考、推理和解决问题等智力活动所需要的能力。智力能力的衡量需要通过智商测验来确立。例如，高考、研究生入学考试、各类资格证考试都是智力能力测试。智力能力的构成一般划分为以下七个维度，即算术、言语理解、知觉速度、归纳推理、演绎推理、空间视知觉及记忆力（表 2-1）。

表 2-1　智力能力维度

维度	描述	工作范例
算术	快速而准确进行运算的能力	会计：在一系列项目中计算营业税
言语理解	理解读到和听到的内容，以及词汇之间关系的能力	工厂管理者：推行企业政策
知觉速度	迅速而准确辨认视觉上异同的能力	火灾调查员：鉴别纵火责任的证据和线索
归纳推理	鉴定一个问题的逻辑后果，并解决这一问题的能力	市场调查员：对未来一段时间内某一产品的市场需求量进行预测
演绎推理	运用逻辑评估一项争论价值的能力	主管：在员工所提供的两项不同的建议中做出选择
空间视知觉	当物体的空间位置变化时，能想象出物体形状的能力	室内装饰师：对办公室进行重新装饰
记忆力	保持和回忆过去经历的能力	销售人员：回忆顾客的姓名

二、能力的差异分析

衡量智力能力高低的指标是智商（IQ）：目前世界上较为常用的智力测量量表有"比奈–西蒙量表""韦克斯勒量表"等。智商通常呈正态分布，按图 2-1 的韦克斯勒量表计算：90～110 分为智力中常、110～120 分为智力中上、120～130 分为智力优秀、130 分及以上为智力极优秀。

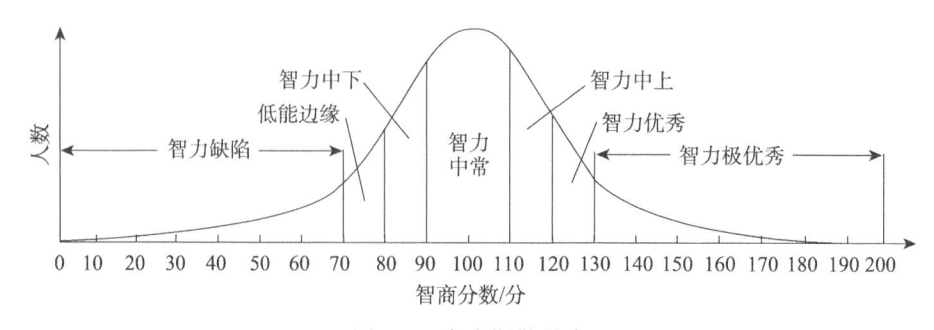

图 2-1　韦克斯勒量表

（一）一般能力的个别差异

人类的智力是符合正态分布的，平均智商大约是 100 分，得分靠近这个数字的人数最多，而得分与 100 分的差距越大，则人数越少。美国心理学家韦克斯勒对智力分布的研究表明（表2-2），占总数 82% 以上的人属于智力中等，智力极优和智力极低的人则是极少数。

表 2-2 韦克斯勒智力分布调查统计

智商	类别	占总数的百分比（理论常态曲线）	占总数的百分比（实际样组）
130 分及以上	智力极优秀	2.2%	2.3%
120～130 分	智力优秀	6.7%	7.4%
110～120 分	智力中上	16.1%	16.5%
90～110 分	智力中常	50.0%	49.4%
80～90 分	智力中下	16.1%	16.2%
70～80 分	低能边缘	6.7%	6.0%
70 分以下	智力缺陷	2.2%	2.2%

（二）特殊能力的个别差异

个体之间的特殊能力发展水平各不相同，甚至差别很大。例如，喷漆工人对漆色的辨别，烟草工人对烟草品质的识别，这些个体都具有较强的能力。不同个体能力出现的时间也有差别。有些由先天因素决定的能力，往往在年龄较小时就有明显的表现，但一些需要靠知识或经验的积累才能形成的能力，则往往在年龄较大时才出现明显的差别，这种差别和人们所处的环境条件以及个人努力的程度有密切关系。

（三）能力表现的年龄差异

能力表现的年龄差异，即能力表现早晚的差异。有的人在儿童时期就显露出非凡的智力和特殊能力，属于才华早露，被称为"天才儿童""神童"等。古今中外能力"早慧"者不胜枚举，如初唐四杰之一的王勃 10 岁能作赋，控制论创始人美国的维纳 4 岁博览群书、14 岁大学毕业、18 岁获哈佛大学博士学位。除了才华早露之外，还有大器晚成，如我国的画家齐白石本来长期做木匠，40 岁才显露绘画才能，成为著名的国画家；达尔文 50 岁才写出名著《物种起源》；我国明代医学家李时珍，在 61 岁时才写成《本草纲目》。

（四）能力的性别差异

男、女之间脑的大小和结构明显不同，但却能达到同样的智力水平，说明他们运用了不同的脑结构和不同的功能方式。诸如男人的智力可能依靠量较少，但皮层较厚、纤维分布密集的脑组织，完成中等难度的空间认知任务；女人则善于完成中等难度的语言认知任务。

三、能力与工作的匹配

(一)招聘和选拔人才中能力差异的运用

根据英国心理学家斯皮尔曼(Spearman)提出的能力二因素结构理论,人在顺利完成某项任务时,必须既有一般能力,又具有特殊能力。一般能力是指在很多基本活动中表现出来的能力,如观察力、记忆力、抽象概括能力等。特殊能力是指出现在某些专业活动中的能力,如数学能力、音乐能力、专业技术能力等。某种一般能力在某种活动领域得到特别的发展,就可能成为特殊能力的组成部分。而特殊能力在得到发展的同时,也发展了一般能力。员工除了需要具备一般能力之外,还必须具备从事该职业的特殊能力,即职业能力。有些企业在招聘和选拔人才的过程中采取业务能力考试以考察应聘者的职业能力。

(二)分工中企业员工能力差异的运用

对人力资源进行有效配置和合理使用的基础是"人岗匹配",岗位职责与员工个体特征相匹配是基础,岗位报酬与员工需要、动机相匹配以激励员工行为是关键。

1. 知岗:工作分析

"人岗匹配"的起点应该是知岗,只有了解了岗位才能去选择适合岗位的人,这样才能实现"人岗匹配"。如果脱离了岗位的要求和特点,"人岗匹配"就会成为空中楼阁,失去根本。知岗最基础、最重要的工具就是工作分析。工作分析,是对某项工作内容与责任的资料进行汇集、研究及分析的程序。

2. 知人:胜任素质

当知道了岗位的特点和要求,就应该进入"人岗匹配"的关键环节——知人。知人的方法有很多,如履历分析、纸笔考试、心理测验、笔迹分析、面试交谈、情节模拟、评价中心技术等。但它们或基于人,或基于事,对"人岗匹配"的帮助都不是非常明显。在企业管理和咨询的实践中,在知人方面,胜任素质(competency method)是帮助企业实现最佳"人岗匹配"的有效工具。

3. 匹配:知人善任

知人善任是实现"人岗匹配"的最后一步,也是发现并最大限度地利用员工的优点,把合适的人放在合适的位置,尽量避免人才浪费最关键的一步,"没有平庸的人,只有平庸的管理"。每个人都有自己的特点和特长,知人善任,让自己的下属去做适合他们的事情,这样才能充分发挥他们的工作潜能,实现人才的有效利用。许多成功的管理者都善于识人,并把人才放在适当的位置上。因此,管理者在用人的时候,应该多一些理性以及人尽其才的意识,应以每个员工的专长为思考点,安排适当的岗位,并依照员工的优缺点,做机动性的调整,这样才能"岗得其人""人适其岗""人岗匹配",达到人与岗的统一,让组织团队发挥最大的效能。

第三节　创业者的人格

一、人格的定义

戈登·奥尔波特（Gordon Allport）对于人格（personality）的定义是"个体内部身心系统的动力组织，它决定了个体对环境的独特调节方式"。本书将人格定义为：人格是个体所有的反应方式和与他人交往方式的总和，是一个包含了先天遗传因素和后天环境因素的交互作用，在社会化过程中的自我概念。

二、人格的影响因素

（一）遗传

遗传（heredity）指的是那些由胚胎决定的因素。身材、相貌、性别、秉性、肌肉的组成和反射、精力水平以及生物规律等特点，都全部或至少大部分受到父母的影响，也就是说，受到他们生物的、生理的、内在心理的构成的影响。遗传观点认为，根据染色体上基因的分子结构，可以全面解释个体的人格特征。

来自不同国家的研究者曾对成千上万对刚出生就分离并分别在不同家庭中成长起来的同卵双胞胎进行了研究。如果遗传在决定人格方面所起的作用很小，那么，在这些分开抚养的双胞胎身上将很难发现相似性，但是实际中，分开抚养的双胞胎有很多共同的地方。比如，一对双胞胎彼此分离了39年，在相距45英里[①]的两地分别成长起来，但他们驾驶的汽车型号和颜色完全相同，抽同一牌子的香烟，给自己的狗起相同的名字，而且常常去距离各自1500英里以外的海滨度假。研究者发现，双胞胎身上人格相似性中的50%，以及职业与业余偏好相似性中的30%，可以由遗传做出解释。

有趣的是，对双胞胎的研究表明，父母所提供的生活环境对人格的发展并没有太多影响，与共同成长的兄弟姐妹相比，在不同家庭长大的同卵双胞胎的人格更具有相似性。

（二）环境

在社会文化环境方面，每个人都处在特定的社会文化环境中，文化对人格的影响极为重要。社会文化塑造了社会成员的人格特征，使其成员的人格结构朝着相似性的方向发展，这种相似性具有维系社会稳定的功能，又使得每个人能稳固地嵌入整个文化形态里。社会文化对人格具有塑造功能，还表现在不同文化的民族有其固有的民族性格。在家庭环境方面，研究人格的家庭成因，重点在于探讨家庭的差异（包括家庭结构、经济条件、居住环境、家庭氛围等）和不同的教养方式对人格发展与人格差异具有不同的影响，研究发现：权威型教养方式的父母过于支配孩子的教育，孩子的一切都由父母来控制，在这种环境下成长的孩子容易消极、被动、依赖、服从、懦弱，做事缺乏主动性，甚至会形成不诚实的人格特征；放纵型教养方式的父母对孩子溺爱，让孩子随心所欲，父母对孩子的教育有时出现失控的状态，

[①] 1英里等于1.609 344千米。

在这种家庭环境中成长的孩子多表现为任性、幼稚、自私、野蛮、无礼、独立性差、唯我独尊、蛮横胡闹等;民主型教养方式的父母与孩子在家庭中处于一种平等、和谐的氛围当中,父母尊重孩子,给孩子一定的自主权和积极正确的指导。

(三)情境

越来越多的研究发现,某种特殊的人格特质对组织行为的影响是取决于情境的。接下来通过"情境强度理论"帮我们理解其中的道理。

知识小卡片

情境强度理论(situation strength theory)提出这样的观点,人格转换成行为的程度取决于情境的强度。情境的强度指的是一些规范、线索或者标准对人们采取恰当行为的要求程度。强情境强迫我们必须采取恰当的行为,清晰地向我们展示到底什么才是恰当的行为,也会阻止不恰当的行为。弱情境正好相反,一切都顺其自然,因此我们可以自由地用行为表达自己的人格。研究显示,与强情境相比,在弱情境下,人格特质可以更好地预测行为。研究人员根据下列四要素分析了大量组织中情境的强弱。

(1)清晰度,即工作任务和职责的清晰程度。高度清晰的工作岗位可以塑造强情境,因为员工可以轻易判定自己应该做什么,这样能够提高每个人行为的相似性。例如,建筑物管理员的岗位职责可能非常清晰,员工清楚地知道自己应该做哪些事情,这个岗位比儿童保姆的岗位职责更加清晰。

(2)一致性,即不同的工作职责之间有多大的兼容性。高度一致性的工作塑造了强情境,这是因为它提示人们采取相同的、组织期望的行为。例如,急诊病房的护士岗位可能比业务经理的工作存在更高的一致性。

(3)约束,即个体自由决定行为的程度受到外部力量影响的程度。具有很多约束条件的工作岗位会塑造强情境,因为员工没有太多的自身判断余地。例如,银行查账员的岗位可能比护林员存在更多的工作约束。

(4)后果,即决策或者行为对组织、成员、客户、供应商等方面产生影响的大小。工作岗位会塑造强情境,这是因为工作环境的结构性很强,从而避免错误的发生。例如,外科医生的工作岗位产生的影响可能比外语教师严重得多。

一些研究人员猜测,组织的存在本身就意味着强情境,因为组织的存在意味着它对成员施加了规则、规范和标准,这些都约束着成员的行为,这些约束条件通常都是恰当的。例如,我们不会允许员工用错误的方法处理账目,或者单凭心情决定是否来上班。

但是,这并不意味着所有组织都应该给员工塑造强情境。第一,繁文缛节的规章制度令决策程序变得冗长不堪。试想下,这就好比所有的工作都是在流水线上完成的一样,我们大多数人都更喜欢在工作中能够自由决定工作完成的方式。第二,人和人之间的确存在差异,因此很适合一个人的方式可能完全不适合另一个人。第三,强情境有可能压抑一些组织文化所鼓励的创造力、主动性和因地制宜处理问题的能力。例如,一项近期的研究发现,在弱情境下,员工更愿意遵循自己的价值观主动做事。第四,工作任务变得越来越复杂,在全球化背景下很多工作的交集也越来越多。制定严格的规定去管理复杂的问题、相关联的问题，尤其是在多元文化下这么做，可能既困难又不明智，管理者需要意识到情境强度在工作场所中的影响，并找到最佳的平衡方法。

三、"大五"模型

对于人格特质的研究，最早有人找出17 953个特质，但由于过于繁多，又有人将其进行分离，分离出171个，最后确定为16种主要人格特质，见表2-3。

表2-3 16种人格特质

类型	相反	类型	相反
孤独	外向	迟钝	智慧
情绪激动	情绪稳定	顺从	支配
严肃	乐天	敷衍了事	谨慎负责
胆怯	冒险	理智	敏感
依赖	怀疑	现实	幻想
直率	世故	自信	忧虑
保守	激进	随群	自立
不拘小节	自律严谨	心平气和	紧张困扰

但这么多人格特质仍无法在实际中加以利用，所以人们在多种分析甚至跨文化研究的基础上，进行了进一步的精简，发现了五个核心的人格特质，提出了"大五"模型（big five model），此模型是关于人格特质最有影响力的模型，这五个因素分别如下。

（1）情绪稳定性（emotional stability）：承受压力的能力，这一维度描述的是情绪稳定性和个体承受压力的能力。高情绪稳定性者是平和、自信和安全的；低情绪稳定性者是紧张、焦虑、失望和缺乏安全感的。

（2）外倾性（extraversion）：人际交往中的自如度，这一维度描述的是个体对关系的舒适感程度。高外倾性者喜欢群居、善于交际和果断自信；低外倾性者封闭内向、胆小害羞和安静少语。

（3）经验开放性（openness to experience）：个体对新鲜事物的兴趣与热衷程度，这一维度描述的是人对新奇事物的兴趣和好奇心的大小。高经验开放性的人富有创造力、具有艺术的敏感性。相反，低经验开放性的人是保守的，对熟悉的事物感到舒适和满足。

（4）随和性（agreeableness）：尊重和服从他人的倾向，这一维度描述的是个体服从别人的倾向。高随和性的人善于合作、具有热情，且是信赖他人的；低随和性的人通常是冷淡、敌对、不受欢迎的。

（5）责任心（conscientiousness）：可靠性的尺度，是预测行为方面最有价值的因素。这一维度描述的是对可靠性的测量。具有高度责任感的人是负责的、有条不紊的、值得信赖的、持之以恒的；缺乏责任感的人容易精力分散，缺乏规划性，且不可信赖。

研究发现人格维度与工作绩效是有关系的。在一项引用率最高的研究综述中，作者这样写道，"有足够的证据证明，值得依靠和信赖、细心周到、善于制订计划、有条理、努力、有毅力并具有成就导向的人往往在大多数岗位上都会表现出更高的绩效"。此外，在责任心方面分数高的员工能够获得更多的岗位知识，这可能是因为具有高度责任心的人更爱学习。一项针对138项研究结论的综述揭示了责任心与学生的平均学分绩点（grade point average，GPA）有很强的相关性，更多的岗位知识也有助于工作绩效的提高。然而，责任心也会有过犹不及的现象，极度负责的人往往并不比责任心稍稍高于平均数的人在绩效上高出太多。责任心对于组织的成功来说十分重要。一项研究对一个私募股权公司所推荐的313位CEO候选人进行人格测试，其中225位候选人最终得到聘用，他们公司的后续绩效与其人格分数呈现相关性。责任心的表现形式多种多样，包括毅力、关注细节和高标准、严要求的人格等，并且责任心比其他人格特质更加重要。"大五"特质会对组织行为产生一定的影响，表2-4对此做出归纳。

表2-4 "大五"特质对组织行为学的影响

"大五"特质	与工作的关系	影响方面
情绪稳定性	减少消极思维和消极情绪，减少过分警觉现象	提高工作和生活满意度，降低压力
外倾性	人际交往技能更强，更具有社会优势，更多的情绪表达	提高绩效，增强领导力，提高工作和生活满意度
经验开放性	知识的增多，更具有创造性，更灵活自主	增强培训效果，增强领导力，更灵活地适应变化
随和性	更受人欢迎，更加顺从并且遵循指令	提高绩效，减少工作异常行为
责任心	更多的努力和毅力，更多的动力和自律，更有条理和计划能力	提高绩效，增强领导力，有助于基业长青

（1）在情绪稳定性方面，情绪稳定性与生活满意度、工作满意度和个人压力的关联程度最高。得分高的人更有可能是积极乐观的人，他们会体验到较少的负面情绪，会比情绪稳定性差的人感到更加幸福。情绪稳定性低的人警觉程度很高，总是寻找问题所在或感到危险即将来临，他们更不堪忍受身体和心理上的压力。

（2）在外倾性方面，高外倾性人格的人总体来说比其他人更能感到工作和生活上的快乐，会比低外倾性人格的人体验到更多的积极情绪，并且更善于自如地表达情感，在高度人际交往的岗位上工作时也会表现得更加突出，这可能是因为他们的社交技巧更好。外倾性相对来说更适合用来判断群体中谁会成为领导者，高外倾性者在社交上更具有主导性，他们很容易成为他人的领导，而且比低外倾性者更加愿意提出自己的主张。但是高外倾性者往往比低外倾性者更加冲动，更容易心不在焉，时常做出一些冒险的行为，如酗酒或其他寻找刺激的行为。一项研究也发现，在职位面试中，高外倾性者比低外倾性者撒谎的可能性更高。

（3）在经验开放性方面，得分高的人在科学和艺术方面更具有创造力，正因为创造力对高效的领导来说十分重要，开放的人更容易成为高效的领导者，他们在处理不确定的情况时比他人更加游刃有余。开放的人更容易接受组织变革，在变化的环境中更善于自我调适。不过，也有负面的证据证明，他们更容易遭受工作事故的伤害。

（4）在随和性方面，你可能会猜测，随和的人比不随和的人更容易感到快乐。事实的确如此，但差别较小，当人们在选择恋爱对象、朋友或者组织中的团队成员时，随和的人通常是首选对象。随和的人比不随和的人更能得到大家的喜欢，这也解释了为何在客户服务等需要人际交往的岗位上,随和的人会更出色,他们也更倾向于遵守规则,因此不太容易造成事故,也往往比他人更满意自己的工作,他们更愿意为组织的绩效做贡献,不太可能在工作场所采取异常行为。然而,随和性特质的一个缺陷是与较低的职业成就有相关性,尤其是从工作收入上来看,这可能是因为随和的人并没有为了个人利益而做出过多努力的强烈意愿。

(5)在责任心方面,在"大五"人格特质当中,责任心是预测工作绩效的最佳指标。

总的来说,"大五"模型中的五种人格特质在各项跨文化研究中都有体现,这些研究包括了各种文化背景,如中国、以色列、德国、日本、西班牙、尼日利亚、挪威、巴基斯坦与美国。

四、人格与工作的匹配

在人格特质和工作绩效之间,还有一项中间变量,那就是工作要求。如果人格特质与工作要求协调一致,那么员工对工作的满意程度就高,流动的倾向性就低,企业绩效也就高。约翰·霍兰德(John Holland)提出了人格–工作适应性理论(表2-5)。

表2-5 人格–工作适应性理论

人格类型	人格特点	职业范例
现实型:偏好需要技能、力量、协调性的体力活动	害羞、真诚、持久、稳定、顺从、实际	机械师、钻井操作工、装配线工人、农场主
研究型:偏好需要思考、组织和理解的活动	分析、创造、好奇、独立	生物学家、经济学家、数学家、新闻记者
社会型:偏好能够帮助和提高别人的活动	社会、友好、合作、理解	社会工作者、教师、议员、临床心理学家
传统型:偏好那些规范、有序、清楚明确的活动	顺从、高效、实际、缺乏想象力、缺乏灵活性	会计、业务经理、银行出纳员、档案管理员
企业型:偏好那些能够影响他人和获得权力的言语活动	自信、进取、精力充沛、盛气凌人	法官、房地产经纪人、公共关系专家、小企业主
艺术型:偏好那些需要创造性表达的、模糊的且无规则可循的活动	富于想象力、无序、杂乱、理想化、情绪化、不实际	画家、音乐家、作家、室内装饰家

在初期创业以及后期企业运营中,我们还应该着重考察组织行为中的四种人格特质,分别是控制点、马基雅维利主义、自控以及自尊。

(一)控制点

控制点(locus of control)用来表示个人感觉在何种程度上能够控制自己的生活。如果相信事情基本由自己控制,那么此类人属于内控型,他们自己对所发生的事情负责。如果认为命运的控制点是位于外部世界的,如社会和自然条件,这样的人属于外控型。对于那些受到"创伤后应激障碍"折磨的人,他们的主要问题之一就是控制。比如一个长时间被扣作人质的人,需要人们帮助他重新确立对自己生活的控制,这种人在获得自由以后常常无法决定自己第一餐要吃什么,此时,外部帮助就包含让他做出如此简单的决策。

研究发现,确信自己对环境能够控制的人也会有较高的自我效能感。内控型的职员比那些认为自己受外部控制的职员对工作更满意、更适合管理岗位,并且偏好参与型的管理方式。他们对外部压力更有抵抗能力,更不容易被说服,压力情境下的焦虑水平也比较低。外控型的人则似乎更容易接受程序固定的工作。

（二）马基雅维利主义

马基雅维利主义（Machiavelliansm）又称权术主义，源自16世纪意大利哲学家和政治家尼可罗·马基雅维利（Niccolo Machiavelli）的作品，表示为达目标而产生的不顾道德观念约束的机会主义、权力操纵行为。

心理学家发明了一套体系来测量个体的马基雅维利主义倾向。得分高的人倾向于按照马基雅维利主义原则行事，往往富有逻辑、深谋远虑、为达目的不择手段，他们不易受友情、诚信及他人影响，相信结果可以证明手段的正确性；他们善于影响他人，让对方觉得自己被操纵的行为是道德的。

举例而言，当你与其他两人被要求可以以任何方式对30张面值为1美元的新钞票进行分配，一旦三个人中有两个人同意分配方式则游戏结束。显然，公平的分配是每人10美元，然而当两个自私的人均提出每人分15美元则可把第三个人排除在外；或者某人向你提出，他愿意让你拿16美元，他自己拿14美元，而把第三人排除在外，你会怎么做？马基雅维利主义倾向得分较低的人只能得到较低的份额，如1/3，此类人似乎适合从事固定化、常规化、较少情感的工作；而马基雅维利主义倾向得分较高的人可能适合从事销售、协商谈判以及获取有限资源的工作。

（三）自控

自控（self-monitoring）反映了个人能够按照外部环境因素调整个人行为的能力。自控能力强的人对于特定情境反应敏感，也关注他人行为，因此行为的一致性较低，更易于服从。

（四）自尊

自尊（self-esteem）是个体对自我价值的一般性认识。自尊心强的人对自己的认识更积极，相信自己的优点比缺点更重要。自尊心弱的人更容易受到别人评价的影响，进而去恭维给予自己积极评价的人，而去贬抑给予自己消极评价的人。

有证据表明，大多数人都会尽力维护自尊。例如，当你担心自己没有能力完成某项任务时，你可能会采取自我妨碍（self-handicapping）行为，故意不努力完成属于自己的任务以便为失败准备托词。具体来说，假如你害怕发现你可能不能通过某门课程考试，可能会选择与朋友一起聚会而不是努力备考；这样，如果你没能考过，就可以把失败归咎于不够努力，以避免认识到可能不具备取得考试成功的能力。组织中的研究发现，自尊心强的人在求职时追求更高，绩效表现更佳，工作满意度也更高；但他们在压力情境中，也许会不切实际地吹牛。

第四节　创业者的气质

一、气质的概念

气质是人的个性心理特征之一，它是指在人的认识、情感、言语、行动中，心理活动发生时力量的强弱、变化的快慢和均衡程度等稳定的动力特征。

二、气质的类型与差异

根据希波克拉底的观点，人的气质可分为四种类型：多血质（活泼型）、胆汁质（兴奋型）、黏液质（安静型）、抑郁质（抑制型）。

（一）多血质（活泼型）

多血质又称活泼型，多血质者敏捷好动、善于交际，在新的环境里不感到拘束。在工作、学习上富有精力而效率高，表现出机敏的工作能力，善于适应环境变化；在集体中精神愉快、朝气蓬勃，愿意从事合乎实际的事业，能对事业心驰神往，能迅速地把握新事物，在有充分自制能力和纪律性的情况下，会表现出巨大的积极性。兴趣广泛，但情感易变，如果事业上不顺利，热情可能消失，其速度与投身事业一样迅速。从事多样化的工作往往成绩卓越。

多血质者的神经特点：感受性低、耐受性高、不随意反应性强、具有可塑性、情绪兴奋性高、反应速度快而灵活。

多血质者的心理特点：活泼好动，善于交际；思维敏捷、容易接受新鲜事物；情绪、情感容易产生也容易变化和消失，容易外露；体验不深刻等。

多血质者适合的职业：导游、推销员、节目主持人、演讲者、外事接待人员、喜剧演员、市场调查员、监督员等。

（二）胆汁质（兴奋型）

胆汁质又称兴奋型，属于兴奋而热烈的类型。他们感受性低而耐受性、敏捷性、可塑性均较强，反应速度快但不灵活，情绪兴奋性高，抑制能力差，外倾性明显。在日常生活中，胆汁质的人常有精力旺盛、不易疲倦、易冲动、自制力差、性情急躁、办事粗心等行为表现。

在性别差异方面，胆汁质的男生多表现为敏捷、热情、坚毅，情绪反应强烈而难以自制；女生更多地表现为热情肯干、积极主动、思维敏捷、精力充沛，但易感情用事，不善于思考能否克服前进道路上的重重困难和障碍。

胆汁质者适合的职业：管理工作、外交工作、驾驶员、服装纺织业、餐饮服务业、律师、运动员、冒险家、新闻记者、军人、公安干警等。

（三）黏液质（安静型）

黏液质又称安静型，黏液质者在生活中是一个坚持而稳健的辛勤工作者。这些人对于自身的兴奋过程有较强的抑制，所以行动缓慢而沉着，严格恪守既定的生活秩序和工作制度，不为无所谓的动因而分心。黏液质者态度持重、交际适度，情感上不易激动，不易发脾气，也不易流露情感，能自治，也不常显露自己的才能。这种人长时间坚持不懈，有条不紊地从事自己的工作。其不足是处理事情不够灵活，不善于转移自己的注意力。

黏液质者的神经特点：感受性低、耐受性高；情绪具有稳定性，反应速度慢但灵活。

黏液质者的心理特点：稳重、考虑问题全面，安静、沉默、善于克制自己、善于忍耐，情绪不易外露；注意力稳定而不容易转移，外部动作少而缓慢。

黏液质者适合的职业：外科医生、法官、管理人员、出纳员、会计、播音员、话务员、调解员、教师、人力资源管理主管等。

（四）抑郁质（抑制型）

抑郁质者一般表现为行为孤僻、不太合群、观察细致、非常敏感、表情腼腆、多愁善感、行动迟缓、优柔寡断，具有明显的内倾性。

抑郁质的神经特点：抑郁质者的神经类型属于弱型，他们体验情绪的方式较少，稳定情感的产生也很慢，但对情感的体验深刻、有力、持久，而且具有高度的情绪易感性。

抑郁质者的心理特点：为人小心谨慎，思考透彻，在困难面前容易优柔寡断。

抑郁质者是职业多面手，专长多、能力强，精于调整、调和各类关系，有经营管理、分析设计和规划能力，会推销商品。抑郁质者适合的职业：校对、打字、排版、检查员、雕刻工作、刺绣工作、保管员、机要秘书、艺术工作者、哲学家、科学家。

案例

老乡鸡的创业史

在中国快餐企业排行中，老乡鸡品牌独树一帜，截至2021年末，老乡鸡拥有1073家门店，成为全国中式快餐的领军者。

老乡鸡是一个从安徽走出来的中式快餐品牌，立足安徽，辐射周边的湖北、江苏地区。仅在安徽一省，老乡鸡就有500多家直营店，2016年才走出安徽，向周边省份扩张。一个地方快餐品牌怎样走向全国？其经营模式有什么独特之处？

这就要从老乡鸡餐饮集团创始人、董事长束从轩说起，1981年束从轩从部队退伍后回到农村种地，当年粮食大丰收，出现了卖粮难的情况，当时他就想如何把丰收的粮食充分地利用起来而不浪费，于是就把当时父母给的结婚用的钱拿出来养了1000只肥西老母鸡，就这样开始了30年的养殖之路。一路下来，经历了许多坎坷，好在都坚持了下来。到2000年的时候，养殖业已经做得很大了，进入华东地区前三名，当时他就考虑如何消化这么大的养殖规模，恰好这时政府组织快餐培训，束从轩参加这个培训以后就认定做快餐将是今后的发展方向。

刚开始做中式快餐的时候，他什么都不懂，完全是靠学习别的快餐品牌的做法，一步一步地摸索下来的，其中也栽过很多跟头，走过很多弯路，一边做一边积累经验。门店管理的操作手册都是一点一点摸索出来的，经过几年的发展，老乡鸡成为安徽省的龙头快餐企业。2012年老乡鸡轰动一时的改名事件就是为老乡鸡走出安徽省做的第一步准备，又经过4年的完善提升，老乡鸡在2016年正式走出安徽省，2016年5月21日宣布正式入驻南京，2016年7月23日，位于武汉光谷天地二期的老乡鸡武汉坐标城店盛大开业，这标志着老乡鸡正式走出安徽、走向全国，对于安徽餐饮品牌来说，这无疑是一个标志性的时刻。

对于创始人束从轩来说，为什么他能成功将老乡鸡品牌推向全国呢？

其实束从轩这一生遇到过很多挫折，别人都说他是打不死的小强，这可能就是束从轩的性格吧。也和他从小的家庭环境有关，其父亲是一个工匠，做事非常认真，做木工活儿追求极致，一贯都是高标准，一点瑕疵都不允许有。父亲每天坚持洗澡，从来都是干干净净，一身清爽的感觉，这些对他都有很大的影响，用今天的话说就是他身上有一种匠人精神。其母亲擅长经商，从手工制作卖点小物件，到在集镇上搭草棚卖凉茶，最后到开旅馆，白手起家积累了不小的财富，母亲非常有商业头脑，这些都对束从轩影响很深。

截至2020年底，老乡鸡累计服务消费者3.5亿人次，顾客排队成为餐厅日常，已经成为安徽最大的中式快餐连锁企业。

阅读老乡鸡案例，你认为老乡鸡创始人束从轩具有哪些基本素质？

本 章 小 结

通过本章的学习，学生形成对创业者的理性认识。第一节阐述了创业者应该具备的基本条件与精神；第二节说明了创业者应该具备什么样的能力，哪些能力具有先天属性，哪些能力又可以通过后天习得，如何实现能力与工作的匹配；第三节明确了创业者的人格特征以及"大五"模型；第四节阐述了创业者的气质类型，并明确了创业者气质的类型及其差异性。总之，本章的学习可以使学生认识到创业者对创业的重要性。

关 键 术 语

创业者　创业者的精神　创业者的能力　创业者的人格　创业者的气质

本 章 思 考 题

1. 成功的创业者需要具备哪些基本条件及精神？
2. 创业者如何实现能力与工作的匹配？
3. 创业者的气质如何影响其工作？
4. 运用"大五"模型分析我国四大名著中相关人物的人格特征。

本 章 参 考 文 献

李家华. 2015. 创业基础[M]. 2版. 北京：清华大学出版社.
罗宾斯，贾奇. 2016. 组织行为学精要（原书第13版）[M]. 郑晓明，译. 北京：机械工业出版社.
张玉利，等. 2016. 创业管理[M]. 4版. 北京：机械工业出版社.

第三章

创业机会的识别与评价

【学习目的】

通过本章的学习,了解创业机会的定义与特征、类型,使创业者学会寻找和评价创业机会。

【学习要求】

1. 了解创业机会识别和判断的基本方法。
2. 判断适合个体创业者的机会特性。
3. 了解创业机会评价的目的和方法。
4. 熟悉提升创业机会识别能力的途径。

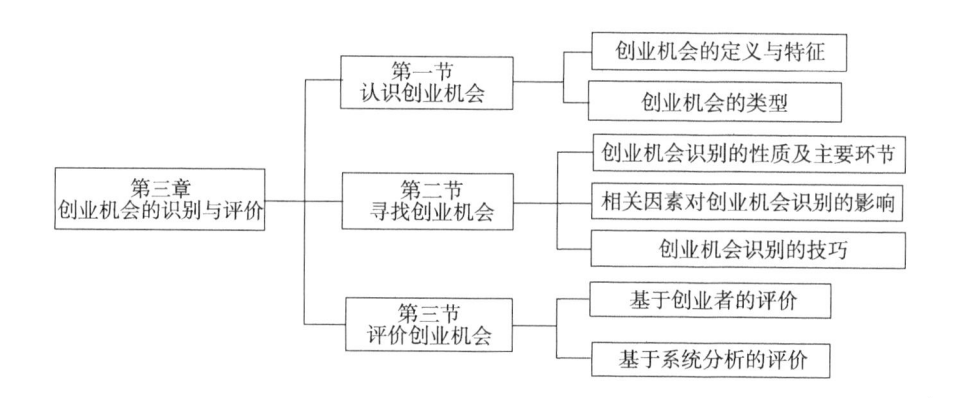

```
                          ┌── 第一节      ┌── 创业机会的定义与特征
                          │   认识创业机会 └── 创业机会的类型
                          │
第三章                    │   第二节      ┌── 创业机会识别的性质及主要环节
创业机会的识别与评价 ─────┼── 寻找创业机会 ├── 相关因素对创业机会识别的影响
                          │               └── 创业机会识别的技巧
                          │
                          └── 第三节      ┌── 基于创业者的评价
                              评价创业机会 └── 基于系统分析的评价
```

案例

乡村振兴下的创业探索:沈郎公司油茶产业的创新之路

尤溪县是福建省油茶大县,胡凤翔是尤溪县汤川乡人,他始终认为可以选用现代工艺,但先人的智慧更值得珍藏和发扬,怀着一颗赤子之心,他打算与掌握原木古法榨油技术的堂叔一起经营油茶产业,胡凤翔以尤溪县名人朱熹的小名"沈郎"创办了沈郎食用油公司(简称沈郎公司)。

沈郎公司创立之初,胡凤翔就确立了要致富一方的初心。因此,他自己出资200万元,让堂叔以榨油技术入股,于2003年3月办起了油茶加工厂,一起经营油茶产业。

走访了十几个小作坊之后，胡凤翔发现，尤溪县的茶油大多数通过小作坊加工，每斤售价为10～12元，且均以毛油出售，尚未做成商品。但在超市里，品牌食用油的均价达到20～30元。他意识到，这里面蕴藏着一个巨大的商机。至此，他下定决心要将油茶产业做大，将油茶品牌做强。他回来后变卖了自己手上所有的房地产股份，全部投入到油茶项目中。虽然家人都不同意他的做法，但看到他这么执着，也没有办法。2004年，他从农户手中承包了1万亩[①]荒废的油茶林，承包期限30年。在村民们的眼里，这些油茶树根本就赚不到钱。难道对油茶一窍不通的胡凤翔能有回天术？大家心里都充满了疑问。

万亩老油茶林，出路在哪里？在咨询过尤溪县林业局专家后，胡凤翔又干了一件事。他用了几天时间，给油茶树像红绿灯那样挂上不同颜色的布条。原来，这是胡凤翔在咨询了专家以后获得的灵感，通过挂布条的形式，他用两年时间就淘汰了产量差的油茶树，优选出比较好的油茶树，提前两年实现了油茶丰产。这让胡凤翔更坚定了信心，迈出了万里长征第一步。

2005年，胡凤翔在电视上发布油茶果收购广告，吸引了大量油茶种植户前来售卖油茶果。充足的原料供给保障了茶油的生产加工。原料、产品的问题解决了，销路怎么办？胡凤翔首先想到的是进大型商超。但他第一次和商超谈合作就坐了冷板凳，超市明确拒绝了他的合作请求。他只好先把油茶和油茶籽放到路边的特产店售卖。结果人们对油茶籽认知有限，很多人将油茶籽认作板栗，拿起来就咬。此情此景，更加坚定了胡凤翔深耕茶油市场的决心，人们对油茶认识不多，说明市场尚未开拓，困难很大，但同时也让他看到了常人看不到的市场空间，他决定坚持到底，借款继续追加投资。

他用借来的资金再次收购了4000吨油茶，大家都说胡凤翔是不是跟油茶杠上了。但大家不知道的是，他用借来的资金同时做了另外一件事，那就是到大型商超的对面开茶油专卖店。2007年3月，他一口气在福州开了三家专卖店，每一家都是他实地走访考察了很多地方之后才最终定下来的。而且，他在专卖店开展了系列打折让利活动，尤其是免费试吃，吸引了很多客人，很多不知道茶油的顾客开始主动了解并接受茶油。根据人们的消费习惯，如果有顾客吃惯了茶油，去逛超市的时候肯定会顺带想买，那么必然会主动询问，这就让超市发现了茶油的商机。三个月后超市主动要谈茶油进场的事，胡凤翔终于把茶油打进了超市。

随着茶油产品在超市的逐步铺开，胡凤翔的茶油终于从一开始的无人问津发展到如今的畅销大卖。更让他欣喜的是，国家开始扶持油茶产业的发展。2008年，全国油茶产业发展现场会提出要加快油茶产业的发展。他觉得一定要响应国家的政策支持，抓住油茶产业的战略发展机遇，于是他继续加大了油茶新项目的开发投入。胡凤翔觉得是时候去拓展全国市场了，只有到全国市场中去拼一拼，才能带领尤溪县乃至福建省的油茶走得更远。但是，就在这个时候，超市给他反馈了一个消息，让他又陷入了沉思。

"你这个油肯定是假的，都没有我们农家茶油的味道。"超市反馈说很多顾客都有类似的投诉。原来，胡凤翔为了让茶油更容易迎合大众的口感，在加工油茶的时候特意将原料中的特殊味道去掉了，没想到这却引起了顾客的不满意。

他感觉是自己想得太过简单了，还没有真正了解顾客。他觉得还是应该尊重顾客的意见，

---

① 1亩约等于666.67平方米。

干脆开发两种产品,一种去掉原料味道,做成清香型茶油;一种保留原料味道,做成浓香型茶油。浓香型茶油让胡凤翔重新赢得了顾客的信任。到2011年,沈郎公司成为福建省规模最大、全国排名前三的茶油企业。

经历了市场的大起大落,胡凤翔充分认识到了科技创新对公司发展的重要性。他觉得只有不断加大产品研发力度,推出符合消费者多样化需求的油茶产品,才能在全国的油茶市场竞争中占有一席之地。

在油茶产业的产品创新、技术研发、设备升级上,他觉得必须加大投入力度。榨油剩余的茶枯,基本上只能当成肥料用。但胡凤翔发现,当地人经常用茶枯来泡水洗头发。通过分析茶枯的成分,胡凤翔发现里面蕴含的茶皂素具有清洗功能,他就把茶枯开发成洗漱用品,光这项产品每年的利润增加了一千多万元。胡凤翔还成了福建农林大学、福州大学等高等学校的常客,他投资1000万元建立海峡两岸油茶科技研发中心,建成福建省最大的油茶加工基地。他积极组建公司的研发团队,不断加大科技研发投入,截至2018年,已有4项技术获得国家专利;沈郎公司生产的"沈郎乡"山茶油是福建省唯一获得有机、绿色双A食品双认证的高级食用油;与福建农林大学合作开发的"膜脱胶技术及高效提取油酸工艺的研究"项目获福建省科技进步奖三等奖;成为国家高新科技型企业。

沈郎公司从当初生产单一品种、年产300吨山茶油的小企业,发展为福建省规模最大的山茶油科研和专业加工企业,并形成了集育苗、种植、加工、销售、科研为一体的油茶产业链。

公司如今的发展规模和态势,不仅消除了村民们当时心里的疑问,更让村民们铆足了劲跟着胡凤翔做好油茶产业。胡凤翔一直没有忘记自己当初创业的初心,就是要和乡亲们一起致富,他始终把家乡的农户、合作社看作自己公司值得信任的合作伙伴。沈郎公司形成了"一棵油茶树,带动一个产业,致富一方百姓"的发展愿景,扎根家乡沃土,不断向前发展。截至2018年,沈郎公司已有油茶林基地6万亩,带动紧密型农户1300多户。除了带动农户发展油茶产业、增产增收外,沈郎公司更是怀着一颗感恩的心,积极回报社会,资助寒门学子。

沈郎基地距县城中心8公里,距尤溪动车站3公里。紧邻福银高速公路、向莆高速铁路和厦沙高速,处在以1条高速铁路、3条高速公路、6条国省干线公路为主架构的现代化综合交通网络的节点。优越的地理位置,使得胡凤翔又开创了新的发展道路,他紧扣"三产融合"的农业农村建设发展主题,倾力打造油茶观光工厂,将工厂、油茶山变成一个"生产+参观+旅游+学习"的多功能园区。遵循这个思路,沈郎公司积极打造尤溪县油茶科技产业示范园项目,总面积达5500亩,规划建设集油茶种苗繁育、生态丰产、科技示范、休闲观光"一园四区"于一体的现代油茶产业科技示范园。通过建设生态有机油茶林基地,做美"油茶文化"、做足"油茶文章"、做优"油茶产品"、做大"油茶产业",成为福建中部崛起的一颗璀璨明珠,让"一滴油的故事"深入人心。

农业、文化、旅游三位一体融合发展,富了农民,美了乡村,政府做品牌、企业做产品、园区做特色、部门做服务,按照这个路子走下去,沈郎公司的产业发展、尤溪县的乡村振兴会更上一层楼。

阅读上述案例,回答以下问题:
(1)上述案例存在哪种创业机会?
(2)上述案例是如何识别创业机会的?

第一节 认识创业机会

一、创业机会的定义与特征

（一）创业机会的定义与构成要素

创意是具有一定创造性的想法或概念，其是否具有商业价值存在不确定性。与创意不同，创业机会是具有商业价值的创意，表现为特定的组合关系。不能简单地将商机认为就是创业机会，如果这种商机是不可持续的，创业者还没有起步行动，这样的商机就可能已经消失了。针对特定的商机，创业者如果不能开发出可以与之匹配的创意，这样的商机也不能被视为创业机会，既无创意，何谈创业。创业机会是指有利于创业者创业的一组条件的组合。其至少包含四类要素：一是某个细分市场存在或新形成了某种持续性需求；二是拟创业者获得了有助于满足持续性市场需求的创意；三是创业者有能力、有资源，可实施所持有的创意；四是创业者有可能将自己的创意转变为具体的产品或服务，且此时创业不需要大规模的资金（即轻资产）和团队（即小团队）。当这四个要素都得到满足时，才可认为客观上存在或形成了某种创业机会。

（二）创业机会的特征

创业学的先驱蒂蒙斯认为，创业机会的特征是具有吸引力、持久性和适时性，并且可以为消费者创造或增加使用价值的产品和服务。

1. 吸引力

创业者所选择的行业，即创业者所要提供的产品和服务，对于消费者来说应该是具有吸引力的，消费者愿意消费该产品和服务。

2. 持久性

市场所提供的创业机会应当具有持久性，能够得到进一步的发展。具体来说，市场能够提供足够的时间使创业者对创业机会进行开发。创业者进行创业机会分析时，应把握创业机会的这一特征，以免造成资源和精力的浪费。

3. 适时性

适时性与持久性是相对的。创业机会存在于某个时间段，在这个时间段进入该产业是最佳时机，这个时间段也被称为"机会窗口"。换句话说，创业机会具有易逝性或时效性，它存在于一定的空间和时间范围内，随着市场及其他创业环境的变化，创业机会很可能消失和流失。

4. 创造价值

创业机会来源于创意，创意是创业机会的最初状态。创意是一种新思维或新方法，是一种模糊的机会,如果这种模糊的机会能为企业和顾客带来价值,那么它就有可能转化为创业机会。

二、创业机会的类型

(一)依据"目的–手段"关系中的明确程度

依据"目的–手段"关系中的明确程度,创业机会可以划分识别型、发现型和创造型三种类型,如图3-1所示。

识别型机会是指当市场中的"目的–手段"关系十分明显时,创业者可通过"目的–手段"关系的连接来辨识机会。例如,当供求之间出现矛盾或冲突,不能有效地满足需求时,或者根本无法实现这一要求时辨别出的新机会。常见的问题型机会大都属于这一类型。

发现型机会是指当目的或手段任意一方的状况未知时,等待创业者去发掘机会。例如,当一种技术被开发出来,但尚未有具体的商业化产品出现时,需要通过不断尝试来挖掘出市场机会。激光技术出现数十年后才真正为人们所用。

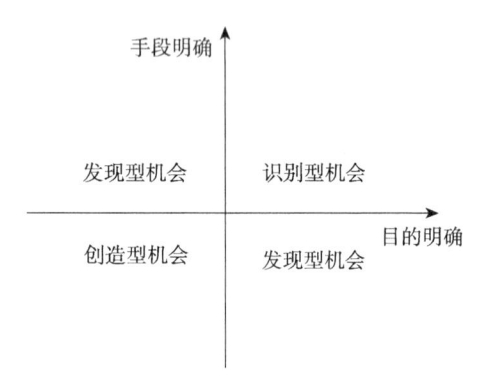

图3-1 依据"目的–手段"关系的创业机会分类

创造型机会是指在目的和手段皆不明确的情况下,创业者需要比他人更具先见之明,才能创造出有价值的市场机会。在目的和手段都不明确的状况下,创业者想要建立起连接关系的难度非常高。但这种机会通常可以创造出新的"目的–手段"关系,将带来巨大的利润。

在商业实践中,识别型、发现型和创造型三种类型的创业机会可能同时存在。

(二)依据"目的–手段"关系中的目的性质

依据"目的–手段"关系中的目的性质,创业机会可以划分问题型、趋势型和组合型三种类型。

问题型机会,指的是由现实中存在的未被解决的问题所产生的一类机会。问题型机会在人们的日常生活中和企业实践中大量存在。比如,购买的不便、顾客的抱怨、大量的退货、服务质量差等,在这些问题的解决过程中,会存在价值或大或小的创业机会,需要用心发掘。

趋势型机会,是在变化中看到未来的发展方向,预测到将来的潜力和机会。这种机会一般容易产生在时代变迁、环境动荡的时期,在这种环境下,各种新的变革不断出现,但往往不被多数人所认可和接受,一般处于萌发阶段,一旦能够及早地发现并把握,就有可能成为未来趋势的先行者和领导者。趋势型机会一般出现在经济变革、政治变革、人口变化、社会制度变革、文化习俗变革等多个方面,一旦被人们认可,它产生的影响将是持久的,带来的利益也是巨大的。

组合型机会,就是将现有的两项以上的技术、产品、服务等要素组合起来,实现新的用途和价值而获得的创业机会。这种机会类型好比"嫁接",对已经存在的多种因素重新组合,往往能实现与过去功能大不相同或者效果倍增的结果(1+1>2)。

(三)依据"目的-手段"关系中的手段方式

依据"目的-手段"关系中的手段方式,创业机会可以划分为复制型、改进型、突破型三种类型,分别是指创业机会所运用的手段是对现有手段的模仿性创新、渐进性创新和突破性创新。这三种创业机会类型,还反映了不同的创新策略,所对应的管理条件和环境也各不相同。

第二节　寻找创业机会

一、创业机会识别的性质及主要环节

(一)创业机会的来源

狄更斯曾经说过,机会不会上门来找人,只有人去找机会。创业机会既可能是自然生成的,也可能是创业者自己去创造的,且现实中大多数属于后一种情况。创业者要想赢得创业机会,那就需要关注和弄清创业机会的来源。

创业机会本质上来源于变化和创新。如前所述,创业机会是指有利于创业者创业的一组条件的组合。在这组条件中,市场的变化、创业者的创意是创业机会不可或缺的要素。因此,创业机会本质上来源于变化和创新。典型的例子是,马云遇到并抓住了很好的创业机会,一是因为当时大中小企业有着对于电子商品 B2C 平台的强劲需求,这就是市场的商机;二是马云也恰好构建了提供这类服务的平台。否则,就很难有今天的马云。

创业机会源于变化和发展。变化主要是市场的变化或技术的发展,没有变化,就不会有机会。发展本身也蕴含了变化,这里所指的变化是市场的变化,诸如新需求的产生、市场供求关系的转变、市场竞争态势的变化等,若无这些变化,就无商机可言。基于此,创业者要想发现并抓住某个创业机会,首先应高度关注市场的相关变化,这里所指的变化包括技术的发展。市场需求或其竞争关系变了,往往意味着新的独特需求产生了。欲获取市场需求变化创造的盈利空间,商家(既有企业或创业者)需要借助技术或商业模式方面的创新来获取利润。这时,技术的发展即变化就产生了。由此可见,某个创业机会的形成,往往伴随着市场和技术近乎同期的变化。

(二)创业机会识别的性质

1. 不确定性

创业机会是四类要素的有机组合,每个要素自身都有不确定性,这就使得创业机会识别也具有一定程度的不确定性。

第一,客观上特定商机具有不确定性。商品市场的不确定性是司空见惯的现象。典型的

是，原本市场上需要某种商品，但"半路杀出个程咬金"，某种替代品的出现，可能导致原本有需求的商品这时就没有需求了，于是，前面出现的商机就消失了。可见，商机的不确定性是常见的现象。

第二，特定创意与商机的匹配关系具有不确定性。创意与商机的匹配，客观上是一个动态的过程。创业者主观上期望自己的创意与客观上存在的商机相匹配，但创意是创业者创造性的智力成果，创意的客观效果与主观期望往往存在差异，这就可能使特定创意与商机的匹配关系处于不确定的状态。

第三，创业者是否有能力实施相应的创业，也具有一定的不确定性。创业者利用特定商机与创意的匹配关系而实施自己的创业，大多数创业者会认为自己有能力将相应的创业向前推进，但即便是经验丰富的创业者，也只有真正步入创业之后，才会证实自己的能力是否真的与客观需要是一致的。

第四，创业者能否获得创业所需要的资源，更具有不确定性。创业者不可能起步之初即拥有创业所需要的所有资源，而是需要从核心团队之外的个人或机构（含企业）获取相应的资源（人、财、物），但是，资源是需要通过市场交易才可能获得的。创业者需要的某些资源，可能在创业者可触及的范围内根本就不存在相应的供给者；也可能存在创业者需要的各种资源的潜在供给者，但在潜在供给者认为将相关资源提供给创业者有可能伤害自己的利益时，他们不会将相关资源提供给创业者。

2. 特殊性

创业机会的识别具有一定程度的特殊性。主要表现在以下方面。

首先，创业机会不同于一般性商机。最基本的是，创业机会有四个要素，即适当的商机、有价值的创意、可得的资源、团队的能力。创业机会与一般性商机有三个差别：一是创业机会要求特定商机是可持续的，蕴含着可持续的增长需求。而一般性商机，可能是昙花一现。二是创业机会要求创业者有创意，进而通过实施相应的创意为客户创造价值。而一般性商机大多数要求商家有现成的产品，用既有产品去满足客户的需求。三是创业机会要求商家（新创企业）拥有小团队（对应能力）、轻资产（对应资源），即可从事相应的商业活动，而一般性商机的利用，往往要求商家是大团队、重资产。创业机会与一般性商机的这三个差别，使创业机会的识别需要一套有别于一般性商机识别的知识体系。

其次，创业机会的识别是一个反复探索的过程。由于创业机会不同于一般性商机，创业机会的内在结构比一般性商机复杂，这就使得创业机会的识别难于一般性商业机会的识别。特别是，一般性商业机会大多数是显在的，而创业机会大多数是潜在的，这更加使得创业机会的识别远难于一般性商业机会的识别，进而使得创业机会的识别成为一个需要反复探索的过程。创业者一是需要深入调研、甄别细分市场商机，并精心构思、设计自己的创意；二是要反复考察、论证创意和商机二者的匹配程度；三是需要反复调查、分析能否在恰当的时间获得实施相应创意所需要的资源和能力。

最后，创业机会的识别是将"创业的冲动"变为"理性的创业"的关键环节。理性的创业者如果没有发现适当的创业机会，大多数不会盲目创业，而那些简单地将一般性商机理解为创业机会的人，大多数会陷入盲目的创业冲动之中。因为还没有发现适当的创业机会，即从一般性商机出发而创业，很可能遇到潜在的竞争者，特别是既有企业的竞争。需要注意的是，如果创业者发现的一般性商机是昙花一现的，当创业还没有实质性起步时，商机可能就已经消失了，新创企业要么需要重新去发现真正的创业机会，要么只能被淘汰出局。由此不难看到，创业机会的识别是将"创业的冲动"变为"理性的创业"的关键环节。

（三）创业机会识别的主要环节

无论是商机诱发型创业，还是创意推动型创业，创业机会的识别都需要经历如下环节。

1. 环节一：商机的价值性分析——商业价值

分析商机的商业价值就是分析特定商机所对应的市场需求规模与结构，特别是该商机刚刚形成时的需求规模与结构（简称起始规模与结构）、可能的客户群、客户群的人文特征，以及哪些客户有可能成为新创企业的"目标客户"、哪些客户有可能成为目标客户中的"领先客户"。领先客户是新创企业未来应该首先开发的客户，并需要借助领先客户的示范效应进一步去开发其他目标客户。商机总是针对细分市场而言的，不同细分市场上的商机的商业价值是不同的，成长性行业中的商机往往在未来会有较大的商业价值；而萎缩性行业中的商机，不管该行业是相对萎缩还是绝对萎缩，对创业者而言，这样的行业中的商机大多数不是可取的，因为既然行业都在萎缩，具体商机对应的市场需求也不会有多大的价值。

2. 环节二：商机的时效性分析——商机的持续时间与市场需求的成长性

适合创业的商机，一定要有持续性和成长性，商机的时效性分析就是分析特定商机的持续时间与市场需求的成长性。商机的持续性是指特定商机所对应的市场需求有可能持续多长时间。通常而言，相应的市场需求持续时间越久，越是值得新创企业去追逐这样的商机。商机的成长性，实际上是指特定商机所对应的市场需求的成长性，仅当创业者所面对的市场需求会长期持续成长的情况下，市场上才可能容纳较多的企业，从而新创企业也才会有较大的成长空间。新创企业一般要在"机会窗口"期向市场推出自己的产品或服务，才有可能尽快在市场中立足，进而为未来的成长奠定基础。

3. 环节三：机会要素的匹配性分析——商机、创意、资源、能力的匹配程度

创业机会是适当的商机、有价值的创意、可得的资源、团队的能力四要素的有机组合；当且仅当这四种要素处于匹配的状态时，对特定的创业团队而言，相应的商机才能被称为创业机会。基于此，创业机会的识别，还需要进行四类要素的匹配性分析。其中，商机与创意之间的匹配是最基本的，如果二者不匹配，此时的商机自然不能被视为创业机会，且其他要素之间的匹配性就无须分析了。如果商机与创意之间是匹配的，接下来就需要分析创业者的能力是否与自己的创意相匹配，即创业者是否有能力实施相应的创意，以及创业者是否能掌握实施该创意所需的资源。如果自己的能力、掌控的资源不足以实施相应的创意，则这时的商机也不能构成创业机会。

4. 环节四：机会的风险收益性分析

大多数机会都伴随着风险。因为风险与收益并存。如果前述三个环节的考察、分析，创业者都得出了"yes"（即这是一个适合本团队的创业机会）的判断，这时就需要进行机会的风险收益性分析，以判断"固然是适合自己的创业机会，但该机会是否好到值得自己冒险而为"的问题。当且仅当机会的风险收益达到某种程度，诸如创业者"满意"的程度，创业者才会冒险起步、启动创业。否则，就得回到第一个环节，以寻找、发现更有价值、更为恰当的创业机会。

二、相关因素对创业机会识别的影响

创业机会是客观存在的，但创业者能否恰当地发现、认识和把握创业机会，更多是一种主观的结果。相应地，创业者能否恰当地把握创业机会，主要受到以下四类因素的影响。

（一）对于创业机会基本特征的认识

至少到目前，仍有不少创业者简单地将细分市场中的某个商机误以为就是创业机会，而没有认识到创业机会是适当的商机、有价值的创意、可得的资源、团队的能力四者的有机组合。实际上，当且仅当这四种要素处于匹配状态时，对特定的创业团队而言，相应的商机才能够被称为创业机会。可见，首先影响创业机会识别的是创业者对于创业机会基本特征的理解是否到位，特别是对于具体商机的价值性、时效性、四要素的匹配性，以及对四要素匹配的风险收益的认识是否到位。

（二）先前经验

先前经验，即创业者以往的创业实践和其他商业实践，即便是打工经历，也会给创业者沉淀一些商业经验，这对创业者识别创业机会产生一些影响。一般而言，创业者的商业实践越是丰富，则越是会从四要素的匹配上理解、考察和认识创业机会；反之，创业者的商业实践越是粗浅，越是会片面地理解、考察和认识创业机会；特别是，创业者此前在商业实践中的位置高低，也会影响创业者对于创业机会认识的全面程度和深刻程度。

另外，创业者此前的成功实践和受挫实践，也会影响创业者的机会识别。如果创业者先前的商业实践中有诸多的成功实践，这通常有助于他恰当地分析和认识新的商机，当面对新的创业机会，创业者多会抱有积极的心态，在理性分析的基础上，选择适合自己的创业机会。如果创业者先前的商业实践中有诸多的受挫实践，这通常会使他看不到新的商机，甚至面对很恰当的创业机会，创业者也会抱有难以作为的心态，进而很可能放弃原本适合自己的创业机会。在后一种情况下，有诸多受挫实践的创业者，可能更适合加入他人的创业团队。

（三）领域知识

现代经济已进入"后工业社会"，领域知识对于创业活动的推动和组织越来越重要，相应也影响到创业者的创业机会识别能力。例如，一个精通软件技术的创业者，对于软件行业的创业机会的识别能力，多数情况下会强于不懂软件技术的创业者。道理很简单，精通软件技术的创业者,通常对软件行业的某个细分市场领域也会有较多了解,从而对这个软件细分领域的供求态势、竞争态势等有较为清晰的认识,在把握该细分市场的创业机会方面,他也就会有比较优势。相反,在该领域缺少专业、行业、市场知识的创业者,则很难拥有相近于前者的创业机会识别能力。基于此,创业者应该在自己专业知识领域的细分行业中去发现创业机会。

(四)悟性及灵感

悟性即对事物理解、分析、感悟、觉悟的能力,也是指触类旁通的思维方式。悟性的基本功能,即直接认识因果关系,由效果过渡到原因,由原因过渡到效果。灵感是指人们在探索过程中由于某种机缘的启发,而突然出现的豁然开朗、精神亢奋、取得突破的心理现象,灵感会给人们带来意想不到的创造,它并不被人们的理智所控制,具有突然性、短暂性、亢奋性和突破性等特征。相应地,富有悟性和灵感的创业者,通常能比他人更快、更深刻地认识所遇到的创业机会。

三、创业机会识别的技巧

创业者的创业机会识别能力和识别效果受到前述四类因素的影响。其中,创业者对于创业机会基本特征的认识,影响创业者机会识别的全面性;创业者的先前经验,影响创业者的机会识别能力和机会选择态度;创业者对专业领域知识的掌握程度,影响创业者机会识别的宽度和深度;创业者的悟性及灵感,决定创业者机会识别的效率和准确程度。

既然创业机会识别受到这么多因素的影响,创业者就有必要掌握一些创业机会识别的技巧。创业机会首先是细分市场的商机,所以创业机会识别首先应关注细分市场中的商机。

(一)调研可能的市场需求

假设创业者选择了蔬菜、水果罐头制造行业,那就需要思考本团队可能为市场提供的蔬菜、水果罐头的具体品种;接下来需要在清晰地界定本团队产品的相关特征的基础上,调研产品的潜在客户是哪些社会群体,诸如根据年龄、性别、职业、收入等特征进行分析,一旦发现某类社会群体可能是产品的潜在目标客户,需要分析他们的消费特征有哪些,购买特征是什么,市场需求规模与结构又会怎样,以及目标客户中哪些群体有可能成为"乐于最先享用"产品的领先客户。最后还需要调研、分析相应的市场需求可能持续多长时间,市场起始需求规模可能有多大,市场饱和时的需求规模可能有多大,由起始需求规模达到饱和需求规模的过程中会有哪些阶段性特征。

(二)进行全面的四要素匹配分析和风险收益分析

通过前述四个环节的分析,创业者发现了有价值的细分市场商机,接下来就需要分析市场商机、创业者的创意、创业团队的能力、创业者可得的资源四者的匹配程度。一是分析创业者的创意(诸如产品、服务、商业模式等)与细分市场商机的匹配程度,只有二者匹配时,创业者未来提供给市场的产品或服务才可能得到市场的青睐。二是分析团队的能力、创业者可得的资源二者能否保障创业者创意的有效实施，只有当能力、资源二者能够保障创意的有效实施时，创意与商机的匹配才能落到实处，创业者才有可能为市场提供具有客户价值的产品或服务，否则，一切都是空想。在全面考察创业机会四要素的匹配程度的基础上，创业者还需要就可能发生的机会风险，估算创业可能的风险收益。

第三节　评价创业机会

一、基于创业者的评价

（一）创业者与创业机会的匹配

不管创业机会是创业者自己识别到的还是他人建议的，也不管创业机会是偶然发现的还是系统调查发现的，兴奋之余，首先应该问自己的问题是：这个机会适合我吗？为什么应该是我而不是别人开发这个机会？

并非所有机会都适合每个人，一位资深律师可能因为参与一场官司而发现了一个高科技行业内的机会，但是，他不太可能放弃律师职业而进入高科技行业创业，因为他缺乏必需的技术知识和在高科技行业内的关系网络。换句话说，即使看到了有价值的创业机会，个体也可能因没有相应的技能、知识、关系等而放弃创业活动，或者把机会信息传递给其他更合适的人，或者是进一步提炼加工机会从而将其出售给其他高科技企业。当然，创业活动往往不会拘泥于当前的资源约束，创业者可以整合外部的资源开发机会，但这需要具备资源整合能力。

并非所有的机会都有足够大的价值潜力来填补为把握机会所付出的成本，包括市场调查、产品测试、营销和促销、雇用员工、购买设备和原材料等一系列与机会开发活动相关的成本，还包括为创业所付出的时间、精力，以及放弃更好的工作机会而产生的机会成本。研究发现，创业者的创业机会成本越高，所把握的创业机会的价值创造潜力也就越大，所创办的新企业的成长潜力也越高。

总体而言，创业活动是创业者与创业机会的结合。一方面，创业者识别并开发创业机会；另一方面，创业机会也在选择创业者，只有当创业者和创业机会之间存在着恰当的匹配关系时，创业活动才最可能发生，也更可能取得成功。

（二）创业者对创业机会的初始判断

认定创业机会适合自己，还要对创业机会进行评价。创业者对机会的评价来自他们的初始判断，而初始判断简单地说，就是假设加上简单计算。蒂蒙斯教授认为机会应该具有吸引力、持久性和适时性，是具有如下四项特征的构想：对消费者具有吸引力；能够在创业者的商业环境中实施；能够在现存的"机会窗口"中执行；创业者拥有创立企业的资源和技能，或者知道谁拥有这些资源与技能并且愿意与创业者共同创业。

创业者对创业机会的初始判断，有时看似很简单，但也经常奏效。机会转瞬即逝，如果都要进行周密的市场调查，有时会难以把握机会，或者有时会在调研中发现很多困难，最后反而失去了创业的激情。假设加上简单计算只是创业者对机会的初始判断,进一步的创业行动还需依靠调查研究,对机会价值做进一步的评价。

二、基于系统分析的评价

系统评价类似于大公司开展的可行性论证分析。在系统评价创业机会时,一定要注意创业活动不确定性高的特点,创业者不太可能按照框架中的指标对创业机会一一做出评价,而仅会选择其中若干要素来判断创业机会的价值,从而使得创业者机会评价表现为主观感觉而非客观分析的过程。不能事事都强调依据,不确定的环境本身就难以预测,需要在行动中不断地检验创业者的假设。过分强调依据,容易把困难放大,弱化创业者承担风险的勇气。

(一)蒂蒙斯创业机会评价指标体系

蒂蒙斯教授提出了比较完善的创业机会评价指标体系,认为创业者应该从行业和市场、经济因素、收获条件、竞争优势、管理团队、致命缺陷问题、个人标准、理想与现实的战略差异八个方面评价创业机会的价值潜力,并围绕这八个方面形成了53项指标(表3-1)。

表 3-1 蒂蒙斯创业机会评价指标体系

评价要素	评价指标
行业和市场	市场容易识别,可以带来持续收入
	顾客可以接受产品或服务,愿意为此付费
	产品的附加价值高
	产品对市场的影响力高
	将要开发的产品的生命周期长
	项目所在的行业是新兴行业,竞争不完善
	市场规模大,销售潜力达到1000万元到10亿元
	市场成长率在30%~50%,甚至更高
	现有厂商的生产能力几乎完全饱和
	在五年内能占据市场的领导地位,市场份额达到20%以上
	拥有低成本的供货商,具有成本优势
经济因素	达到盈亏平衡点所需要的时间在2年以下
	盈亏平衡点不会逐渐提高
	投资回报率在25%以上
	项目对资金的要求不是很大,能够获得融资
	销售额的年增长率高于15%
	有良好的现金流量,能占到销售额的20%以上
	能获得持久的毛利,毛利率要达到40%以上
	能获得持久的税后利润,税后利润率要超过10%
	资产集中程度低
	运营资金不多,需求量是逐渐增加的
	研究开发工作对资金的要求不高

续表

评价要素	评价指标
收获条件	项目所带来的附加价值较高 存在现有的或可预料的退出方式 资本市场环境有利，可以实现资本的流动
竞争优势	固定成本和可变成本低 对成本、价格和销售的控制较高 已经获得或可以获得对专利所有权的保护 竞争对手尚未觉醒，竞争较弱 拥有专利或具有某种独占性 拥有发展良好的网络关系，容易获得合同 拥有杰出的关键人员和管理团队
管理团队	创业者团队是一个优秀管理者的组合 行业和技术经验达到了本行业内的最高水平 管理团队的正直廉洁程度能达到最高水准 管理团队知道自己缺乏哪方面的知识
致命缺陷问题	不存在任何致命缺陷问题
个人标准	个人目标与创业活动相符合 创业家可以在有限的风险下实现成功 创业家能接受薪水减少等损失 创业家渴望进行创业这种工作方式，而不只是为了赚大钱 创业家可以承受适当的风险 创业家在压力下状态依然良好
理想与现实的战略差异	理想与现实情况相吻合 管理团队已经是最好的 在客户服务管理方面有很好的服务理念 所创办的事业顺应时代潮流 所采取的技术具有突破性，不存在许多替代品或竞争对手 具备灵活的适应能力，能快速地进行取舍 始终在寻找新的机会 定价与市场领先者几乎持平 能够获得销售渠道，或已经拥有现成的网络 允许失败

（二）通过市场测试评价创业机会

市场测试类似于实验，不同于市场调研。市场调研一般关心的是顾客认为他们想要什么，市场测试却能获得更精确的顾客需求数据，因为测试是站在一个和真实顾客互动交流的位置上了解顾客的要求，能观察到真实的顾客行为，而不是通过提出假设性问题来估计；测试还可以意外发现一些突如其来的顾客行为，一些以前可能没有想到的问题。

市场测试评估消费者对创意和商业概念的反馈。产品开发的早期阶段需要对创意进行检测，以确定后续是否有必要继续进行探索。对概念和产品的检测，有助于了解消费者对创业想法和原型的反应，获取有关用户的满意度、购买意愿以及下一步创意开发可行性的信息。测试是一项处于产品和服务开发早期阶段的工作，通常需要较少的资源，所以项目的早期阶段往往高度关注测试和假设验证工作。测试的结果包括获知、完善产品和服务的信息，进一步明确产品或服务的定位，明确开发的经济成本，以及其他关键决策信息。

在产品开发领域，为了给资源配置和产品选择提供信息并推动开发阶段顺利度过"模糊前端"，需要针对新产品开发设计一套概念生成、检测和选择的流程。通过对各种产品属性的重要性、消费者价格敏感度和其他问题的定量分析，概念测试有助于降低不确定性，帮助设计者权衡和优化产品特性水平。在实践中，概念测试的目的是在对产品进行大幅投资之前，预测消费者对这个产品创意的反应。

为此，创业者需要遵循"创建–测试–学习"的步骤，步步为营来检测创业机会的愿景，目的是快速获取重要的顾客信息，通过迭代性的进程推动商业概念以及最终的商业模式实施和奏效，循环必须通过小批量的快速原型制作来完成，这会促进学习并鼓励假设的检验，从而做出改变或者调整商业模式的决定。一个非常经典的例子是 X 光磁场系统，它就是根据这一思路设定项目进度，首先用 1 天时间建立一个虚拟模型，其次用 3 天时间构建一个真实模型，再次用 5 天时间进行设计迭代，最后用 15 天完成初始装配。

在测试中，两个基础假设需要被验证：一是价值假设，即测试产品或服务是否真的能够在消费者使用时向消费者传递价值；二是成长假设，即测试新的消费者如何发现一种产品或服务。目的是找到一个可重复和可升级的模型，最核心的环节在于成型制作以及对消费者接受度和产品可行性的现场检测。

（三）创业机会定性评价的原则

创业机会定性评价，需要回答五个基础问题：一是创业机会的大小、存在的时间跨度和随时间成长的速度；二是潜在的利润是否足够弥补投入的资本、时间和机会成本，继而带来令人满意的收益；三是机会是否开辟了额外、扩张、多样化或综合的商业机会选择；四是在可能的障碍面前，收益是否会持久；五是产品或服务是否真正满足了真实的需求。

创业机会定性评价，通常依据以下五项基本标准。第一，创业机会对产品有明确界定的市场需求，推出的时机也是恰当的。第二，投资的项目必须能够维持持久的竞争优势。第三，投资必须具有一定程度的高回报，从而允许投资中的一些失误。第四，创业者和创业机会之间必须互相匹配。第五，创业机会中不存在致命的缺陷。

创业机会定性评价，通常分为以下五个环节：第一，判断新产品或服务将如何为购买者创造价值，判断新产品或服务使用的潜在障碍，如何克服这些障碍，根据对产品和市场认可度的分析，得出新产品的潜在需求、早期使用者的行为特征、产品创造收益的预期时间。第二，分析产品在目标市场投放的技术风险、财务风险和竞争风险，分析"机会窗口"。第三，在产品的制造过程中是否能保证足够的生产批量和可以接受的产品质量。第四，估算新产品项目的初始投资额，使用何种融资渠道。第五，在更大的范围内考虑风险的程度，以及如何控制和管理那些风险因素。

本 章 小 结

通过本章的学习，学生对创业机会形成全面了解。本章共有三节内容，第一节阐述了创业机会的定义、特征和类型，第二节介绍了创业机会识别的性质、主要环节、影响因素和技巧，第三节说明了基于创业者和系统分析视角的创业机会评价方式。通过本章内容的学习，可以使学生认识到创业机会识别的重要性和关键点。

关 键 术 语

创意　创业机会　机会识别　机会评价

本章思考题

1. 机会、创意、创业机会之间具有什么样的区别和联系？
2. 大多数研究创业的学者都会关注创业者对创业机会的认知，这是为什么？
3. 识别创业机会是一个过程吗？为什么？
4. 创业机会识别受到哪些因素的影响？
5. 有价值的创业机会具有哪些特征？
6. 如何评价创业机会？

本章参考文献

蒂蒙斯，斯皮内利. 2005. 创业学案例[M]. 6版. 周伟民，晋长春，译. 北京：人民邮电出版社.
雷家骕，等. 2014. 创新创业管理学导论[M]. 北京：清华大学出版社.
李家华. 2015. 创业基础 [M]. 2版. 北京：清华大学出版社.
张玉利，等. 2016. 创业管理[M]. 4版. 北京：机械工业出版社.

第 四 章

创业团队建设

【学习目的】

通过本章的学习，了解创业团队的概念与意义、组建要素与要点，使创业者学会如何建立和维护一个高效运转的创业团队。

【学习要求】

1. 了解创业团队的概念。
2. 了解创业团队的成长过程。
3. 熟悉创业团队对创业成功的重要性。
4. 熟悉创业团队组建要考虑的主要问题。
5. 掌握优秀创业团队的标准。
6. 掌握创业团队的角色配置。

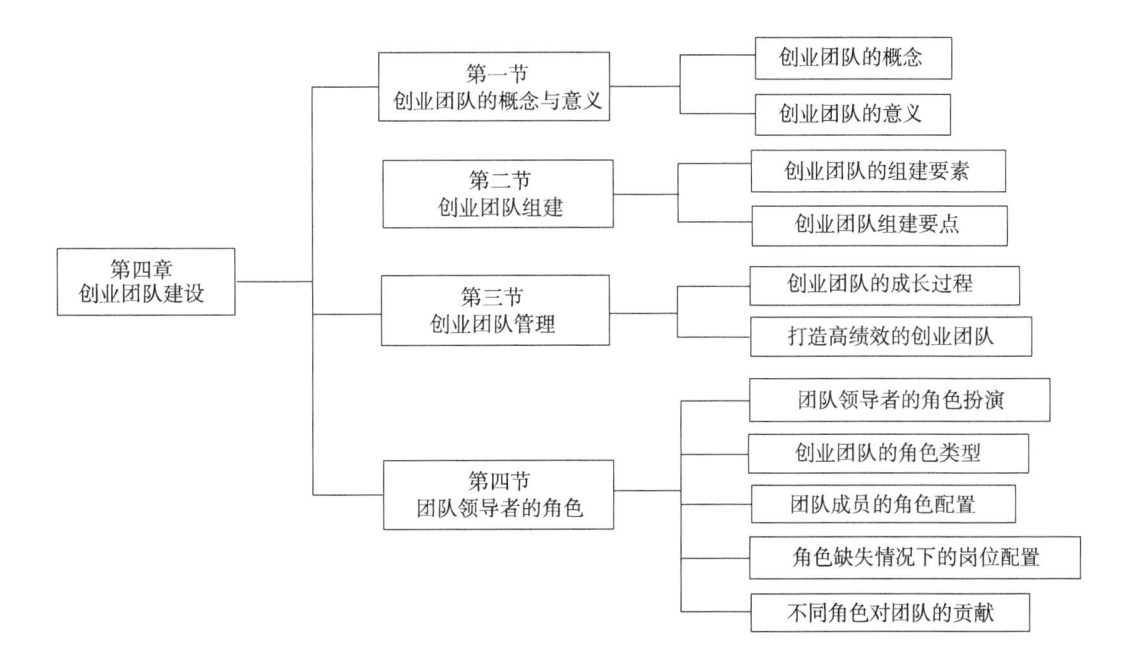

```
第四章              第一节                  创业团队的概念
创业团队建设 ──┬── 创业团队的概念与意义 ──┬── 创业团队的意义
               │                          
               │    第二节                  创业团队的组建要素
               ├── 创业团队组建 ──────────┬── 创业团队组建要点
               │                          
               │    第三节                  创业团队的成长过程
               ├── 创业团队管理 ──────────┬── 打造高绩效的创业团队
               │                          
               │                           团队领导者的角色扮演
               │    第四节                  创业团队的角色类型
               └── 团队领导者的角色 ──────┼── 团队成员的角色配置
                                           角色缺失情况下的岗位配置
                                           不同角色对团队的贡献
```

第一节　创业团队的概念与意义

一、创业团队的概念

（一）群体与团队

认识创业团队的概念，首先需要对群体和团队进行区分。

1. 群体和团队的概念

群体是指两个以上相互作用又相互依赖的个体，群体成员共享信息、做出决策，帮助每个成员更好地担负起自己的责任。团队是指一种为了实现某一目标而相互协作、依赖并共同承担责任的个体所组成的正式群体，团队合理利用每一个成员的知识和技能协同工作，解决问题，达到共同的目标。

2. 群体与团队的区别

团队并不等同于一般意义的群体。二者的根本差别在于，团队中成员的作用是互补的，而群体中成员之间的工作在很大程度上是互换的。简单地说，在团队中离开谁都不行，在群体中离开谁都无所谓，具体区别如表 4-1 所示。团队目标的实现需要成员间彼此协调且相互依存，而群体有时表现出消极的配合意愿；团队的成员对是否完成团队目标一起承担成败责任并同时承担个人责任，而群体的成员则只承担个人成败责任；团队成员间的技能是互补的，而群体间的技能则是随机的；团队的绩效评估以团队整体表现为依据，而群体的绩效评估则以个人表现为依据；此外，团队较之群体在信息共享、角色定位、参与决策等方面也更进了一步。

表 4-1　群体与团队的区别

项目	群体	团队
目标	信息共享	集体绩效
协同配合	中性（有时消极）	积极
责任	个体化	个体的或共同的
技能	随机的或不同的	互补的

总之，团队是群体的特殊形态，从群体发展到团队需要过程的积累和时间的磨炼。

（二）创业团队

创业关注的核心并不是个人英雄主义的个体创业者，而是卓有成效的创业团队。新创企业可能只为某个创始人或其亲友提供了就业机会，也可能是一个具有较高发展潜力的公司，而前后两者之间的主要差别就在于是否存在一支高质量的创业团队。

创业团队的概念是在团队概念的基础上发展起来的。对于创业团队的定义，国内外学者都做了深入的研究。

国外较早地界定了创业团队，认为创业团队由一群在创业过程中担任管理职位的个体组成,这一界定相对宽泛,如表4-2所示。后续研究从所有权、参与程度、参与活动以及共有信念等几个角度阐述了创业团队的内涵。

表4-2 创业团队的定义

年份	研究视角	对创业团队的界定
1990年	较早地界定创业团队	一群在创业过程中担任管理职位的个体
1993年	所有权	由在创业早期阶段就参与创业过程并拥有新企业股权的个体组成的群体
2000年	参与程度	参与且全身心投入新企业创建过程,共同克服创业困难且分享创业成果的全体成员
2002年	参与活动	一群关注先动性和创新性机会,并积极开发机会、生产产品/服务的个体
2006年		满足以下任意两个条件:参与创业活动、拥有股权、参与战略决策
2003年	共有信念	才能互补、根据共同的目标设定绩效标准,依靠互相信任来完成目标的群体
2009年		由两个以上积极推动新企业成长和成功并对新企业成长和成功具有信念的个体构成

资料来源:郑秀芝和龙丹(2012)

国内学者也做了相应的研究。简单来说,创业团队是指那些全部参与且全心投入公司创立过程,共同分享创业困难和乐趣的成员;而律师、会计师等外部专家仅部分参与公司成立,不能算是团队成员。创业团队也可被定义为"富有创业精神、致力创意转换、参与创业决策、拥有创业股权、分享创业收益"的创业群体。从创业目标角度来看,创业团队是一个由较少的企业创始人组成的为实现某一个目标,共同创建、共同投资、分享决策权的一个紧密合作的团队,他们拥有可共享的资源,按照角色分工相互依存地在一起工作,共同对团队和企业负责,不同程度地共同承担创业风险并共享创业收益。

综上所述,创业团队是一个特殊团队,创业团队的定义有广义与狭义之分。狭义的创业团队是指有着共同目的、共享创业收益、共担创业风险的一群共同创立和经营新创企业的人,他们提供一种新的产品或服务,为社会提供新增价值。而广义的创业团队不仅包含狭义的创业团队,还包括与创业过程有关的各种利益相关者,如创业投资商、供应商、专家咨询群体等。本书所指的创业团队主要从狭义上来理解。

二、创业团队的意义

古语有云:"众人拾柴火焰高。"个人的力量有限,而团队却能够散发无限的力量。一个好的创业团队对企业的成功起着举足轻重的作用。

从数量角度看,无论是制造业中的家族企业,还是现在的高科技行业,团队创办的企业比个人创办的企业要多,特别是当前的高科技行业,它所要求的能力远超过个人所拥有的。因此为了成功地创办一个企业,团队创业就显得非常必要。

从质量角度看,大量的实证研究表明,团队创办的企业在存活率和成长性两方面都明显高于个人创办的企业。

从重要性角度看,根据高阶理论,一个企业的高层团队对这个企业的创办、生存和发展最为重要。

许多研究和实践都证明了团队工作方式能够有效提高企业绩效。企业采用团队形式至少可以有以下几个方面的作用。①能促进团结和合作,提高员工的士气,增加满意感。②使管理者有时间进行战略性的思考,而把许多问题留给团队自身解决。③提高决策的速度,因为团队的成员离具体问题较近,所以团队决策的速度比较迅速。④促进成员队伍的多样化。

⑤提高团队和组织的绩效。

不可否认，有人创业不喜欢找伙伴，因为一个人决策比较快，人多嘴杂，利益不一致，反而容易起冲突，再加上人的本性是具有控制的欲望，会希望完全由自己控制新企业，这种独自创业的方式也有成功的机会，只不过在知识型创业的个案中，独自创业成功的比例已越来越低。美国 20 世纪 60 年代一项针对 104 家高科技企业的研究报告指出，在年销售额达到 500 万美元以上的高成长企业中，有 83.3%是以团队形式建立的；而在另外 73 家停止经营的企业中，仅有 53.8%有数位创始人。而这一情形在一项针对美国波士顿地区"128 公路 100 强"企业的研究中表现得更为明显，100 家创立时间较短、销售额高于平均数几倍的企业中，70%都是属于团队创业的类型，这也可以证明团队创业型企业的成长速度要高于个人创业型企业。

史玉柱是我国少有的经历大难又能够东山再起的优秀企业家。由于史玉柱的决策失误，导致巨人集团几乎陷入绝境，但谁都没有想到几年后，史玉柱居然奇迹般地复出，他不但还清了近亿元的债务，还创造了事业的新高峰。史玉柱东山再起的一个重要原因是：巨人集团陷入最低谷时，仍有十几个创业伙伴在不拿任何报酬的情况下，追随史玉柱打拼事业。可见，组建一支优秀的创业团队对于成功创业十分必要和重要。

北京大学光华管理学院的张维迎教授认为，企业的核心竞争力有五大特征：偷不去、买不来、拆不开、带不走、流不掉，在技术、人才、品牌、服务等企业重要的竞争力中，大多都可以复制，但是精神是不可复制的，这就是团队精神。

秦王讨伐六国前，曾经问大臣们这样一个问题："我们国家的人，和别国比怎么样？"有个大臣是这样回答："一个、一个人比，我们不如他们；如果是一国、一国人比，他们比不过我们。"最后秦国战胜了比自己强大的楚国、齐国等国，统一中国，靠的就是团队的力量。

没有团队的创业也许并不一定会失败，但是，要创建一个没有团队而具有高成长性的企业却极其困难。拥有高素质创业团队的新创企业，不仅可以相互取长补短，拥有更多的资源、更广阔的视野和更强的能力，而且有更强的吸引私人资本和风险投资的能力，因而具有更大的增长潜力。

随着企业形式的复杂化和多样化，创业团队的作用将日益显著。总的来说，创业团队具有以下几方面的优势。

（1）创业团队具有资源优势。由于人们掌握的信息不完全，个人无法发挥最大的潜能，而团队间的信息共享能有效解决这一问题。创业团队中的每个成员具有不同的知识结构、成长背景、经验积累、经济社会资源等，这些资源集合在一起要比单个创业者丰富得多，从而可以更有效地解决创业企业面临的很多问题，增加新企业成功的可能性。创业团队也可以解决个人创业在时间、精力上不足的问题，避免创业企业过分地依赖一个人而招致的缺位损失。

（2）创业团队具有创新优势。创业团队是一种紧密联系和分享协作的特殊群体，团队把多种资源优势、技能和知识融合在一起，增加了成功的可能性。团队成员具有不同的思维方式、信息获取渠道和信息处理方式，这种分享认知的方式有利于集体创新，获得更多商机。

（3）创业团队具有决策优势。团队成员合理分工、各司其职，掌握很多具体领域的信息和问题，可以快速决策；整个团队群策群力，增加了决策的科学性；团队成员进行任务分担，为团队核心人物思考重大问题提供了时间保证。

（4）创业团队具有绩效优势。创业团队成员在优势互补、共担风险、协作进取、坦诚沟通的过程中，形成了创业团队的凝聚力、合作精神、立足长远目标的敬业精神，提高了创业企业驾驭环境不确定性的能力，充分协调了成员间的关系，创业团队的工作绩效大于所有个体成员独立工作时的绩效之和。团队是企业的核心竞争力，曾有研究得出这样结论：工作群体绩效主要依赖于成员的个人贡献，而团队绩效则基于每一个团队成员因不同角色和能力而尽力产生的乘数效应。

团队的主要价值在于人们能够相互配合，贡献各自的力量，从而提高整个企业的工作效率。企业的目的是创造价值，而团队是创造价值的关键所在，21世纪的竞争是人才的竞争，但是人才是可以收购的，所以如何把人才拧成一股绳才是关键。单打独斗的时代已经过去，只有有效的团队合作和不懈的团队精神，才具有更强的生命力，团队才是现代企业的核心竞争力。

第二节　创业团队组建

一、创业团队的组建要素

组建创业团队需要具备五个重要的要素：目标（purpose）、计划（plan）、人员（people）、定位（place）和职权（power）。这五个因素紧密结合，被称为"5P"，构成一个团队的整体框架。

（一）目标

既定的共同目标，在创业企业的管理中以创业企业的远景、战略的形式体现，即我们为什么要建立团队？我们希望通过它达到什么目的？目标是将人们的努力凝聚起来的重要因素，先有共同目标才有团队出现的必要性。团队目标可赋予成员认同感，增强团队的凝聚力和持续发展力。因此，创业团队应该有一个共同目标，为团队成员指引方向，没有这个目标，团队就没有存在的价值。从本质上来说，创业团队的根本目标就在于创造新价值，创业团队的总目标就是要通过完成创业阶段的技术、市场、规划、组织、管理等各项工作，实现企业从无到有、从起步到成熟，总目标确定之后，为了推动团队最终实现创业目标，再将总目标加以分解，设定若干可行的、阶段性的子目标。

（二）计划

在确定了一个个阶段性子目标以及总目标之后，紧接着就要研究如何实现这些目标，这就需要制订周密的创业计划。创业计划是在对创业目标进行具体分解的基础上，以团队为整体来考虑的计划。创业计划确定了在不同的创业阶段需要完成的阶段性任务，通过逐步实现这些阶段性目标来最终实现创业目标。

计划有两层含义：一是达到目标的具体工作程序；二是按计划进行，以保证创业团队的顺利进展。一方面，任何组织都必须有计划，以明确行动方向和行动指南。创业团队要有计划，计划提出创业团队的目标和实现目标的有效实施方案，明确团队成员在不同阶段分别要做哪些工作以及怎样做。另一方面，按计划进行可以保证团队的工作顺利，只有在计划的规范下，团队才会一步步地贴近目标，从而最终实现目标。

(三)人员

招募合适的人员是创业团队组建最关键的一步,在一个创业团队中,人力资源是所有创业资源中最活跃、最重要的资源,应转化为人力资本。任何计划的实施最终还是要落实到人的身上去,个人是构成创业团队的细胞,团队目标是通过其成员来实现的,不同的人通过分工来共同完成创业团队的目标,因此,对于创业者来说,创业团队伙伴的选择是团队建设与管理中非常重要的部分。人作为知识的载体,是所有创业资源中最活跃、最重要的资源。

关于创业团队成员的招募,应主要考虑两个方面。一是考虑互补性,即考虑其能否与其他成员在能力或技术上形成互补,这种互补性的形成既有助于强化团队成员间彼此的合作,又能保证整个团队的战斗力,更好地发挥团队的作用。一般而言,创业团队至少需要管理、技术和营销三个方面的人才,只有这三个方面的人才形成良好的沟通协作关系后,创业团队才可能实现稳定、高效。二是考虑适度规模,适度的团队规模是保证团队高效运转的重要条件。团队成员太少则无法实现团队的功能和优势,而过多又可能会产生交流的障碍,团队很可能会分裂成许多较小的团体,进而大大削弱团队的凝聚力。一般认为,创业团队的规模控制在 2~12 人最佳。

(四)定位

1. 创业团队的定位

创业团队的定位即创业团队在企业中处于什么位置、由谁选择和决定团队的成员、创业团队最终应对谁负责、创业团队采取什么方式激励下属。

2. 个体(创业者)的定位

个体(创业者)的定位即创业团队中的具体成员在创业活动中扮演什么角色,也就是创业团队成员的角色分配问题,即明确个体在新创企业中担任的职务和承担的责任。个体定位问题关系到一个成员是否对自身的优、劣势有清晰的认识,整个创业团队分工协作、各司其职,才能形成良好的合力。

团队的角色一般有九种,如表 4-3 所示,创业者可以根据成员的不同特点分配给他们不同的任务。

表 4-3　创业者的定位

团队的角色	任务
创造者——革新者	产生创新思想
探索者——倡导者	倡导和拥有所产生的新思想
评价者——开发者	分析决策方案
推动者——组织者	提供结构
总结者——生产者	提供指导并坚持到底
控制者——检查者	检查具体细节
支持者——维护者	处理外部冲突和矛盾
汇报者——建议者	寻求全面的信息
联络者——协调者	处理内部关系

（五）职权

职权是指创业团队所担负的职责和相应所享有的权限，即团队的工作范围和在该范围内所能进行的决策，实际上是团队目标和定位的延伸。职权的确定主要取决于团队类型、目标、定位和组织的规模、结构及业务类型等。

1. 赋予权力

创业活动具有动态复杂性，团队成员必须拥有较多的权力才能快速决策和行动。另外，很多人参与创业是因为其具有自主权和控制权，所以，为了实现团队成员的良好合作，提高团队成员的积极性，需要赋予每个成员一定的权力。

2. 划分职权

为了保证团队成员执行创业计划、顺利开展各项工作，必须预先在团队内部进行职权的划分。创业团队的职权划分就是根据执行创业计划的需要，具体确定每个团队成员所要担负的职责以及相应所享有的权限。团队成员间职权的划分必须明确，既要避免职权的重叠和交叉，也要避免无人承担而造成工作上的疏漏。此外，由于还处于创业过程中，创业团队面临的创业环境又是动态复杂的，会不断出现新的问题，团队成员可能不断出现更换，因此创业团队成员的职权也应根据需要不断地进行调整。

3. 领导人权力

创业团队中领导人的权力大小与其团队的发展阶段和创业实体所在的行业相关。一般来说，创业团队越成熟，领导者所拥有的权力相应越小，在创业团队发展的初期阶段，领导权相对比较集中。

二、创业团队组建要点

（一）创业团队组建的基本原则

组建创业团队时，需要遵循一些基本原则，如互补性原则、一致性原则、动态性原则和精简性原则，只有在遵守这些原则的基础上，创业团队才能组建得更好，从而为团队的良好发展打下坚实的基础。

1. 互补性原则

创业者之所以寻求团队合作，其目的就在于弥补创业目标与自身能力之间的差距。只有当团队成员相互间在知识、技能、经验、性格等方面实现互补时，才有可能通过相互协作发挥出"1+1>2"的协同效应。

（1）知识能力互补。知识能力互补是团队成员在知识能力上的互补原则。一个团队在开展创业活动时，必然会有技术、市场、销售、管理等不同类型的工作任务需要成员去分工、承担，如此便产生了知识能力互补的人才需求，一般而言，一个团队的创始人是不可能对企业经营管理的各个方面都精通的，所以在引进人才时需要考虑"专才"与"通才"的搭配：既要有技术、营销等方面的人才，又要有具备战略发展眼光的复合型人才，同时还要根据企业实际情况保证合适的"专才"与"通才"的人才比例。另外，从创业资源的角度来看，引入不同知识背景的成员，可以拓宽整个创业团队的社会关系网络。通过团队成员联系构造起来的社会关系网络，创业团队可以了解到更多的商业信息，加深对创业活动的认知与了解，进而挖掘出尚未被发现的顾客需求，充分调动现有资源去满足顾客需求，努力提高资源利用率，科学合理地吸引外来资源，壮大企业规模，做强、做好企业。

（2）性格互补。性格互补的创业团队成员更能产生"1+1>2"的协作效果。一般而言，在创业的初始阶段，绝大多数的创业团队成员之间至少具备同学、好友、同事、同行中的一种关系，有着共同的人际关系圈，也正是基于这种相互熟悉、相互信任的亲密关系，大部分创始人会自然而然地从这类人际关系圈中选择创业合作伙伴。然而通过进一步地观察与分析可以发现，很多创始人以及团队中的其他成员从一开始创业就未仔细思考过创业团队成员性格互补的问题，没有分清工作与生活，将个人日常生活的相处融洽程度与性格搭配合适程度混为一谈，这种对于创业团队成员性格互补原则的不重视，在团队组建初期的影响尚不显著，因为大家几乎都把全部的精力投入到创业中了，但是随着时间的推移，团队成员的个性特征会越来越明显，由个性冲突导致的矛盾也会越来越激化，严重时会导致成员关系破裂、团队重组甚至解散。基于以上分析，不是所有的亲朋好友都适合当合伙人，但是，这类有着亲密关系的人际圈仍然是创始人寻求创业团队成员最为快捷、高效的方式。也就是说，创始人应当要重视性格互补原则。

上海复星集团董事长郭广昌曾建议创业者：在你决定谁可以成为合作伙伴的时候，最重要的是要找到两种感觉，一是对于人生的根本价值的信条，他跟你一致不一致；二是找到彼此之间有互补性的人。

因此，创业者在组建创业团队时的第一规则是：不要屈从于只和那些背景、教育、性格、经历状况与自己相似的人一起工作的诱惑，否则，就不能提供新企业所需的丰富的人力资源基础。强调互补性在一定程度上可能是更好的策略，因为它可以提供给新企业一种强有力和多样化的资源基础。

2. 一致性原则

创业团队作为一个群体，是由形形色色的人组成的。个体具有的是个性，但团队要的是共性，全体成员都应该为团队的共同理想而努力奋斗，若一个创业团队没有一致的远大目标，没有共同的企业愿景，没有相同的价值观念，这个创业团队也就缺少了凝聚力，也就失去了作为团队的价值，也就很难长远发展。

（1）目标一致。在创业团队的组建过程中，首先需要考虑的是团队成员发展目标的一致性，"道不同不相为谋"的理念很好地诠释了这一原则，所以团队的创始人务必要在明确目标的前提下进行成员的多方考察和选择。唯有个人的创业目标同团队的创业目标相一致时，整个团队才能进一步就目标进行阶段规划、细化分解和分工。一致的发展目标是创业团队融合协调、齐心奋斗的基石。

根据马斯洛的需要层次理论可知，人类的需求可以按照由低到高的次序分为生理的需要、安全的需要、社交的需要、尊重的需要和自我实现的需要五个层次。因此，团队成员希望在创业过程和结果中获得哪一层次的需求满足，就会相应地做出符合成员个人内心付出与回报的心理平衡想法的行为；而团队成员在组织中的行为又直接决定了其对团队目标所做出的贡献大小，有时甚至成为整个创业项目的成败关键。也就是说在需要长期合作的团队成员时，创始人更应当考虑这类基于较高层次的尊重的需求或者是自我实现的需求进而选择加入创业团队的人才，因为这类人对于尊重和自我实现的需求是永无止境的，为了实现自身的价值，他们往往能够专注事业，勇敢克服创业路上遇到的挫折和难题，持续地投入高热情、输出高效益。

综上所述，创业团队在组建团队时有必要将创业目标一致性和加入目的纳入考察，这样将有利于团队的稳定和管理建设。

（2）价值观一致。价值观一致对于创业团队的影响主要体现在以下两个方面。第一个方面，可以保证成员在原则性问题上的认知与判断比较一致，不会出现根本上的冲突，这些原则性问题包括是否认同组织发展战略、利益分配机制、职能划分制度、做人做事的基本准则等。一旦团队成员在这些问题上出现不同的看法与观点，便很难再达成共识，因为每个人的价值观念都是经过长期事物影响的，形成之后很难再发生改变。通常情况下，不能达成共识意味着将会产生冲突，而冲突更是会影响到整个团队的绩效和发展，所以，在创业的过程中，应当尽量避免团队成员价值观多元化，毕竟价值观的磨合是很耗时耗心的。第二个方面，高效率的沟通协调，拥有同质性价值观的创业团队，一般会更加积极地探讨和处理企业事务，更易营造浓厚的创业氛围，成员们有着一致的价值观念和愿景设想，就算出现一些问题上的分歧，也能够通过沟通及时地协调整顿，促进团队成长。值得注意的是，团队内部即使价值观一致，摩擦仍然是在所难免的，所以有必要制度先行，建立完善、正式的规章制度，为团队打下制度层面的信任基础，保证各个成员能够在制度的约束下共事。建立制度虽然会在短期内耗费一定的人力、物力，但从长远的角度来看却是降低成本、提高效率的一大保障，因此，创业团队在组建初期应当重视价值观的一致性问题，将其设置为成员吸纳的重要考核因素。

由上可知，团队的成员应该是一群认可团队价值观的人，团队的目标应该是参加团队的每个成员所认可的，是团队的共同目标。如果一群人没有共同的理想和目标，那就不是一个团队，而是一群乌合之众。这样的团队是打不了仗的。所以，你和你的伙伴应该是志同道合的，有共同的或相似的价值追求和人生观。

3. 动态性原则

一开始就拥有一支成功不变的创业团队是每个创业企业的梦想，然而这种可能性微乎其微。创业过程是一个充满了不确定性的过程，团队中可能因为能力、观念等多种原因不断有成员离开，同时也有人员要求加入，即使新创企业成功地存活下来，其团队成员在前几年的流动率也会非常高。在创业企业的发展过程中，由于团队成员有更好的发展机会，或者团队成员能力已经不能满足企业需求，团队成员也需要主动或被动调整。我们在组建团队时就应该预见团队成员可能的动态流动，并制定大家一致认同的团队成员流动规则，这种规则首先应该体现公司利益至上的原则，每个团队成员都应认可这样的观点：当自己能力不足，不再能支撑公司发展需求的时候，可以让位于更适合的人才。此外，这种原则也应体现公平性，充分肯定原团队成员的贡献,承认其股份、任命有相应级别的"虚职"以及合理的经济补偿都是安置团队成员退出的有效方式。团队组建的时候应该有较为明晰的股权分配制度,而且应该尽可能地预留一些股份,一部分用来在一定时间内根据团队成员的贡献大小再次分配,另外一部分预留给未来的团队成员和重要的员工。因此,组建创业团队时,应注意保持团队的动态性和开放性,使真正完美匹配的人员能被吸纳到创业团队中来。

4. 精简性原则

(1)人员数量精简。初创企业的资金都很有限,每一分钱都得用到刀刃上。因此,初创企业的人员在数量上不能太多,要减少或避免相同类型、相同能力的人员,能满足企业基本需求就可以了,否则会增加内耗,导致浪费,造成潜在的麻烦。

(2)人员结构精简。为了减少创业期的运作成本、最大比例地分享成果,创业团队人员构成应在保证企业能高效运作的前提下尽量精简。创业团队在创业初期的组织结构往往是非常简单的,所设的职位应在满足创业日常活动的基础上尽可能精简,甚至做到一人身兼数职,如同时负责公司的财务和后勤工作。

(二)创业团队组建的模式和逻辑

1. 组建模式

Forbes 等(2006)将创业团队的组建分为两种模式:理性过程模式和社会心理模式。

理性过程模式强调成员甄选的实用工具性标准,如互补性技能或工作经验等。研究发现,成员经验、知识、技能和能力平衡匹配的团队最有效率,创办人先前的职能管理经历与新创企业的初始职能结构能预测新创企业 IPO(initial public offering,首次公开发行)后高管团队的经验构成与职能结构。

社会心理模式关注团队内部和谐的人际关系与顺畅的团队运作过程。有学者区分了吸引、团结、形象表现、冲突、发展等五种社会心理过程,并且认为它们相应会形成讨人喜欢、愿意接近、乐于结伴、愿意求同、特点互补等五种动力,从而驱使创业团队成员聚集在一起。近几年,一些经济社会学者也开始关注创业团队组建问题,有学者研究了类聚、职能、地位期望、网络约束、生态约束等五种群组构成机制,并且发现创业创始群组基于强联系的类聚和网络约束机制对群组构成影响最大。

2. 组建逻辑

Forbes 等(2006)用两种逻辑解释了组建创业团队的两种决策本质:一是以集合创业所需资源为核心目的的工具型组建逻辑;二是在团队成员的相互吸引或社会网络驱动下的人际型组建逻辑。

工具型组建逻辑是以满足新创企业的实际需求为目的,通过组建创业团队来获取创业活动所必需而自身又不具备的资源、技能、经验和知识,以形成资源互补优势,减少创业不确定性,推动新企业生存与成长的理性决策过程。

人际型组建逻辑认为创业团队形成是在社会心理需求或社会网络关系驱动下的非理性

社会过程。在人际型组建逻辑下，创业团队类型偏向于从社会网络中挑选与自身特征相似的人作为团队成员，而并不特别在意对方是否真正能为创业带来价值和贡献。

（三）创业团队的类型

创业团队从不同的角度可以划分为不同的类型，其中最普遍的是根据创业团队成员之间的关系进行分类，可以分为星状创业团队、网状创业团队和虚拟星状创业团队。

1. 星状创业团队

星状创业团队一般在团队中有一个核心主导人，充当领军的角色。这种团队在形成之前，一般是核心主导人有了创业的想法，然后根据自己的设想进行创业团队的组织。创业团队其他成员也许是核心主导人以前熟悉的人，也有可能是不熟悉的人，但这些成员在企业中更多时候是支持者角色。这种创业团队的特点为：一是组织结构紧密，向心力强；二是决策程序相对简单，组织效率较高；三是权力过分集中，易使决策失误的风险加大；四是团队成员和核心主导人物发生严重冲突时，由于处于被动地位，一般都会选择离开团队，因而对组织的影响较大。

2. 网状创业团队

网状创业团队的成员一般在创业之前都有密切的关系，比如同学、亲友、同事、朋友等，一般都是在交往过程中，共同认可某一创业想法，并就创业达成了共识以后，开始共同进行创业。在创业团队组成时，没有明确的核心人物，大家根据各自的特点进行自发的组织角色定位，因此，在企业初创时期，各位成员基本上扮演协作者或者伙伴角色。这种创业团队的特点为：一是团队没有明显的核心，整体结构较为松散；二是集体决策的方式使组织的决策效率相对较低；三是容易在组织中形成多头领导的局面；四是团队成员之间用平等协商的方式积极解决冲突，结构稳定，但一旦冲突升级，某些团队成员的撤出易导致整个团队的涣散。

3. 虚拟星状创业团队

虚拟星状创业团队是由网状创业团队演化而来，基本上是前两种的中间形态，在此团队中，有一个核心成员，但是该核心成员地位的确立是团队成员协商的结果，因此核心人物某种意义上是整个团队的代言人，而不是主导型人物，其在团队中的行为必须充分考虑其他团队成员的意见，不如星状创业团队中的核心主导人那样有权威。

如表4-4所示，星状创业团队、网状创业团队和虚拟星状创业团队在核心人物、团队成员、决策效率和组织结构等方面存在较大差别。

表4-4 三种创业团队的区别

	星状创业团队	网状创业团队	虚拟星状创业团队
核心人物	主导人	无	代言人
团队成员	支持者	协作者	协商者
决策效率	高	低	中
组织结构	紧密	松散	中等

此外，创业团队还可以从不同标准进行分类。基于团队理论和资源基础理论，可以把创业团队分为同质性创业团队和异质性创业团队。按照知识协调程度与认知是否一致这两个标准可以把创业团队分为四类：罗宾逊或节约型团队、单成员团队、混合团队和嵌套团队。罗宾逊或节约型团队是一种极端形式的创业团队，这种创业团队的成员完全了解团队所处的情境，只需处理一些确定性很高的常规事件，在罗宾逊或节约型团队里，成员信念相同、利益共享，不存在激励问题；单成员团队，顾名思义，就是只有一个成员的团队，这个成员就是创业者自己；混合团队至少包括一个创业者和一个罗宾逊节约者，创业者发现市场"目的–手段"框架，节约者在这个框架下监督生产和交易效率；嵌套团队至少包括两个创业者，一个领头创业者和一个协助创业者，领头创业者为团队确定总体经营思路或愿景，而协助创业者则在实施中充分发挥其先前知识与专业技能的作用。

（四）创业团队组建评估

组建创业团队需要各方面的评估，不仅需要创业者自身的评估，还需要对各个团队成员进行评估，以组建一个良好的创业团队。

1. 创业者自我评估

创业者在组建团队时，首先要对自己有一个准确的评价和定位，只有在认清自我的基础上，才能有明确的方向和目标，才能知道自己需要什么样的创业伙伴。创业者的自我评估主要考虑以下五个方面。

（1）知识基础。创业者要分析自己所接受的教育水平、专业背景、工作经历等，评估自己知道什么和不知道什么，找到自身与拟创企业所需的差距，从而知道自己需要从他人，包括潜在的合作者那里获得什么。

（2）专门技能。每一个人都有一系列独特的完成某些任务的能力，创业者应当去理解并列举出自身行业技术、管理经验、能力状况等技能，并将其作为创建新企业的初始步骤，从而明白自己擅长什么、不擅长什么，这样，才能针对性地选择具有不同技能的人作为合作伙伴。

（3）动机。思考自己"为什么要创建企业"，自己"想要从创业中最终获得什么"等问题，明确了自己的各项动机，有利于创业者评判和那些潜在合作者之间的动机差异，防止较大动机差异给未来造成阻碍，产生隐患。

（4）承诺。承诺是指完成事情，即使在逆境中也能继续前进并实现与新企业相关的个人目标的意愿。

（5）个人特质。人的性格特征具有多面性、复杂性和不确定性，人格特质是创业者自我评估中最难的一项，创业者可以利用"大五"模型，了解自身在责任心、外倾性、随和性、情绪稳定性和经历开放性这五大关键维度上处于什么位置。

不可否认的是，创业者对自己的人力资本评估是一件非常困难的事情，因为人们通常意识不到自身行为的原因，所以创业者可以根据其他人对自己的反映和评价来理解自己的特征。

2. 团队成员评估

创业者进行自我评估之后，就需要筛选和评估团队成员，良好的团队成员能够让整个创业团队生机勃勃、蓬勃发展，同时使创业活动更加高效、有序地进行，增加创业成功的可能性。创业者可以从知识、经历、经验、关系、能力和资质六个方面来对团队成员进行评估。

（1）知识评估。随着科学技术的进步和产品更新换代速度的加快，知识成为最重要的生产力要素，初始合伙人团队的受教育水平在一定程度上可以反映其知识掌握的程度，具有较高受教育程度的初始合伙人团队往往具备与创业有关的重要技能，可能在研究能力、洞察力、创造力和计算机技术应用等方面表现略胜一筹，而这些素质是创业成功的关键性因素。如果新创企业所从事的行业领域具有较强的专业特征，那么，接受过高等教育的初始合伙人团队就会从工程技术、计算机科技、管理科学、物理、化学、生物等专业教育中获得显著优势。

（2）经历评估。具有创业经历的初始合伙人团队，无论曾经取得成功，还是遭遇失败，都可以成为新创企业成功经营的有利因素，甚至成为一种独一无二的优势，因为，这种人要比初次接触创业过程的创业者更熟悉创业过程，并可以在新创企业中复制以前的成功创业模式，或者有效规避导致巨大失败的错误。

（3）经验评估。初始合伙人团队所拥有的相关产业经验，有利于更为敏锐地理解相关产业的发展趋势，可以更加迅速地开拓市场和开发新产品。例如，对创建一家生物制药企业来说，初始合伙人团队是否具有相关领域的生物制药技术经验就特别重要，如果他采取边学习、边创业的方式，想成功地创建并经营好一家生物制药企业则十分困难。

（4）关系评估。具有广泛社会网络关系的初始合伙人团队往往更容易获得额外的技能、资金和消费者认同，初创企业应当善于开发和利用网络化关系，构建并维持与兴趣类似者或能够给企业带来竞争优势者的良好人际关系，这种网络化关系也是创业者社会资本的具体体现。初始合伙人团队打电话给业务上的熟人或朋友，请他们介绍投资者、商业伙伴或者潜在消费者，在新企业创建过程中是经常采取并行之有效的方法。

（5）能力评估。虽然董事会具有正式的治理职责，但是，董事会所发挥的最大作用还是为企业管理者提供指导和支持。实现这一点的关键是企业挑选的董事会成员要有能力、有经验、愿意给予建议并能够提出具有洞察力和深入性的问题，因为管理者需要依靠董事会成员的忠告和建议，所以一定要有目的地选择外部董事，要让他们填补企业管理者和其他董事在经验和背景方面的空缺。

（6）资质评估。董事会是由股东大会选举产生，负责处理公司诸多重大经营管理事项。具有较高知名度和地位的董事会成员能为企业带来即时的资信，没有可信资质，潜在消费者、投资者或员工很难认同新创企业的高质量。一般认为，高素质的人不会愿意在低水平的企业董事会任职，因为这对于他们的名誉和声望而言是有风险的，所以，当高素质的人同意在企业董事会任职，那么，他们本质上是在发出某种质量信号，即这个公司很有可能取得成功。

（五）组建基本的创业团队

基于前文有关创业团队组建的基本原则、模式、逻辑、类型和评估等理论，现在我们具体阐述怎么组建一个基本的创业团队。

1. 树立正确的团队理念必不可少

（1）具有凝聚力。团队成员有了正确的团队理念，会时刻谨记并相信他们处在一个命运共同体中，共享收益，共担风险。

（2）拥有诚实正直的品行，这是有利于顾客、公司和价值创造的行为准则，它排斥纯粹的实用主义和利己主义，拒绝狭隘的个人利益和部门利益。

（3）目光要放长远。拥有正确团队理念的成员不会把企业当作快速致富的工具，而是当作成就自己的舞台，他们可以从事业的成功中体验快乐、收获幸福，他们不会把追逐权力和财富作为唯一目的，他们追求的是最终的资本回报及由此带来的成就感。

（4）承诺价值创造，即团队成员承诺自己全心全力为企业创造价值，将企业这块"蛋糕"做大做强，包括为顾客增加价值，为团队的所有支持者和各种利益相关者谋取利益。

2. 确立明确的团队发展目标是根本

目标在团队组建过程中具有很重要的价值。首先，它是一种有效的激励因素，共同的远大目标是创业团队克服困难、取得胜利的动力；其次，它还是一种有效的协调因素，只有目标真正一致、齐心协力的创业团队才会取得最终的胜利与成功。

3. 建立责、权、利统一的团队管理机制是保障

姜博仁（2009）认为，一个成功的企业必须制定井然有序的组织策略。无序组织是混乱的根源，要有序组织自己的企业，同时摆正位置，将自己融入组织中。

（1）创业团队需要妥善处理内部各种权力和利益关系。一方面，要妥善处理创业团队内部的权力关系，在创业团队运行过程中，团队要确定从事相关关键任务的合适人员和对此关键任务承担责任的人员，使权力和责任明确化和清晰化。另一方面，要妥善处理创业团队内部的利益关系，一个新创企业的报酬体系，不仅包括诸如股权、工资及奖金等的显性报酬，还应该包括个人成长机会和相关技能提高等方面的隐性报酬。

（2）制定创业团队的管理规则。规则的制定，要有前瞻性和可操作性，要遵循先粗后细、由近及远、逐步细化、逐次到位的原则，这样有利于维持管理规则的相对稳定，而规则的稳定有利于创业团队的稳定。企业的管理规则大致可以分为以下三个方面。

首先是治理层面的规则，主要解决剩余索取权和剩余控制权问题，治理层面的规则大致可以分为合伙关系与雇佣关系，除了利益分配机制和争端解决机制，还必须建立进入机制和退出机制，约定以后创业者退出的条件和约束，以及股权的转让、增股等问题。

其次是文化层面的管理规则，主要解决企业的价值认同问题、企业章程规范问题和用工合同能否解决经济契约的问题。而文化契约是一种弥补，它包括"公理"和"天条"这两个内容。"公理"就是团队内部不证自明的东西，它构成团队成员共同的终极行为依据；"天条"就是团队内部任何人都不能触犯的东西，它对所有团队成员都构成一种约束。

最后是管理层面的规则，主要解决指挥管理权问题。它包括平等原则、服从原则、等级原则等。

4. 熟悉组建创业团队的程序和方法

创业者在有了创业点子后，可以按照以下程序和方法组建创业团队。

（1）撰写创业计划书。通过撰写创业计划书，进一步使自己的思路清晰，也为后来合作伙伴的寻找奠定基础。

（2）分析自身优劣势。认真分析自我，发掘自己的特长，确定自己的不足，要对自己正在或即将从事的创业活动有足够清醒的认识，并使用优劣势（strength-weakness-opportunity-threat，SWOT）分析法分析自己的优点和缺点。

（3）确定合作形式。通过第二步的分析，根据自己的情况，选择有利于实现创业计划的合作方式，通常是寻找那些能与自己形成优势互补的创业合作者。

（4）寻求创业合作伙伴。可以通过媒体广告、亲戚朋友介绍、招商洽谈会、互联网等多种形式寻找自己的创业合作伙伴。

（5）沟通交流，达成创业协议。找到有创业意愿的创业者后，双方就创业计划、股权分配等具体合作事宜进行深层次、多方位的全面沟通。

（6）落实谈判，确定责、权、利。在双方充分交流并达成一致意见后，创业团队还需对合伙条款进行谈判。

第三节　创业团队管理

一、创业团队的成长过程

学者依据团队的组建过程和创业企业的成长特性将创业团队的演变划分为多个阶段。基于深度访谈法和定性分析技术，创业团队的发展大致要经历四个阶段，即自发形成阶段、寻求增长阶段、愿景形成阶段和制度化阶段。在自发形成阶段，创业者自发组合形成团队，并因商业机会和利益的追求而整合。在寻求增长阶段，创业团队成员为了把握商业机会，希望尽快建立起正式的创业组织，成员不再将相互之间的学习作为重点，而是更关注团队资源、知识和能力的发展与整合。在愿景形成阶段，企业已经正式建立起来，高管团队成员逐渐形成共享愿景，并且有明确的子目标，团队内成员的任务和角色职责也更加明晰。而在制度化阶段，创业团队相对稳定，团队的组织结构基于制度而变得规范，创业者个人的抱负和价值观更多地以企业文化、组织结构等方式体现。

二、打造高绩效的创业团队

（一）高绩效创业团队的特征

1. 开创性

开创性也就是创新性。创业团体的目的是开创新的局面，而不是去完成已经被实现过的目标，这往往意味着开发新的技术、开辟新的市场、应用新的经营管理思想、创立新型的组织形式等，这种开创性就要求创业团队必须是一个创新观念和能力很强大的集体，而且对创新气氛培养的重视远高于对规章纪律的重视。

2. 组织的变动性

在创业过程中，创业团队的人员构成和组织架构都经常变动。组织的变动性从短期看，更多的是会增加创业风险，因为团队资源遭到破坏，如创业资本、技术、人才等创业资源的流失。但从长期看，组织变动不可避免，在变动过程中可能会形成结构更为合理、共同点更多的、有力量的创业团队。创业过程也是一个创业团队成员磨合的过程，这个磨合过程可能出现三种结果，一是创业团队相互之间更加了解，合作力量大于冲突，重视团队资源和承认团队力量，团队合作的意愿更强烈，团队合作文化进一步形成；尽管团队之间在经营理念、公司管理、共同利益等方面也有分歧、矛盾，但共同的价值取向、公司的整体利益在维持团队稳定和发展中起了主要作用。二是团队合作力量和意愿与冲突、矛盾的力量能够相对平衡，或者是冲突的力量离散，形成相互牵制，维持相对稳定；这种团队达成一致共识的时间少，但能够相互妥协，寻求利益共同点，而这种妥协可能是以牺牲效率为代价，这种团队在发展过程中，可能面临矛盾进一步激化、内耗力量增加，平衡难以维持，出现第三种后果就不可避免。三是团队成员经历一段时间磨合后，很难形成共同点，团队文化无法建立，团队消除矛盾和冲突的力量和意愿不足，这时团队就面临散伙的风险。

3. 团队的平等性

创业团队往往都具有高度的平等性，但是这种平等并不意味着股权和各种权力的绝对的平等，而是立足于公正基础上的平等，也就是在团队内部客观评定各个成员对于团队的贡献程度的基础上的平等性。事实证明绝对的平等不仅不利于企业的发展，反而会阻碍企业的发展，其原因是权力的过分分散会导致公司在营运过程中机会的丧失。团队需要建立以能力和贡献为基础、以实现组织效率为目标的激励政策和薪酬制度，合理的激励政策和薪酬制度是保持团队稳定和团队绩效的基础，也是团队公正性的体现。

4. 能力结构的全面性

创业团队面对的是不确定的市场环境，机遇和风险都可能在各个方面出现，这就要求创业者需要具备一定的素质，对机遇有较高的敏感性，因而创业者团队成员的能力应各有所长且能够互补，科技型的中小企业创业的创业者要尽量是某些技术领域的专家。

5. 紧密协作性

创业团队的风险和机遇可能来自任何方面、任何时间，这就使得创业团队不可能完全通过事先分工把守的方法来进行工作。同时创业团队个人的专擅性和团队成员总体能力的全面性，更要求创业团队的成员紧密协作以应对多种挑战。

6. 创业团队成员的高凝聚力和强烈的归属感

由于创业团队能够最大限度地实现个人价值的追求，一旦成功就意义非凡；同时团队成员素质高、关系平等密切、合作紧密、创造氛围浓厚，都使创业团队拥有很高的凝聚力，团队成员对创业团队有很强的归属感，这主要体现在团队成员对于团队事务的尽心尽力和全方位的投入上。

（二）创业团队管理技巧

团队是公司的魂，是公司最终成功的重要保证，要想创业成功，首先必须管理好创业团队，良好高效的创业团队是坚硬的基石，也是坚实的后盾。下面列举了九条创业团队管理技巧。

1. 扬长避短、恰当使用

人有所长，必有所短。创业伙伴之间的优势最好呈互补关系，选择的时候要看清其长，以后也要学会包容其短。取长补短，是取别人的长补自己的短，此为团队的真正价值。只要在充分识别的基础上恰当使用、扬长避短、合理配置，就能最大限度地发挥他们的作用。

2. 既要讲独立，也要讲合作

适当的合作可以弥补双方的缺陷，使弱小企业在市场中迅速站稳脚跟。对于创业者而言，选择合作伙伴，意味着将企业未来几年的命脉与人共享，那么在共享权力之前，就必须认真地考察合作伙伴。

3. 志同道合、目标明确

创业伙伴在共同的创业过程中是否会与你福难同当、同舟共济至关重要。团队的成员应该是一群认可团队价值观的人，团队的目标应该是每个加入团队里的成员所认可的，在明确了团队的目标之后，团队负责人就应该以这个共同的目标为出发点，召集团队的成员共同前进。

4. 知己知彼、百战不殆

优秀创业团队的所有成员都应该相互非常熟悉、知根知底。绝大多数创业团队的核心成员都很少，一般是三四个，多也不过十来人，如此少的团队成员似乎很容易驾驭。而实际上，这个创业团队成员虽少，但每个人都有自己的想法、自己的观点，更有一股藏于内心的不服管的信念，因此，对创业团队中的每个成员都不能报以轻视的态度。

5. 完善股权、利益共享

俗话说：亲兄弟，明算账。凡涉及权利义务与利益分配问题，还是要先说清楚、讲明白。设计团队成员的股权分配是创业规划时的一项重要工作。创业契约是创业者在找到创业伙伴时必然要思考、讨论、制定、执行的公司的第一份契约，合伙要想成功、愉快，必须在合伙之前签好创业契约。

6. 相互补充、相得益彰

创业团队虽小，但是"五脏俱全"。创业团队成员不能是清一色的技术成员，也不能全部是搞终端销售的，优秀的创业团队成员各有各的长处，大家结合在一起，正好相互补充、相得益彰。相对来说，一支优秀的创业团队必须包括以下几种人：一个创新意识非常强的人，这个人可以决定公司未来的发展方向，相当于公司的战略决策者；一个策划能力极强的人，这个人能够全面周到地分析整个公司面临的机遇与风险，考虑成本、投资、收益的来源及预期收益，甚至包括公司管理的规范章程、长远规划设计等工作；一个执行能力较强的成员具体负责的执行过程包括联系客户、接触终端消费者、拓展市场等。此外，如果是一个技术类的创业公司，那么还应该有一个研发高手（甚至是研发领导者型人物），当然，这个创业团队还需要有人掌握必要的财务、法律、审计等方面的专业知识。唯有如此，团队成员才能算是比较合格的。

7. 心胸博大、宽厚待人

与合作者或合伙人和谐相处，才能够合作得长久。创业者应该有博大的心胸，能宽厚待人，懂得如何把握合作，懂得什么是合作的分寸，在合作过程中，不要太计较小事。企业对人的管理也要审时度势、宽严有度，该管的要管，不该管的事就不要管，要"一半清醒一半醉"，要知道，"水至清则无鱼，人至察则无徒"。

8. 摆正位置、尊重对方

作为合伙人，在平时的交往与合作中要坦诚，互相尊重对方，摆正自己的位置，遇到问题和矛盾时应该向前看，向前看的利益是一致的，因为成功会给大家带来更丰厚的收获，盯住眼前的事情不放，只能是越盯矛盾越多，越盯矛盾越复杂，最后裹足不前。

9. 回避退让、求同存异

由于合伙人之间认识上的差异、合伙人信息沟通上的障碍、态度的相悖以及相互利益的互斥，矛盾冲突在所难免，当破坏性的矛盾冲突发生后，合伙人就应该坐下来，通过协商的办法来解决。

第四节　团队领导者的角色

一、团队领导者的角色扮演

表4-5是对公司创业中高管团队领导的角色从传统向创业型转变的比较和描述。由表可知，就某一具体领导领域而言，保护企业资源稳定，将其与潜在的破坏力量隔绝是传统领导模式对高管团队的高要求，而在企业资源和能力价值会随时变化这一公司创业的基本假设下，高管团队要能够通过持续的改变来满足不断发展的商业环境的需求。在企业经营过程中，传统高管团队的领导要努力使组织保持在他们所设置的一定的规范内，而公司创业则要求高管团队应该善于对企业进行重新定义或再造。在传统竞争理论下，"比竞争对手更好"的领导原则往往由外部因素决定，而公司创业还同时允许追求价值创新的战略目标随领导者不断重构。同时，比较传统的领导规则，公司创业要求高管团队的领导要实现组织灵活性、市场进入的超前性以及组织学习的不断更新，因此在诸多方面都要进行创业导向的转变。可以看出，高管团队向创业型领导的转变过程与Kotter（2001）对管理者和领导者的界定是一致的，即管理者组织人们解决问题，而领导者时刻准备并帮助组织进行变革。

表 4-5　公司创业中高管团队领导角色的转变

领导领域	传统的领导观点	创业型的新领导观点
资源能力	保护企业现有资源和能力	强调不囿于现有资源能力的变革
经营过程	企业经营及目标相对不变	定期重新评估企业经营及目标
战略目标	一定要超越竞争对手	追求价值创新
组织结构	保证战略实施最优化	满足战略柔性的需要
市场取向	满足现有的客户需求	兼顾无急切需求的有前途的创新
创业活动	从企业战略中产生	也可能导致企业战略的变化
组织学习	将知识制度化	将质疑制度化

资料来源：李华晶和张玉利（2006）

二、创业团队的角色类型

创业团队成员必须亲力亲为企业管理的全部职能性工作，这就要求团队成员每人至少承担一项职能性管理工作，基于管理功能、组织行为和成员特点三个角度，创业团队可分为不同的角色和岗位。

（一）管理功能视角

创业团队通常有五类基本工作岗位：领导、销售、财务、生产和研发，这五类基本岗位具有密切关联与交互的性质，是创业团队不可或缺的五种职能性工作组合。

（二）组织行为视角

创业团队的成员可以分为组织、动议、监督、执行及设计五类角色，这五类角色互补组成功能相对完备的创业团队。

1. 组织

组织角色在创业团队中起着重要作用，它负责组织团队各类活动，协调团队行为，防止团队成员产生冲突，维护创业团队一致性的目标，是帮助增强团队凝聚力、提高团队士气的指挥者。

2. 动议

动议角色是团队中富有开拓精神、创新意识较强的成员，能提出创新性建议，并为了争取社会的支持与认可做出多方面努力。

3. 监督

监督角色思想较为保守，具有较高的风险意识并能科学理性地考虑所面临的风险与机遇，通常会监督团队成员的行为，劝阻过分冒险而得不偿失的创业行动。

4. 执行

执行角色即创业团队中负责实施团队决议的成员，这类成员要求性格稳重、踏实，坚决执行团队决策，并随时对可能面临的风险做出补救工作。

5. 设计

设计角色具备发散性思维，具有较强的创新意识，能熟练运用自己的专业知识提出许多可行性方案或建议，供其他成员参考。

（三）成员特点视角

在一个创业团队中，根据团队成员的性格特点，通常存在创新者、实干者、凝聚者、信息者、协调者、推进者、监督者、评价者、控制者、完美者、专家等角色。

三、团队成员的角色配置

关于创业团队成员的合理分工与岗位配置，最有代表性的是谢科范等（2010）提出的七维度因素分析理论。

表4-6是基于七维度因素分析的团队角色属性与岗位配置。七维度因素分析理论从创业团队各成员的意识、性情、自我效能三个方面进行分析，也就是"三意识+二心+二力"。其中"三意识"包括创新意识、风险意识和守则意识。创新意识是指基于对公司未来发展的需要，引起前所未有的事物或观念的动机，并在创造活动中表现出的意向、愿望和设想；风险意识是指团队成员对即将发生的客观风险产生的主观感受；守则意识是指对公司共同遵守的规则的认可、接受的意向。"二心"包括道德心与责任心。道德心指依据社会规范而在处事行为方面的良心、良知；责任心是指对公司的事情敢于负责、主动负责的态度。"二力"包括表达力和决断力。其中表达力是指用外部的行为（语言、神态等）把思想表达出来的能力；决断力是指在做决策时表现出来的快速判断、快速反应、快速决策、快速行动及快速修正的综合能力。七维度因素可以用强、中偏强、中、中偏弱、弱五个指标来表示，根据对创业团队成员的七维度因素的评价与分析，就可以确定每个成员的角色属性，进而考虑工作岗位的恰当配置。

表4-6　基于七维度分析的创业团队成员特征识别

团队角色	岗位配置	创新意识	风险意识	守则意识	道德心	责任心	表达力	决断力
组织角色	领导	强	强	强	强	强	强	强
动议角色	销售	中偏强	中偏强	中	中偏强	中	强	中
监督角色	财务	中偏弱	强	强	强	强	中偏强	中
执行角色	生产	中偏弱	中偏弱	中偏强	中偏强	强	中偏弱	中偏弱
设计角色	研发	强	中偏弱	中	中偏强	中	中偏弱	中

资料来源：谢科范等（2010）

从表4-6中可知，组织角色适合领导。这类成员原则性强，具有较强的守则意识，道德心与责任心强，有英雄主义思想；具有冒险精神，敢为敢闯，能聚拢团队；决断力强，善于革新，可担任公司领导。

动议角色适合销售。这类成员明理，礼貌热情，淳朴轻财，道德心偏强；富有开拓精神，创新意识偏强，创造力较高；表达方面能言善辩，但缺乏冷静，不宜进行决策工作，可谋企业销售公关之位。

监督角色适合财务。这类成员恪守信用，守则意识强；不喜权势，诚实敦厚，是值得信赖的人物；擅长思考，知识全面，善于整合各种资源，具有全局观念；具有较高的诚信度，行事稳重且谨慎，可谋企业财务之位。

执行角色适合生产。这类成员为人正直，守则意识偏强，对权威性规则具有较强的顺从心理；具有偏强的道德心，对企业忠诚，可谋企业生产之位。

设计角色适合研发。这类成员聪明多智，思维发散，具有很强的创新意识；个性上较随和、谦虚，办事谨慎，因此可谋企业研发之位。

四、角色缺失情况下的岗位配置

五类角色组成的创业团队是较为完整的创业团队组合模式，这种组合模式通过角色互补和相互监督达到团队的平衡有序，并能促进创业团队的稳定与高效，但在实际的创业过程中，创业团队并不一定总是由五类角色组成，而是有一个最佳的组成人数。另外，相比较成熟企业的团队而言，在创业过程中的团队组合出现团队角色缺失的现象时有发生，非五人创业团队的人员组合是非常普遍的，但它仍然遵循基于五个角色划分的创业团队的基本思想，五人以下的创业团队，每个空缺的岗位特性都会由其他角色成员填补，最终达到平衡。五人以下的创业团队岗位配置的思想原理可被称为"角色补位"。

（一）四人创业团队的角色补位

由于组织角色即领导者的重要性，必须保留组织角色的位置。

1. 动议角色缺失，可由组织角色代替

由七维度特征识别分析可知，动议角色富于激情，性格开朗，与监督角色和设计角色的稳重踏实性格较为不合，而销售角色具有很强的开拓精神，与执行角色在性格上的顺从不符。因此，组织角色（领导）在各方面的出色表现，使其能够接任动议角色的销售职位。组织角色、监督角色、执行角色和设计角色的创业团队组合侧重产品的研究开发与试制，适合科技型创业企业的早期模式。

2. 执行角色缺失，可由组织角色与设计角色代替

由七维度特征识别分析可知，执行角色的性格比较稳重，与动议角色的性急、缺乏冷静不合。监督角色需要对执行角色进行监督，故监督角色不可或缺，因此，除组织角色（领导）可以补其缺位外，设计角色的聪明多智能够替代执行角色在生产过程中开展更多的创新举措，如流程重构、研发成果产品化等。组织角色、动议角色、监督角色和设计角色的创业团队组合侧重产品的开发与销售，适合生产外包的创新型创业企业模式。

3. 设计角色缺失，可由组织角色与执行角色代替

由七维度特征识别分析可知，设计角色的随和个性与动议角色的急躁个性不容；设计角色具有较强的创新思维，而监督角色的创新力明显不够，因此，组织角色革故鼎新的创新能力可为产品设计所用，执行角色做事稳重能使设计角色在进行研发过程中不偏离实际。组织角色、动议角色、监督角色和执行角色的创业团队组合侧重产品的生产与销售，适合经营型创业企业。

4. 监督角色缺失，可由组织角色代替

监督角色的稳重谨慎与动议角色的开放式性格不合，执行角色与设计角色也不能够代替监督角色的职位，因此，当监督角色缺失时，只能由各维度因素都很优秀的组织角色代替，但前提是组织角色应当掌握监督角色的专业知识技能。组织角色、动议角色、执行角色和设计角色的这类创业团队组合应侧重产品从研发到销售的整个流程，财务纳入领导范畴，适合实业型创业企业的早期模式。

（二）三人创业团队的角色补位

三人组成的创业团队大多存在于创业企业的组建初期，或者存在于小微型创业企业中。这类组合的创业团队相对于分工较细的企业来说，通常是一人身兼数职，对于团队成员的专业技术水平、个人能力等方面有更高的要求。在角色缺失的情况下，三人创业团队必须满足创业企业快速发展的某些重要目标与要求，如生产研发要求、市场推广要求等，因此三人创业团队的角色补位有如下两种类型。

1. 生产研发型创业团队

生产研发型创业团队是指该创业团队在现阶段的主要目标放在企业所拥有的创新型产品、技术成果或服务上面，团队工作的重点是不断完善或革新企业的产品（技术产品或服务产品），因此，基于生产研发团队的三人组合可以是组织角色、动议角色、执行角色；组织角色、动议角色、设计角色；组织角色、监督角色、执行角色；组织角色、监督角色、设计角色。

2. 市场推广型创业团队

市场推广型创业团队是指该创业团队在现阶段的主要目标放在企业所拥有产品的市场推广上，团队人员与外界环境的接触较为密切，其主要工作是挖掘市场需求、销售产品、开拓社会关系网络等。因此，基于市场推广型创业团队的三人组合可以是组织角色、动议角色、监督角色；动议角色、监督角色、执行角色；动议角色、监督角色、设计角色；动议角色、执行角色、设计角色。

（三）二人创业团队的角色补位

在现实中，二人组成创业团队的构成较不稳定。二人创业团队的人员特征可以是同质性

组合也可以是异质性组合，即团队成员要么性格相投，要么性格互补。在职责上，实行职责分工，充分发挥各自的优势，因此，二人创业团队的角色补位更加灵活多变。

五、不同角色对团队的贡献

不同角色在团队中发挥不同的作用，一个创业团队要想紧密地团结在一起，共同奋斗，努力实现团队的远景和目标，各种角色的人才都不能缺少。基于团队成员的特点，各个角色都对创业团队做出了贡献。

创新者提出观点。没有创新者，团队的思维就会受到限制，点子就会匮乏。创新是引领发展的第一动力，是创业团队生产、发展的源泉，企业不仅要在技术开发方面创新，更要在管理方面创新。

实干者运筹计划。"千里之行，始于足下"，有了好的创意，还需要靠实际行动去实践，毕竟实践是检验真理的唯一标准，而且实干者在企业人力资源中应该占较大的比例，他们是企业发展的基石，没有执行力就没有竞争力，只有通过实干者踏实努力地工作，美好的愿景才会变成现实，团队的目标才能实现。

凝聚者润滑调节各种关系。凝聚者充当的是"润滑剂"的角色，没有凝聚者的团队，人际关系会比较紧张，冲突的情形会更多一些，团队目标完成将受到很大的冲击，团队的寿命也将缩短。

信息者提供支持的武器。当今社会是信息化的社会，信息是企业发展必备的重要资源之一，创业团队要想在社会中生存和发展，必须掌握正确、及时的信息，没有与外界进行信息交流，企业就会失去目标和方向。

协调者协调各方利益和关系。从某个角度说管理就是协调，各种背景的创业者凝聚在一起，经常会出现各种分歧和争执，这就需要协调者来调节。因为，协调者更有一种个性的号召力来帮助领导沟通各方面关系，使团队和谐融洽，按照许琼林（2009）学者的说法，对创业者来说，在创业的第三年应该把主要精力放到琢磨企业上，琢磨企业的管理规矩，琢磨如何让员工认同企业。

推进者促进决策的实施。没有推进者的团队运作效率就不会高，推进者是创业团队进一步发展的"助推器"。

监督者监督决策实施的过程。监督者是创业团队健康成长的鞭策者，没有监督者的创业团队会大起大落，难以稳定发展。

完美者注重细节，强调高标准。现代管理界提出的"细节决定成败"的观点，进一步说明完美者在企业管理和发展中的重要作用。

专家则为团队提供专门指导。没有专家，企业的业务就无法向纵深方向发展，企业的发展也将受到限制。

本 章 小 结

本章我们首先认识了群体和团队，学习了创业团队的概念和意义。团队是一个企业发展的必要因素，是企业真正的资本，创业团队相较于个人创业者有巨大的优势。创业团队的组建包含目标、计划、人员、定位、职权五个要素，需要遵循互补性、一致性、动态性、精简性四个原则，并选择适合的组建模式和组建逻辑。创业团队有三种类型：星状创业团队、网状创业团队和虚拟星状创业团队，它们的核心人物、团队成员、决策效率和组织结构都有所不同。除此之外，团队成员也需要进行合理的角色配置，选择恰当的人员来充当组织、动议、监督、执行、设计的角色，使人尽其用。建立和维护一个高效的团队是一个困难而有意义的旅程，我们也需要利用这些知识，组建我们基本的创业团队，并学会打造高绩效的创业团队。

关 键 术 语

创业团队　　创业团队组建　　创业团队管理　　创业团队角色

本章思考题

1. 什么是创业团队？
2. 创业团队的意义是什么？
3. 创业团队组建要素、原则、模式、逻辑是什么？
4. 创业团队的类型有哪些？
5. 如何评估创业团队？
6. 如何组建基本的创业团队？
7. 如何打造高绩效的创业团队？
8. 创业团队有哪些角色类型？他们的作用是什么？如何分配这些角色？

案例

小米：按找老婆的标准找团队

常规的投资机构投项目的时候，要看风口，看市场占有率，看估值，看有没有退出的通道。小米做投资的特点，首先是看人，不仅要看人是否靠谱，而且要看人的价值观和小米是否一致。

那么什么样的人会被小米生态链投资？

1. 人不如故

整个业界都知道，雷军雷总喜欢投熟人。

小米生态链投的第一个人张峰，就是雷总的老熟人。早年小米做第一批手机时，没有供应商愿意接小米的单子，制造企业也多是被创业公司忽悠怕了，不肯轻易"上套"。唯有时任英华达南京总经理的张峰，在雷总第一次和他谈"做高品质手机，用成本价销售"时，一下子就认可了这个想法，英华达因此成为小米手机的"发源地"。

基于这样的渊源，雷总想做移动电源，想到的第一个人是张峰；小米公司的联合创始人刘德也觉得最合适的人莫过于张峰：第一，张峰在台企当了十几年的总经理，一个大陆人在台企里做到总经理职位这是非常不容易的，这说明这个人的情商很高；第二，他在这个产业里待了这么多年，对供应链非常熟悉；第三，他是研发工程师出身，又能做研发，又能做生产，又能做供应链，人还仗义，帮过小米的忙，是再合适不过的人选。于是小米生态链有了紫米这家公司。

1MORE（万魔）的谢冠宏曾是富士康事业群最年轻的总经理，是Kindle的事业单位主要负责人。2012年，小米与富士康谈合作时，谢冠宏是富士康公司里最支持小米的人之一，雷总带团队在台湾与富士康洽谈时，他常常与雷总聊到半夜两三点，他们对于产业的很多认识高度一致，英雄所见略同，惺惺相惜。

后来谢冠宏因为一次乌龙事件从富士康离职，之后在香港，恰好雷总也去香港出差，第一时间找到他，说："无论你做什么，我都投资。"谢冠宏开玩笑地问："我做卡拉OK，你投吗？"雷总说："只要是你做，卡拉OK我也投。"当然，他们没做卡拉OK，而是一起做了耳机，自此有了1MORE耳机。

智米的苏峻，是刘德以前在大学当老师时的老朋友、老搭档，两人合作过很多设计项目。当小米做空气净化器找不到团队的时候，刘德就从电话本里把苏峻翻了出来；创米的范海涛，来自龙旗集团，龙旗是红米的主要生产商，对小米知根知底；华米的黄汪，与小米公司的联合创始人孙鹏同样毕业于中国科学技术大学，是孙鹏在校友资源里挖出来的一员猛将……

所以小米生态链早期，就是一个熟脸圈。雷总、刘德他们把过往几十年积累的人脉一点点挖来做生态链，形成了大咖云集的生态链早期图谱。

2. 情投意合、三观一致

为什么找熟人？其实道理很简单，在中国社会的当下，商业领域内，人与人之间是缺乏信任的。启用熟人是创业状态下最高效的一种方式，大家知根知底，有信任基础，沟通顺畅。

但将所有人凝聚在一起的最核心的一点，其实是价值观一致。这件事就好像找老婆一样，情投意合、三观一致才能真的在一起好好生活。所以，随着投资领域的拓宽、速度的加快，当熟人圈不再能满足生态链的发展需求时，小米对外选择团队时，关注的基础就是人靠谱、价值观一致。

生态链是一个大联盟，里面有几十家公司，上万名员工，如果底层员工的价值观不能保持一致，那么这些独立的公司是无法汇聚成联盟的。所以，投资前选择有"共同价值观的人"是最重要的因素。情投意合、三观一致，以后又有共同的利益，大家才能真正在一起合作。

那么小米生态链的价值观是什么？

（1）不赚快钱。

（2）立志做最好的产品。

（3）追求产品的高性价比。

（4）坚信互联网模式是先进的。

（5）提升效率，改造传统行业。

价值观一致，"结婚"之后自然就过渡到利益一致、目标一致，有时会产生一些分歧，但在一致的目标下，双方仍会向一个方向努力。

3. 拒绝贪念

在找人的过程中，有一类人小米坚决不碰——有贪念的人。有的人创业，希望快速融资、快速做大、快速上市套现，赚快钱。小米在接触创业公司的时候，一聊天就能知道创业者抱着什么样的目的，很容易发现这类希望做短线的、有贪念的人。这类人再优秀、再权威，也坚决不合作。

生态链上的创业者，不少都是已经解决了温饱问题的二次创业者，而不是一穷二白的小年轻。他们或者已经创业成功淘得第一桶金，或是已经在过去的岗位上做出了突出成绩，取得了一定的经济地位和社会地位，具有丰富的社会经验，有一定的人际关系。这与雷总创办小米时的状况有点儿相似，当时的雷总已经获得财务自由，再创业是为了圆一个梦，情怀会更多一些。做事不能光想着当下要赚多少钱，而不去做长线生意。

当然，还有一些技术派的理想主义者，创业并不单纯的为了收益，而是自己真正的兴趣和爱好所在，发自内心地希望用技术改变生活。在小米内部，也汇聚了大批这样的"技术痴"，这也是价值观一致的一种体现。

1MORE的谢冠宏，创业前是富士康的重臣，也是小米生态链上最为资深的创业者之一。"雷总的专注、极致、口碑、快的互联网思维，不光只是嘴巴讲讲，真的是耳提面命。"他说道，"市场在变，竞争在变，用户的习惯在变。我们要做的就是在变化中寻找不变的用户价值：坚持高品质、低毛利、最少环节和最高效率，提供给消费者买得起的、具备好品质的产品"。

在企业奔跑的过程中，小米也会时时提醒大家要拒绝贪念。因为在企业奔跑的过程中，小米会发现很多机会。这可以赚几百万，那可以赚一千万，小米都会提醒大家，把精力放在核心产品和核心业务上，不要为其他诱惑所动。

4. 靠谱，就是超强的执行力

选人的时候，常常会说要先找"靠谱"的人，但如何判断一个团队是靠谱的呢？比如，这个团队的过去能够证明它的能力，曾经创业成功过，或是在某一领域非常突出。团队的带头人有良好的沟通能力，彼此聊天能够互相理解，并且能很好地消化彼此的建议，反向与小米互相促进。如果双方说了半天，他回去又把说的忘了，又得再三强调，这就没有效率了。你说一句，我马上举一反三、迅速行动，这就会非常有效率。

除了沟通，还有一个非常重要的因素——这个团队还必须是一支执行力超强的团队。

什么叫执行力超强？比如Yeelight的创始人姜兆宁，其创始团队大多是做通信和软件出身，当进入小米生态链、圈定照明这个市场之后，急需照明领域的专家加盟。这真的非常不易，Yeelight那时只是几个人的创业团队，就要找全球顶级专家帮忙，难度可想而知，但姜兆宁就是凭着一股执着劲儿，在一年之内，飞行了25万公里，拜访美国、德国、日本等最著名的照明企业专家，最终聘请到几位全世界的顶级专家作为Yeelight的顾问。

纯米的创始人杨华为了做电饭煲，查遍了全球与电饭煲相关的专利，最后将目标锁定在日本多项核心专利发明人——内藤毅身上。杨华团队第一次去日本拜访内藤毅的时候，就像是小学生站在教授面前，因为对电饭煲不了解，内藤毅根本不相信这几个人会真的做电饭煲。回来之后，杨华团队疯狂补课，第二次再去日本与内藤毅交流的时候，对于做好电饭煲已经有了深入的认知和一套完整的想法，这让内藤毅感到非常意外，也感受到了他们想做好一口锅的决心。最终这位65岁的老专家，被杨华团队的精神打动，加入这个创业的团队。

华米是从智能手环起步，可穿戴设备一定要与时尚元素相结合，所以创始人黄汪从一开始就执着于找到全球顶级的ID设计师。于澎涛毕业于Art Center College of Design（艺术中心设计学院），做过 Nest 全系列产品，曾经 4 次获得 IDEA（Industrial Design Excellence Award，工业设计优秀奖）国际设计奖。黄汪想请于澎涛加盟，但于澎涛偏偏不想回国，想留在美国工作。黄汪索性在硅谷设立办公室，请于澎涛加入，顺便把中国科学技术大学在硅谷的科学家全招了进来（黄汪毕业于中国科学技术大学）。因为于澎涛而设立的硅谷办公室，后来成为华米的人才宝库，那里汇聚了一批在硅谷的优秀华人。

在小米看来，执行力不需要什么专业性，而是需要一定要搞成这件事的决心，如果搞不成公司就倒了，得有这样的执着劲儿。虽然有生态链作为支撑，但小米也绝不允许任何一家创业公司做"富二代"，端着架子，靠平台的红利生存。

所以，投什么人对小米来说，和结婚一样，判断他"是否靠谱"一定有很多个维度，但价值观一致只有一个维度，没有价值观一致的基础，多厉害的团队也做不到真的在一起。

资料来源：小米生态链谷仓学院. 2017. 小米生态链战地笔记[M]. 北京：中信出版社.

阅读上述案例，回答以下问题：

（1）小米生态链的价值观是什么？

（2）小米是如何利用找老婆的标准寻找团队的？

马云：最好的团队，是唐僧西天取经的团队

什么样的团队才是最好的团队？许多人认为最好的团队是"刘、关、张、诸葛、赵"团队——关公武功高强、忠诚；刘备仁义、善良；张飞勇猛、嫉恶如仇；诸葛亮智慧、鞠躬尽瘁；赵子龙谨慎、文武双全。这样的团队"千年等一回"。但是在马云看来，最好的团队应该是唐僧西天取经的团队。

唐僧团队最初是指唐僧西天取经的团队，这个团队经历九九八十一难最终取得真经，后来引申了含义，即在这个团队中有四种人，分别是德者、能者、智者、劳者。马云十分欣赏这种团队，经常把它运用到企业管理之中。

1. 唐僧是最好的 CEO

2014 年 3 月 18 日晚，马云在北京大学百年讲堂回应了关于"被王坚忽悠"一事，"百度李彦宏懂技术，腾讯马化腾学技术，只有马云不懂技术。很多人就一直认为阿里巴巴的技术很差，其实正因为我不懂技术，我们尊重技术，我们公司的技术才能做好"。马云对于互联网是个名副其实的门外汉，但他发挥了自己在企业管理方面的能力，外行管理内行，带着阿里巴巴走出了国门。正如唐僧，没有一点点的法术，却带领三个徒弟经历了九九八十一难，取得了真经。

时任阿里巴巴董事局执行副主席的蔡崇信，曾担任阿里巴巴的首席财政官将近 10 年。在这期间，阿里巴巴所有与钱有关的事情，无论是融资、并购或者投资等，统统交给蔡崇信进行管理，马云曾经这样评价蔡崇信："他是专门管与投资人说话的，我有重大的涉及股东利益的想法时，只要找到蔡崇信把话说到他懂就可以了，他再去找投资人把话说清楚就可以了。"认清员工优势，所有的事情都放手去做，就像马云说的那样："因为我不懂技术细节，而我的同事都是世界级的互联网顶尖高手，所以我尊重他们。我很听他们的。他们说该这样做，我说好，你就这样去做吧。试想一下，如果我很懂技术，我就很可能天天和他们吵架，

吵技术问题，那我就没有时间去思考发展问题。"

马云曾多次在不同场合提到"最好的团队是唐僧团队""唐僧是最好的CEO"。马云一直坚持认为："唐僧是一个好领导，他知道孙悟空要管紧，所以会念紧箍咒；猪八戒小毛病多，但不会犯大错，偶尔批评就可以；沙僧则需要经常鼓励一番。这样一个明星团队就形成了。"唐僧虽然能力不足，但是目标坚定、恒心满满。这也就要求领导人要有超凡的眼光、胸怀和实力。企业管理者要以员工为导向，使每个团队都有明确的目标，制订切实可行的执行计划。

马云靠自己独特的眼光、胸怀和知识，把阿里巴巴各种各样的人黏合在一起，形成一个坚不可摧的团队，并朝着一个相同的目标前进，进而造就了今日的阿里巴巴，马云也在阿里巴巴的成就中不断成长。

2. 打造唐僧西天取经的团队

在一个创业的团队中，如果能够打造出唐僧团队，无疑是创业的最大保障。马云说："像唐僧这样的领导，什么都不要跟他说，他就是要取经。这样的领导没有魅力，也没有什么能力。孙悟空武功高强，品德也不错，遗憾的是脾气暴躁，单位有这样的人。猪八戒有些狡猾，没有他生活少了很多情趣。沙和尚更多了，他不讲人生观、价值观等形而上学的东西，'这是我的工作'，半个小时干完了活就去睡觉，这样的人单位里面有很多很多。就是这样四个人，千辛万苦，取得了真经。这种团队是最好的团队，这样的企业才会成功。"一个团队若有这样的互补，就可以成为一个强大的企业。

那么如何才能打造唐僧团队？唐僧团队最大的特点就是互补性，这就需要企业管理者善于通过企业文化、价值观进行正确引导。在企业决策中，领导者要充分发挥其领导能力，要有敏锐的市场嗅觉，能够做出正确的战略规划，有长远目标和坚定信念，对员工要起激励作用。企业管理者要制定确切的目标，在企业决策决定中，认真听取员工的意见，要清楚员工的优缺点，量才而用，人尽其才，根据员工的切实情况进行团队的分工与合作，要能够优势互补、能力互补、个性互补。一个团队的成功，靠的不是个人英雄，而是团队合作的能力，而一个团队需要的是不同职能的优秀人才。

在高度信息化、商业化、科技化的今天，越来越多的企业开始重视团队的强大创造力。作为当代企业，要吸引优秀人才，组成有能力的、高效的企业，必须要有坚定的信念、坚强的领导核心、团结的工作作风、相互配合的企业合作、良好的工作氛围、奖惩得当的企业制度，具备了这些，才具备了企业成功的因素。从辩证法的角度来看唐僧团队，任何事物之间都是相互联系、相互影响的，所以在团队建设中，应该取长补短、优势互补，这样才能形成最优团队，促进企业的高效发展。

资料来源：张莉平. 2017. 马云：格局决定一切[M]. 北京：时事出版社.

阅读上述案例，回答以下问题：

（1）为什么说最好的团队是西天取经的团队？

（2）如何打造唐僧西天取经的团队？

本章参考文献

蒂蒙斯，斯皮内利. 2005. 创业学[M]. 周伟民，吕长春，译. 北京：人民邮电出版社.

高艺. 2018. 初探创业团队的组建原则[J]. 劳动保障世界，(18): 11.

黄昱方，秦明青. 2010. 创业团队异质性研究综述[J]. 科技管理研究，30(16): 142-145.
姜博仁. 2009. 创业成功的秘诀[M]. 北京：当代中国出版社.
李华晶，张玉利. 2006. 创业型领导：公司创业中高管团队的新角色[J]. 软科学，20(3): 137-140.
李时椿. 2015. 创业管理[M]. 3版. 北京：清华大学出版社.
李作战. 2008. 从创业团队的形成模式探究高绩效创业团队的特征因素[J]. 中国市场，(48): 48-49.
木志荣. 2018. 创业管理[M]. 北京：清华大学出版社.
彭华涛. 2007. 社会网络视角下的创业团队进化机理研究[J]. 武汉理工大学学报(信息与管理工程版)，29(8): 141-144.
宋克勤. 2004. 关于创业团队问题的思考[J]. 经济与管理研究，25(2): 54-56.
王飞绒，陈劲，池仁勇. 2006. 团队创业研究述评[J]. 外国经济与管理，28(7): 16-22.
武勇. 2006. 优秀的创业团队是创业成功的法宝[J]. 改革与战略，22(7): 100-101.
谢科范，吴倩，张诗雨. 2010. 基于七维度分析的创业团队岗位配置与角色补位[J]. 管理世界，(1): 181-182.
辛欣，张振华，刘文超. 2015. 创业团队及其胜任能力的动态性变化[J]. 商业研究，(12): 98-104.
许琼林. 2009. 就这样，挺过创业难关[M]. 北京：当代中国出版社.
余胜海. 2010. 组建优秀创业团队[J]. 企业管理，(12): 9-12.
张玉利，等. 2017. 创业管理[M]. 4版. 北京：机械工业出版社.
郑秀芝，龙丹. 2012. 创业团队形成与演进过程的理论分析[J]. 北京社会科学，(3): 26-32.
朱仁宏，曾楚宏，代吉林. 2012. 创业团队研究述评与展望[J]. 外国经济与管理，34(11): 11-18.
庄晋财，刘佳毅. 2018. 异质性视角下农民机会型创业的团队建设研究[J]. 新疆农垦经济，(2): 1-10.
Forbes D P, Borchert P S, Zellmer-Bruhn M E, et al. 2006. Entrepreneurial team formation: an exploration of new member addition[J]. Entrepreneurship Theory and Practice, 30(2): 225-248.
Harper D A. 2008. Towards a theory of entrepreneurial teams[J]. Journal of Business Venturing, 23(6): 613-626.
Kamm J B, Nurick A J. 1993. The stages of team venture formation: a decision - making model[J]. Entrepreneurship Theory and Practice, 17(2): 17-27.
Kamm J B, Shuman J C, Seeger J A, et al. 1990. Entrepreneurial teams in new venture creation: a research agenda[J]. Entrepreneurship Theory and Practice, 14(4): 7-17.
Kotter J P. 2001. What Leaders Really Do![J]. Harvard Business Review, 71(11): 3-11.
Vyakarnam S, Handelberg J. 2005. Four themes of the impact of management teams on organizational performance: implications for future research of entrepreneurial teams[J]. International Small Business Journal, 23(2): 236-256.

第五章

创业中的领导与激励

【学习目的】

通过本章的学习，了解创业中的领导与激励的基本理论，理解什么是创业中的领导、激励，尝试对照领导者特质清单，发现自己的领导特质。结合案例以及实际情况，思考领导理论和激励理论的应用。

【学习要求】

1. 了解领导的概念。
2. 从领导者角色和领导活动的角度认识领导。
3. 掌握特质理论和行为理论的内容。
4. 了解激励的概念。
5. 熟悉激励的原则、要素与作用。
6. 掌握激励理论的内容。

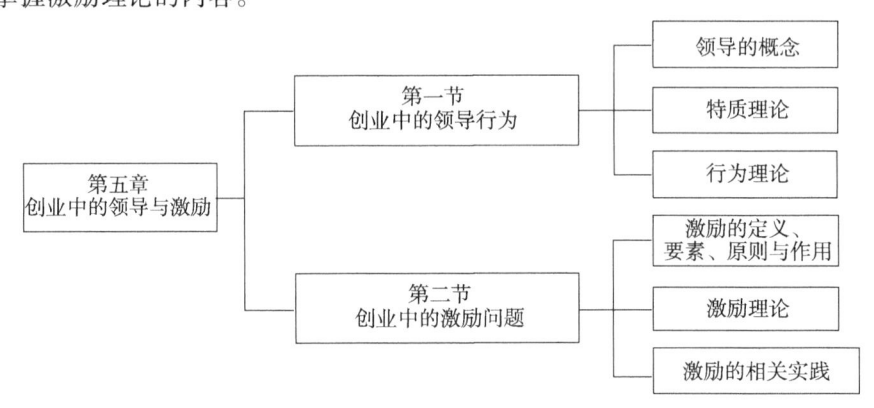

```
第五章                 第一节              领导的概念
创业中的领导与激励 ─┬─ 创业中的领导行为 ─┼─ 特质理论
                  │                    └─ 行为理论
                  │                    ┌─ 激励的定义、
                  │                    │  要素、原则与作用
                  └─ 第二节           ─┼─ 激励理论
                     创业中的激励问题  └─ 激励的相关实践
```

第一节　创业中的领导行为

一、领导的概念

（一）领导的实质

领导是社会劳动的一般要求。领导之所以必要，是由劳动的社会化决定的，它是共同劳

动得以顺利进行的必要条件。共同劳动的规模越大，劳动的社会化程度越高，领导也就越重要。领导在社会劳动过程中具有特殊的作用，只有通过领导才能把实现劳动过程所必需的各种要素组合起来，使各种要素发挥各自的作用。具体而言，领导是指通过对他人施加影响以实现某一特定目标的过程。因此领导者必须具备三个要素。①领导者必须有部下或追随者。②领导者拥有影响追随者的能力或力量，这既包括由组织赋予领导者的职位和权力，也包括领导者个人所具有的影响力。③领导行为具有明确的目的，可以通过影响部下来实现组织的目标。

领导的实质是组织成员的追随与服从。领导者通过对他人施加影响来达到组织目标的过程中，主要发挥了指挥、协调和激励三个方面的作用。首先，领导者带领下属实现组织目标的过程中要把握全局、认清形势，给下属清晰地指明活动目标以及达到目标的路径；其次，在内外部环境具有很大不确定性的情况下，领导者要善于协调组织内外部各项关系，为目标的达成扫清障碍；最后，领导者必须要能够激发员工的干劲和创造力，营造出团结、向上的和谐氛围。

（二）从领导者角色认识领导

领导者角色是领导者在社会生活中的特有行为形象，对其进行概括，是认识"领导"这一复杂社会现象的一个重要视角。在西方诸多学者对"领导"多种多样的解释中，对领导者角色研究的代表性成果主要有"两类角色"说，即控制型领导角色和授权型领导角色。

控制型领导角色包括如下。①控制者——他们强制推行硬性规定的工作方法。②司令员——他们具体告诉员工做些什么，并期望员工对他们百依百顺。③法官——他们评判员工的业绩，并施以奖罚。④统治者——他们将决策作为一种管理特权而只供自己享用。⑤看守——他们整天看护着自己的地盘，同时不忘"收藏"各种资源。

当前，领导者传统的职能正在逐渐减少，上述角色已经"功能失调"，领导者必须学会担当新的更为复杂的角色——授权型领导角色。其主要工作如下。①寻找途径。授权型领导者应该探寻新的、更佳的途径，以实现其使命。寻找途径需要思考、想象、询问、判断等思维性过程。向流行范式挑战，鼓励部下和外部利益相关者提出各种积极的建议，并以此寻找出更好的工作方法。②指明道路。授权型领导者要向工作团队指明前进的方向，并向团队成员说明完成总体目标所需要的各种价值观的具体内容。指明道路的最大特色就是鼓励员工和说服员工。经常向员工说明组织目标的意义，并善于鼓励员工去接受和实现这种目标，以身作则地向员工示范什么是当务之急，什么是所需的价值观。③鼓励员工。授权型领导者必须鼓励、表扬并真诚地关心员工。领导者的目的就是要使员工树立信心，而不是评判他们的不足之处，要始终对部下的自我能力表示信赖，并将部下的过失看作一种学习的机会，真诚地祝贺员工的成就，并提倡员工为提高管理质量而积极地出谋划策。④辅导员工。授权型领导者要向员工伸出援助之手，使部下能够自己做出决策，并管理自己职责范围内的工作。领导者除了向员工授让责任和决策权外，还必须帮助员工通过自我开发获得胜任各项工作的能力，最终使员工能够自己处理有关事宜。⑤清理道路。授权型领导者总是想方设法寻找和吸引团队外部的各种资源。领导者必须从外部将各种所需的信息带回团队，为工作团队提供各种资源，清除各种妨碍进步的障碍物，并与外界建立各种互助的关系，与其他工作部门和外部合作者建立同盟。

（三）从领导活动认识领导

领导活动伴随着人类社会的产生而产生，领导思想也是古已有之，但领导长期没有得到完善、规范的阐述。随着领导活动的产生和发展，反映人类领导活动经验和规律的领导思想也逐步产生和发展。领导活动是领导这一复杂的社会现象特有的功能性表现，对其进行集中概括，是认识领导这一复杂的社会现象的又一重要视角。西方对领导活动研究的代表性成果主要有"特有的职能活动"说，提出了领导的四项职能。

（1）指挥。马克思曾指出："一切规模较大的直接社会劳动或共同劳动，都或多或少地需要指挥，以协调个人的活动，并执行生产总体的运动——不同于这一总体的独立器官的运动——所产生的各种一般职能。一个单独的提琴手是自己指挥自己，一个乐队就需要一个乐队指挥。"可见，企业经营活动中，需要一名领导者，其拥有清晰的头脑，能够纵观全局、运筹帷幄，指挥、带领员工实现组织目标。

（2）协调。顾名思义就是照顾到各级员工的需求。领导职能的协调作用，就是领导者在了解员工需求的情况下，在不影响组织目标实现的前提下，尽量满足各方面需求，从而使下级能够心情舒畅、精神愉快，能够全身心投入工作中，实现组织目标。

（3）激励。对于企业来说，绩效是最为重要的。而好的绩效水平不仅仅取决于员工的个人能力，还与企业的激励机制有很大的关系。激励还可以挖掘人的潜能，实现自我价值，获得满足感。作为一个领导者，要基于企业的经营状况及其工作经验，根据员工的具体状况，以适当的激励机制激发员工的工作热情，调动其积极性，实现组织的目标。

（4）控制。该职能要求领导者纠偏组织行为、控制内外风险、收集信息反馈……具体表现为，领导者在拟订计划的同时，要建立一套控制机制，定期考察计划的落实情况，及时纠正错误行为。同时也要根据不断收集的信息，确保计划仍然有效，比如现在的环境是否和制订计划时一样，如果环境变了，计划本身是不是也需要改变等问题。

（四）创业中的领导者

创业领导者是和平时代的英雄。当我们提起苹果、微软、谷歌、Facebook、华为、联想、百度、阿里巴巴、腾讯等成功企业的时候，都不禁会想到其创始人的领导魅力，尤其是在企业转折的关键时刻，他们的决断与智慧常常使企业浴火重生。我们生活在一个"大众创业、万众创新"的时代。每个人都是梦想家，每个渴望创业的人都梦想成为创业领导者。事实上，伟大创业者的贡献远远超越了他们公司的市值、个人的身价和享有的荣耀。乔布斯领导的苹果公司开创了智能手机和移动互联网时代，引发了至少六个产业的革命或创造性毁灭。苹果公司的全球产业链或产业生态圈所涵盖的经济总量高达数万亿美元。由智能手机和移动互联网所开启的新产业、新产品和新服务几乎无穷无尽。任正非创立的华为公司从语音时代到数字时代，从数字交换机、光传输、IP路由器到IT终端，将通信领域几乎所有产品都做到业界领先，全球超过20亿人通过使用华为公司的技术设备实现数字化生存。马云创办的阿里巴巴已经形成一个庞大的经济生态系统,在这一生态系统里面交易运营的经济总量达到数万亿元人民币的规模。

伟大创业者的贡献可以持续数十年甚至上百年,不仅能重塑一个国家的经济和产业格局,而且可能重塑整个人类的经济和产业格局。仅有极少数人能够带领公司历经创业和发展的千辛万苦,到达持续、快速发展的阶段。也仅有极少数创业者能够成功应对企业发展过程中每一个转折点必然遇到的巨大挑战,能够忍受必然遭受的巨大痛苦,最终迎来成功的喜悦。创业者切忌到处撒网,应该找准一个撬动点,快速突破。在一个点上实现引领,创业者才会有立足之地,为创业成功赢得时间和空间。任何人都可以创业,但只有创业领导者才能成功。创业领导者必须采用不同类型的领导行为,使项目成功开始并顺利完成,使流程得到有效的控制,并逐渐形成让员工更热情、高效工作的企业文化。

领导学之父沃伦·本尼斯(Warren G. Bennis)说,领导力就像"美",很难定义它,但每个人一眼就能识别它。创业教育之父蒂蒙斯所著的经典教科书《创业创造》指出,创业是一种思考、推理结合运气的行为方式,它为运气带来的机会所驱动,需要在方法上全盘考虑并拥有和谐的领导能力。人类的幸福在于能够不断深入地认知世界,创业正是一次知行合一、实现价值的教育实践。仅有优秀的创意或想法并不能保证创业成功,创业成功取决于创业者的个人领导能力。创业领导者最宝贵的品质,在于能够认知自己并勇于改变自己,打破狭隘的界限,以全局的视野与全新的观念,综合地理解和掌握理论与规律,系统化、创造性地解决问题。创业领导者通过自我认知发现自己的特质和优势,建立适合自己的创业模式及团队,主动运用不同的技能,管理客户及创业团队的关系,协调与董事会的沟通机制,建立强大、高效的组织结构,灵活地处理创业过程中可预见的危机,自信、从容地带领企业迈向持续成功。

二、特质理论

(一)传统领导特质理论

领导特质理论作为最早盛行的领导理论,主要研究有效的领导者应该具有什么样的个人特征,它阐述的重点是领导者与非领导者之间在个人特征方面的差异,特别强调领导者本身的特质,这些特质使他们超越一般人并最终成为领导者。长期以来,许多管理学者一直把领导者的各种个人性格和特征作为描述和预测其领导成效的标准。这种研究试图区分领导者与一般人的不同特征,并以此来解释他们成为有效领导者的真正因素。传统领导特质理论认为,领导者的特性是天生的,天赋是一个人能否成为领导者的根本因素,生而不具有领导特性的人就不能当领导。根据这种理论,凯撒、拿破仑都是与生俱来的领导者,他们生下来就具有一系列促使他们成为伟大领袖的个人素质。还有人通过研究林肯、罗斯福等知名人物,提出领导者必须具备某些天赋的"伟人说"。

(二)现代领导特质理论

与传统领导特质理论研究不同的是,现代领导特质理论不仅关注品质,而且也考虑品质、行为和情景之间的复杂交互作用。现代领导特质理论认为,领导是一个动态的过程,领导者的性格特征是在实践中形成的，是可以训练和培养的。现代领导特质理论研究从19世纪末期开始，其创始人是阿尔波特（Albert），代表人物是斯托格蒂尔（Stogdill）、吉伯（Gilbert）和穆恩（Moon）等。他们以领导者的个性、生理或智力因素为观测点，希望制定出有效领导者的标准，以之作为选拔领导者的依据。一般从五个方面进行研究。①生理特质。如领导者的身高、体重、体格健壮程度、音容笑貌和仪态举止等。②个性特质。如自信、热情、外向、正直、负责、勇敢、魅力、独立性和内控性等。③智力特质。如领导者的记忆力、判断力、逻辑能力以及反应灵敏程度等。④工作特质。包括责任感、首创性和事业心等。⑤社会特质。包括沟通能力、指挥能力、协调能力、控制能力、人际关系等。

在众多的理论和假说中，比较有代表性的现代领导特质理论有以下几种。

法国著名经济学家亨利·法约尔（Henri Fayol）认为所有企业高级领导应具备的素质如下。①身体健康并且体力好。②有智慧并且精力充沛。③道德品质方面，有深思熟虑的、坚定的、顽强的决心；积极、有毅力，必要时很勇敢；勇于负责，有责任感并关心集体利益。④有丰富的一般文化知识。

斯托格蒂尔概括出了领导者的十项共同品质：才智、强烈的责任心和完成任务的内驱力、坚持追求目标的性格、大胆主动的独创精神、自信心、合作性、乐意承担决策和行动的后果、能忍受挫折、社交能力和影响别人的能力、处理事务的能力。接着，他将一个优秀领导者应该具备的素质拓展为十六个方面：有良心、可靠、勇敢、责任心强、有胆略、力求革新进步、直率、自律、有理想、良好的人际关系、风度优雅、胜任愉快、身体健壮、智力过人、有组织能力、有判断力等。

吉赛利则提出了有效领导者的七种品质特征和五种激励品质。品质特征包括才智首创精神、监察能力、自信心、与群众关系密切、决断能力、刚性和韧性、成熟程度等，激励品质是指对工作稳定的需求、对金钱奖励的需求、对指挥别人的权力的需求、对自我实现的需求、对事业成就的追求。

斯蒂芬·罗宾斯（Stephen P. Robbins）在总结他人理论的基础上给出了有领袖魅力的领导者与无领袖魅力的领导者的关键区别点。领袖魅力型领导者的特征如下。①自信，对自己的判断和能力有充分的信心。②远见，有理想的目标，认为未来定会比现状更美好。③清楚表达目标的能力，能够明确地陈述目标，以使其他人都能明白；能够清晰地表达目标，表明了对下属需要的了解，然后使之成为一种激励的力量。④对目标的坚定信念，具有强烈的奉献精神，愿意从事高冒险性的工作，承受高代价，为了实现目标能够自我牺牲。⑤不循规蹈矩的行为，领导者的行为往往具有新颖、反传统、反规范的特点，当获得成功时，这些行为令下属们惊讶而崇敬。⑥变革的代言人，是激进变革的代言人而不是传统观念的卫道士。⑦环境敏感性，能够对变革的环境约束和资源进行切实可行的评估。有关研究表明，有领袖魅力的领导者与下属的高绩效、高满意度之间有着显著的相关性。为有领袖魅力的领导者工作的员工，会因为受到激励而付出更多的工作努力，而且由于他们喜爱自己的领导，也表现出更高的满意度。

在西方学者对领导的成功特质进行研究的同时，也有一些学者开始转向对领导的失败特质研究，并取得了一定的成果。他们经过对企业领导的考察、研究，指出失败型领导基本上有四种特质。①缺乏看大局的宏观能力。②无法与同仁融洽相处。③惧怕改变。④不尊重或忽视部属。

(三)创业领导者特质清单

世界由创业者创造,这话一点都不夸张。今天的数字化生存或信息科技时代,总和那些伟大的创业者的名字分不开:史蒂夫·乔布斯、比尔·盖茨、拉里·佩奇、谢尔盖·布林、马克·扎克伯格、杰夫·贝佐斯、任正非、马云、马化腾等。当然,我们不会忘记为信息科技革命奠定基础的伟大的思想家和科学家,也不会忘记无数默默工作的技术工程师和市场开拓者,然而,伟大创业者的贡献为人们津津乐道,这不仅是因为他们拥有令人艳羡的巨大财富和令人目眩的荣耀光芒,而且因为他们身上所体现的理想主义和英雄主义情怀。

创业成功率低是一个世界级难题。创业成功率低的原因可以分为客观和主观两大方面。客观原因是从无到有的创业过程充满了未知、动荡、不确定性和各种风险,能够闯过重重关隘实现持续成长的企业从来只是少数;主观原因则是创业者的领导力迭代不够,也就是他的动机、认知和学习适应能力没有跟上企业的发展。要领导别人,必先领导自己。要领导自己,必须切实了解自己的特质、优势和劣势。人的特质是天生的,或者是后天形成的,每个人都同时具有许许多多不同的特质,有些特质让创业者更容易成为成功的领导者,有些则作用相反。只要愿意努力,创业者完全可以缓和某些不利于成功的特质,例如,害羞、冲动或者对他人的情感不敏感等。

星巴克 CEO 霍华德·舒尔茨(Howard Schultz)在他所著的《来自高层领导者的经验:寻找美国最佳商业领袖》一书中,提出了如下发现:"我认为在如今这个人们并未真正参与决策的时代,做领导者是非常困难的。如果公司的人才们觉得他们并不是战略制定中的一分子,你就没法吸引和留住他们。如果你不给人们真正参与的机会,他们是不会留下的。"

作为创业者,与员工相处的主要任务之一就是尽可能地吸引和持续激励员工。帕蒂·沃根(Patty Vogan)是 entrepreneur.com 网站的"领导力"专栏作家。下面是她所列举的影响创业领导者的关键技能的几种常见特质的清单。

特质一:有愿景。领导者要学会用言语来描绘愿景,叙述、书写、绘画、触摸,不限形式。就像人们常说的那样:"一幅图景可抵千字。"还要要求公司其他人员用自己的话去讲述公司的愿景。要经常重新评估这个愿景,让它能够跟上时代的变化,同时,还要让关键员工参与到这个愿景的勾勒中来。

特质二:有激情。激情是成为一名优秀领导者非常重要的一部分,没有激情根本不能成为优秀领导者。激情是有感染力的,当领导者谈论公司愿景的时候,他的激情会散发出光芒,别人会感觉到这种激情的光芒,从而为之感染。如果领导者对愿景没有激情,那他需要重新制定愿景或是重新对愿景进行描述,好让它能与激情联系起来。

特质三:成为杰出的决策制定者。这里有一个能用来使自己成为更好决策制定者的体系,叫作"Q-CAT":Q 是 quick,迅速,速度要快,但不能草率;C 是 committed,坚定,坚持自己的决策,但不要太刻板;A 是 analytical,分析,要善于分析,但不要过度分析;T 是 thoughtful,周详,考虑有关的事要周到仔细,但不要过了头。当领导者使用"Q-CAT"体系的时候,它会帮助其决定何时让别人参与流程、需要采取什么步骤,从而做出更好的决策。

特质四:成为团队建设者。要成为优秀的领导者,就得组织起一支优秀的团队。可以从向团队移交职责开始做起,让团队带着责任开始运作,不要紧跟在他们后面或是大包大揽,而是要在有问题或麻烦出现的时候再站出来干预。教会团队使用"Q-CAT"决策制定体系，给他们自由，让他们能做出自己的决策。当计划偏离，或是团队超出了最后期限时，则需要领导者挺身而出，鼓舞员工信心。做好改变计划或是制订新计划的准备，别忘了在危急时刻用幽默来让团队士气高涨。

特质五：有鲜明的性格。没有性格，所有其他的"关键特质"都是零，这是因为先天的性格强项和弱项在领导风格中起到了关键的作用。所有优秀的领导者都采取了措施来了解他们的个人性格品质以及这些性格品质在领导风格方面发挥的作用。那么，你的领导风格是什么样的？如果你不清楚，在市场上有许多领导风格评估方法，其中两种广泛长期使用的方法是迈尔斯-布里格斯（Myers-Briggs）评估方法和"360度反馈"（360-degree feedback）模式，还有许多其他方式可以选择，重要的是你"行动起来"，然后看看评估结果如何，对自己和自己的领导技能做一个"性格测试"是一个好方法。

一旦完成了评估，你要问自己的问题是：你认为自己的性格与评估所得出的结果相一致吗？

如果你觉得这些特质与你认为的不相一致，那么再研究得深入一些，对自己诚实一些。有时我们的第一反应是具有防御性的，你可能想用不同的答案来评估自己，然后比较不同的结果。在"360-degree feedback"模式里，你还有机会看到员工和同僚们是如何看待你的。在学习如何成为优秀领导者的过程中，第一步是要对关于自己作为一名领导者的反馈信息报以开放的态度，并把这种信息与自己本人分开看待。

你是优秀的领导者吗？或者你想要成为优秀的领导者吗？优秀的领导者是有着清晰的愿景、并能把这种愿景变成其他人能看到的生动画面的人，当你谈论愿景时，应当伴随着发自内心的激情，一种能创造出无限积极性的激情，让你的团队想要立刻加入进来；需要做出重要决策时，应当鼓励大家使用"Q-CAT"体系，对他的行为负责；要不断评估自己的性格，永远保持成长，不管是在个人方面或是在职业方面。

如果你能将这五项关键因素应用于领导力之中，就能成为一个被优秀人才包围的优秀领导。

三、行为理论

领导才能与追随领导者的意愿都是以领导行为方式为基础的。所以，许多人从研究领导者内在特征转移到研究外在行为上，希望了解有效领导者的行为和方式是否有什么独特之处，这就是领导行为理论。领导行为理论认为，领导者的个人品质并不是唯一决定领导行为是否有效的因素。领导行为可以观察和描述，其研究结果更加具有客观性和准确性。领导行为理论集中研究了两个方面的内容：一是领导者具备什么样的领导行为，二是什么样的领导风格才能提高领导绩效。

对领导者表现出来的个人行为和领导方式的探讨，许多学者从20世纪40年代起，提出了许多不同的理论模式。比较有代表性的有以下几种。

（一）三种领导方式理论

美国著名心理学家库尔特·勒温（Kurt Lewin）和他的同事发现，团体的领导者并不是以同样的方式表现他们的领导角色，领导者通常使用不同的领导风格，这些不同的领导风格对团体成员的工作绩效和工作满意度有着不同的影响。勒温等研究者力图科学地识别出最有效的领导行为，主要着眼于三种领导方式或领导风格，即专断型、放任型和民主型的领导风格。

（1）专断型领导也叫自觉型领导。领导者注重组织的结构、组织的规章制度以及组织内正式的沟通程序。这种类型的特征包括以下几点：决策权完全被掌握于领导者手中，被领导者完全处于消极受命的被动地位；被领导者在领导者下命令之前，对命令的内容以及执行命令应采取的技术和步骤，是无法预测的，对下达的命令是绝对地服从，没有讨论、辩解的余地；领导者和被领导者之间的交流少，领导者也很少参加本组织内的集体活动，与下属保持着相当的心理差距；领导者对被领导者的表扬和批评缺乏固定标准，随心所欲，具有可变性。这种领导类型的优点是：领导活动效率较高，办事迅速。其最大的缺点是：上、下级之间缺乏交流，被领导者的主动性和积极性很难发挥，他们通常是被动地服从命令和指挥，容易产生恐惧和挫折感；这样不利于充分发挥上、下级两方面的优势，不利于组织团队的成长。

（2）放任型领导又称自由放任型领导。这是一种回避权力和责任的领导方式，领导者让下属来建立自己的目标并解决问题，给予下属独立自主的权力，对他们采取放任自流的态度，既不增加约束，也不给予指导。群体成员是自我培训和自我激励的，领导者的作用是次要的。下属自己决定目标以及实现目标的方法，领导者的作用仅限于为下属提供信息，充当群体与外部环境的联系人。放任型领导与专断型领导恰恰相反，其典型特征是：领导者放弃一切领导权力，对下属采取自由放任的态度，集体的决策多由下属自行决定；领导者不参与、不干预集体的一切活动；领导者对下属的功过是非，不加任何赞扬和批评。

（3）民主型领导也称参与型领导。采用这种领导方式的领导者，既注重正式组织结构和规章制度的作用，又不完全大权独揽，注意让下属参与决策。这种类型的领导特点是：领导者鼓励下属参与集体讨论和制定有关政策，决策权由上、下级分享；在讨论问题或执行任务的过程中，领导者采取一切公开的姿态，与下属分享情报资料；下属工作由特定的有自主权的部门来检查和监督；领导者根据客观事实，对下属给予恰如其分的表扬与批评；领导者积极参加一切集体活动，与下属没有任何心理上的差距。

这三种领导方式中，专断型领导方式被认为是以事为重，是抓任务、抓工作型的；放任型领导方式被认为是以关心人为重，强调对人的体谅与关心；民主型领导方式对人与事两头兼顾、同时关心，是一种比较完善的领导方式。三种领导方式的比较见表5-1。

表 5-1 三种领导方式的比较

领导方式	团队方针	工作方式	团队分工	工作评价
专断型领导	一切由领导者决定	分段指示工作，员工无法了解团体活动的最终目标	由领导者决定，通知员工	领导者采用自己喜欢的方式评价员工的工作成果
放任型领导	个人决定，领导者不参与	领导仅提供工作资料，不作具体指示	领导者完全不干预	领导者对员工的工作成果不作评价
民主型领导	团队集体讨论决定，领导者给予激励和协助	员工了解所有工作程序与最终目标	团队协商，自主选择工作同伴	领导者根据客观事实评价员工的工作成果

（二）俄亥俄州州立大学的研究

美国俄亥俄州州立大学的弗莱希曼（E. A. Fleishman）和他的同事确立了领导行为研究

的两个最基本的考察维度：结构维度和关怀维度。结构维度指那些把重点直接放在完成组织绩效上的领导行为，它包括组织、工作关系和工作目标等行为。高结构维度的领导者向小组成员分派具体工作，要求员工保持一定的绩效标准，并强调工作的最后期限。关怀维度代表领导者信任和尊重下属的程度。高关怀维度的领导者表现出对下属的生活、健康、地位和满意度十分关心，并愿意帮助下属解决个人问题，友善并平易近人，公平对待每一个下属。

在这两个维度的基础上区分出了四种领导方式（图5-1）：高关怀、低结构；高关怀、高结构；低关怀、低结构；低关怀、高结构。该研究发现，结构维度和关怀维度都高的领导者往往比其他三种类型的领导者更能使下属取得高工作绩效和高满意度。此外，研究还发现，领导者的直接主管对其进行绩效评估的等级与高关怀维度呈负相关。

图 5-1　俄亥俄州州立大学的研究

（三）管理方格理论

20世纪60年代中期，美国得克萨斯大学的管理学家罗伯特·布莱克（Robert R. Blake）和简·默顿（Jane S. Mouton）设计了管理方格图，从"对人的关心"和"对生产的关心"这两个维度出发对领导者的绩效进行评估，见图5-2。横坐标表示领导者对生产的关心程度，纵坐标表示领导者对人的关心程度，各分成9等，从而生成了81种不同的领导类型。在评价领导者时，可根据其对生产和员工的关心程度在图上寻找交叉点，即他的领导行为类型。

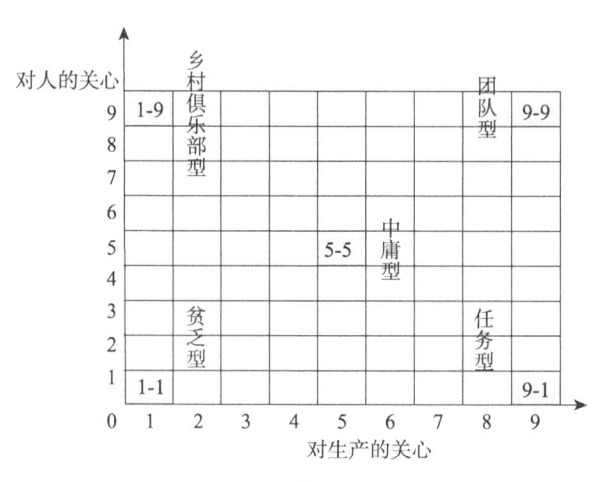

图 5-2　管理方格

布莱克和默顿主要阐述了最具有代表性的五种类型。①贫乏型领导（1-1式）：领导者对工作绩效和人员的关心都很少，付出最小的努力来完成工作。②乡村俱乐部型领导（1-9式）：只注重支持和关怀下属的发展和士气，而不关心任务和效率。③任务型领导（9-1式）：

只注重任务效果而不重视下属的发展和士气。④中庸型领导（5-5 式）：维持足够的任务效率和令人满意的士气。⑤团队型领导（9-9 式）：通过协调和综合工作相关的活动而提高任务效率与工作士气。

大多数研究者认为团队型（9-9 式）领导模式是最理想、最有效的风格，其次是 9-1 式，再次是 5-5 式、1-9 式，1-1 式最差。团队型模式将"对生产的关心"和"对人的关心"两方面结合起来，使组织的目标和个人的需要相结合，从而形成患难与共的命运共同体的关系。领导者应该客观分析各种情况，把自己的领导方式改造为团队型管理，以求得极高的效率。管理方格理论并未对如何培养管理者提供答案，只是为领导风格的概念化提供了框架，并且也没有实质性的证据支持在所有情境下，9-9 式风格都是最有效的。

（四）权变理论

权变理论首先由美国伊利诺伊大学的费德勒（F. E. Fiedler）在 1951 年提出，这一理论的基础是认为若欲完成高度的工作成果，领导者对其所领导的群体，应随领导者本身的需要结构，以及在特定情境下的控制及影响程度而权变。费德勒认为，在有利情境下（领导对情境控制的程度高），领导者拥有较多职权，获得更多非正式支持，同时工作结构较低，对群体有良好的指导，成员被指示做哪些工作，此时，以工作为导向的领导较之体谅型的领导行为更有效；在不利的情况下（领导对情境控制的程度低），群体因缺乏领导者积极地介入控制，显得较疏离涣散，以工作为导向的领导较之体谅型及员工导向型的领导行为更为有效；在中度有利（或中度不利，领导对情境控制的程度处于中间水平）的情境下，体谅型或员工导向型的领导行为较为有效，如果成员认为有建议、贡献意见的自由，则领导者应提供无威胁及自由的环境。

第二节 创业中的激励问题

一、激励的定义、要素、原则与作用

（一）什么是激励

在多数学者看来，经济生活中各种利益群体的行为动机是追求自身经济利益的最大化。古语云："军无财，士不来；军无赏，士不往。"中国汉朝史学家司马迁在《史记》中提出"天下熙熙，皆为利来；天下攘攘，皆为利往"的著名论断。在我国，"激励"一词最早出现在《资治通鉴》中，比如，"贼众精悍，操兵寡弱，操抚循激励，明设赏罚，承间设奇，昼夜会战，战辄禽获，贼遂退走"，又如，"将士皆激励请奋"。可见，激励是指激发、鼓动、鼓励之意。

激励，含有激发动机、鼓励行为、形成动力的意义。激励这个概念用于管理，是指激发员工的工作动机，也就是用各种有效的方法去调动员工的积极性和创造性，使员工努力去完成组织的任务，实现组织的目标。人的动机多起源于人的需求欲望，没有得到满足的需求是激发动机的起点，也是引起行为的关键。人的需求是多种多样、无穷无尽的，所以激励的过程也是循环往复、持续不断的，当人的一种需求得到满足之后，新的需求将会反馈到下一个

激励循环过程中去。激励问题在经济学、管理学中都有着十分重要的地位,激励构成了现代企业理论中的核心内容之一,如何建立有效的激励机制,充分调动员工团队的工作积极性和创造性,也成为创业阶段的管理者们经常思考的一个问题。

(二)激励的要素

激励就是要把内驱动、需要、目标三个相互影响和相互依存的要素衔接起来,构成动机激发的整个过程,从而最终影响人们的行为。主要包括五个要素:一是激励主体,指施加激励的组织或个人;二是激励客体,指激励的对象;三是激励目标,指激励主体期望激励客体的行为所实现的成果;四是激励因素,又称激励手段或激励诱导物,可以是物质的,也可以是精神的;五是激励环境,指激励过程所处的环境因素,影响激励的效果与具体实施、选择。综上所述,激励的实质就是通过设计一定的机制,对组织成员的需要和动机施加影响,从而强化或改变人的行为,使个人与组织目标最大限度地统一起来。激励本质上是一个主、客体的交互过程,即在一定的时空环境下,激励主体采用一定的激励手段激发激励客体的动机,使激励客体朝着一个目标前进。同时,激励客体也会主动采取一些手段来诱导激励主体的行为,使激励主体表现出激励客体想要的行为。

从以上定义,我们认为激励主要涉及以下几个基本问题。

一是激励主体与激励客体的互动关系。激励行为是激励主体与激励客体的一个互动过程。激励主体为了调动激励客体的劳动积极性,会表现出一定的行为,这种行为构成了对激励客体的刺激,激励客体经过内部的认知加工,从而做出一定的行为反应。

二是激励客体的行为动力。了解激励客体的行为动力源是激励成功的关键。心理学家倾向于将激励的动力源归结于本能、需要、自我身份的认同等;经济学家倾向于将激励的动力源归结于个体的自利性;社会学家认为应该从个体与社会的关系来认知激励的动力源;伦理学家则从个体的道德感来强调利他的可能。不同的学科从不同的角度来认知个体的行为动力问题。不管分析的视角如何,任何激励主体在进行激励行为之前,都必须对激励客体的行为动力有所假定。

三是激励行为的动态权变。激励是发生在一定的时空条件之下的,换言之,环境因素必然影响到激励的效果,这也就意味着同样的激励手段在不同的背景之下具有不同的功效。另外,对于激励客体而言,他在不同的时空条件下也会有着不同的行为动力。如果我们将激励客体的各种行为动力表现为一张剖面图的话,那么这张剖面图无疑会随个体的生活经验、职业履历、人格发展等而有所变化。因此,我们必须从一种动态的视角来看待激励行为。

四是激励行为的目标导向。任何行为都是由目标引发的,如果激励主体无法诱导激励客体设定恰当的行为目标,则激励的效果将难以想象。有效目标的一个重要特征是,激励主体和激励客体都认同这个目标。

(三)激励的原则

目标结合原则。在激励机制中,设置目标是一个关键环节,目标设置必须同时体现组织目标和员工需要的要求。

物质激励和精神激励相结合的原则。物质激励是基础，精神激励是根本，应在两者结合的基础上，逐步过渡到以精神激励为主。

引导性原则。激励措施只有转化为被激励者的自觉意愿，才能取得激励效果，因此，引导性原则是激励过程的内在要求。

合理性原则。包括两层含义：其一，激励的措施要适度，要根据所实现目标本身的价值大小确定适当的激励程度；其二，奖惩要公平。

明确性原则。包括三层含义：第一，明确，即激励的目标和实现目标的方式必须明确；第二，公开，特别是遇到奖金分配等员工关注的焦点问题时尤为重要；第三，直观，实施物质和精神奖励时需要直观地表达它们的指标，总结授予奖励和惩罚的方式。

时效性原则。要把握激励的时机，"锦上添花"和"雪中送炭"的效果是不一样的，激励越及时，越有利于将人们的激情推向高潮，使其创造力连续有效地发挥出来。

正强化与负强化相结合的原则。正强化就是对符合组织目标的行为进行奖励，以使这些行为进一步加强，从而有利于组织目标的实现；负强化就是对员工违背组织目的的行为进行惩罚，以使这些行为削弱甚至消失。正、负强化都是必要而有效的，不仅作用于当事人，而且会间接地影响周围其他人。

按需激励原则。激励的起点是满足员工的需要，但员工的需要因人而异、因时而异，并且只有满足最迫切需要的措施，其效价才最高，其激励强度才最大。因此，领导者必须深入地进行调查研究，不断了解员工需要层次和需要结构的变化趋势，有针对性地采取激励措施。

（四）激励的作用

亚当·斯密（Adam Smith）在《国富论》中论述："在钱财的处理上，股份公司的董事为他人尽力，而私人合伙公司的伙员，则纯为自己打算，所以，要想股份公司的董事们监视钱财用途，像私人合伙公司伙员那样用意周到，那是很难做到的。"德国古典哲学的创始人伊曼努尔·康德（Immanuel Kant）提出，"人是目的，不是工具"。企业最重要的资产是人，资产负债表上的其他资产都是静态资产，只有合适的"人"才是有温度的、可增值的资产，创业者能否以开放的心态，吸引一流的人才资源，并激发团队中每个人的潜能，让他们在创业的平台上实现自身的梦想和价值，是创业成败的关键。

企业在发展中会面临各种各样的难题，创业者只有打造出一个时钟一样的创新体系和决策体系，才能减少内外部环境变化对企业的影响，让每个成员在时钟样的体制下自运转，从而使整个企业能像一座精密的钟表一样永续运转。作为创业领导者，不能过度相信和依恋过去成功的逻辑，也不要沾沾自喜于已获得的成果，因为，没有成功的企业，只有时代的企业。成功的创业者不是报时人，而是制表人。创业领导者要做时代的制表人，驱动企业走向卓越，在不断创新中建立长青基业。

苹果前CEO乔布斯虽然已经离我们远去，但他的"活着就是为了改变世界"的理念仍然激励着世界上每一个心怀梦想的创业者。创业的前提是有梦想，强大的动机是创业的力量源泉。创业者需要学会放弃自我，团结伙伴，带领团队共享同一个梦想，这样创业才会成功。激励是领导者调动员工工作热情的积极性的工作，是领导活动的重要内容，企业需要建立一种长期稳定的根本性激励机制。

对一个组织来说，有效的激励可以起到以下作用。

（1）吸引优秀人才。那些竞争力强、实力雄厚的企业，通过各种优惠政策、丰厚的福利待遇、快捷的晋升途径来吸引企业所需要的人才。

（2）开发员工潜能。研究发现，充分的激励可以将员工能力的发挥从30%左右提高到80%~90%，两种情况之间近60%的差距就是有效激励的结果。激励可以促进员工充分发挥其才能和智慧，如果把激励制度对员工创造性、革新精神和主动提高自身素质的意愿的影响也考虑进去，激励对工作绩效的影响就更大了。

（3）留住优秀人才。每一个组织都需要三个方面的绩效：直接的成果、价值的实现和未来的人力发展，缺少任何方面的绩效，组织注定无法成功。因此，所有管理者都必须在这三个方面有所贡献。在三方面的贡献中，对"未来的人力发展"的贡献就是来自激励工作。

（4）营造良性竞争环境。激励制度含有一种竞争精神，它的运行能够创造出一种良性的竞争环境，进而形成良性的竞争机制，在具有竞争性的环境中，组织成员会受到环境的压力，这种压力将转变为员工努力工作的动力，正如麦格雷戈（McGregor）所说："个人与个人之间的竞争，才是激励的主要来源之一。"

激励也是一柄双刃剑，既可以是很好的工具，也可能伤及自身。企业需要激励，但不能过度，不要导致人员的过分流动，导致短期行为和机会主义行为泛滥，使企业失去发展的后劲。

二、激励理论

激励是指激发人的某种动机，并鼓励其在这种动机诱导下的行为，进而朝着所期望目标努力的过程，激励是满足需要的过程。激励理论主要研究动机激发的因素、机制与途径等问题，是关于调动员工积极性的指导思想、原理、方法等的概括和总结。许多学者对激励问题进行了研究，提出了一些成熟的理论，按照研究重点的不同，通常可以分为内容型激励理论、过程型激励理论和综合型激励理论。

（一）内容型激励理论

内容型激励理论试图从人的需要出发，探索人的行为是由什么因素引发并产生激励效果的，即哪些需要可以激励人。内容型激励理论是着重研究人们需要的内容、结构特征及其动力作用的理论，主要包括马斯洛的需要层次理论、克雷顿·奥尔德弗（Clayton Alderfer）的ERG理论、戴维·麦克利兰（David McClelland）的成就激励理论、弗雷德里克·赫茨伯格（Frederick Herzberg）的双因素理论。

马斯洛认为，人的价值体系中存在着不同层次的需要，构成一个需要系统，其中最低层次的需要是生理的需要，它是一种随生物进化而逐渐变弱的本能或冲动；最高层次的需要是高级的需要，它是随生物进化而逐渐显现的潜能。马斯洛把人类多种多样的需要，按照它们上下间的依存程度，概括为五个层次，构成人类的需要体系，分别为生理的需要、安全的需要、社交的需要、尊重的需要、自我实现的需要。

奥尔德弗的ERG理论包含生存需要、关系需要、成长需要三个概念。生存需要（existence，简称 E），即人们要求基本的物质存在条件，它包括衣、食、住、行等方面的维持人类生存的物质需要；关系需要（relation，简称 R），即与人交往及维持人与人之间和谐关系的需要，它包括社交与社会尊重的需要；成长需要（growth，简称 G），即人们要求在事业上、前途方面得到发展的内在愿望，它包括自尊需要和成就需要。

麦克利兰的成就激励理论又被称为三种需要理论，这一理论的核心要义在于指出社会个体的生存需要主要包括三类：成就、权力和社会交往。一些社会个体在执行工作的过程中会表现出强劲的内驱力和积极性，力求将事情做到最完美，这种内驱动力就是追求卓越。权力则是影响和控制人的行为的重要因素，人的积极性和主动性会随着权力的增大而逐渐增强。社会交往是激发人的行为动机的另一个重要因素，人总是渴望能与其他社会群体平等交流、和谐交往、建立亲密的交际关系。因此，领导干部只有尽力满足下属的三种需要，才能激发下属的工作动力。

赫茨伯格的双因素理论把影响人工作动机的因素分为保健因素和激励因素两大类。赫茨伯格从一个 1844 人次的调查中发现，有一类因素如公司的政策行政管理与监督系统、人际关系、工作条件、薪金水平、个人生活、地位与安全等方面改善了，只能消除职工的不满，使其安心工作，但还不能使职工变得非常满意，也不能激发职工的积极性，促进其劳动生产率的提高。相反，如果这些因素得不到改善，则会引起职工强烈不满而挫伤其积极性，这些因素如讲卫生一样，只能防病，不能治病。所以，他把这类因素称为保健因素。赫茨伯格又从一个 1753 人次的调查中发现，使职工非常满意的因素是：工作表现机会和工作带来的乐趣、工作富有成就感、良好工作成绩得到奖励或认可、工作本身具有较大的挑战性、负有较大的责任、在职位上得到晋升、发展成长等，这些方面的改善，能够激发职工的积极性，从而提高劳动生产率。所以，他把这类因素称为激励因素，因此，想要激发下属的工作积极性，既要尽量利用激励因素，同时也要预防保健因素失控。

（二）过程型激励理论

过程型激励理论主要研究了从人的动机产生到行为反应的过程中，有哪些重要因素起到了关键作用。过程型激励理论体系较之于内容型激励理论体系，从系统性和动态性的角度来说是一种巨大的进步，但从根本上来说仍以人的心理特征和以此为基础的行为特征为出发点。过程型激励理论是以人的心理过程和行为过程相互作用的动态系统为研究对象的激励理论，主要包括维克托·弗鲁姆（Victor H. Vroom）的期望理论、亚当斯（J. S. Adams）的公平理论、伯尔赫斯·弗雷德里克·斯金纳（Burrhus Frederic Skinner）的强化理论。

弗鲁姆的期望理论的主要内容可以用四种假设、三个变量和一个模型来概括。四种假设分别是：个人和环境的合力决定个人的行为，人们会在综合考虑各方面因素的基础上决定自己在组织中的行为，不同的人有着不同类型的需求和目标，人们根据行为所可能带来的预期结果的概率决定自己的具体行为。在此基础上，期望理论还指出了三个关键性变量：期望值、效价、关联性，从而提出了一个基本模型。这一模型反映了激励是如何影响个体努力的。

期望理论用公式表示即：激励力 = 期望值 × 效价。

期望理论用过程模式表示即："个人努力 ——→ 个人成绩（绩效）——→ 组织奖励（报

酬）──→个人需要。"

该模型的逻辑关系是：只有个体相信自己的努力会导致出色的绩效，即期望值较高，他才会付出较大的努力；与此同时，只有个体认为绩效导致其所想要的后果的可能性越大，即关联性越大，他向这种绩效努力的可能性才越大；当然，这里个体所想要得到的后果是积极的，包括工资增加、职位晋升、工作有保障以及被群体认可等，也就是我们所说的积极效价。显然，期望理论这一基本模型启示我们：要激励人们努力工作，就要提高人们的期望值以及绩效与后果之间的关联性，并保证积极效价的强化和提高。

亚当斯的公平理论认为，对自己报酬的知觉和比较所引起的认知失调，导致当事人心理失衡，即不公平感和心理紧张。为减轻或消除这种心理紧张，当事人会采取某种行动，以恢复心理平衡。如果对报酬感到公平，当事人就会获得满足感，从而激励当事人的行为。员工的投入包括教育、技能、工作经验、努力程度和花费的时间，报酬包括薪酬、福利、成就感、认同感、工作的挑战性、职业前程等外在和内在的补偿。当事人用来比较的对象主要有自己和他人两种，当事人将自己目前的报酬/投入与过去的报酬/投入相比较，称为自我比较；当事人将目前自己的报酬/投入与他人的报酬/投入相比较，称为社会比较。公平理论对于领导者的启示是：应该在组织中做到合理分配、公平对待，以求得组织中每一位员工输入-输出关系的平等待遇，从而调动每一位员工的工作积极性，实现组织的目标。建立合理的绩效评价体系，制定衡量贡献的尺度和标准；坚持公开、公正的原则，使分配的程序公平；公布考核标准和分配方案，使多得的员工理直气壮，少拿的人也口服心服。研究表明，通过增加程序公平感，员工即使对工资、晋升和其他个人报酬不满意，也可能以积极的态度看待上司和组织。

斯金纳的强化理论研究了个体的行为后果如何反作用于动机，并利用该反作用达到激励的目的。个体被动机刺激后，会产生某种行为，而该行为的后果反过来会影响动机，如果这种行为有好的后果，个体就会倾向于重复这种行为；如果该行为的后果是不好的，个体以后则会尽量不重复该行为。因此，强化分为正强化和负强化，正强化包括奖赏、夸赞、晋升等；负强化包括批评、处分、罚款、降级等。

（三）综合型激励理论

综合型激励理论将内容激励、过程激励、外在激励、内在激励综合考虑。主要包括罗伯特·豪斯（Robert J. House）的综合激励理论、波特（L. W. Porter）和劳勒（E. E. Lawler）的综合激励模型、罗宾斯的综合激励模式。

罗伯特·豪斯的综合激励理论，主要是将上述几类激励理论综合起来，把内外激励因素都考虑进去。内在的激励因素包括任务本身所提供的报酬效价、对任务能否完成的期望值以及完成任务的效价。外在的激励因素是指完成任务所带来的外在报酬的效价，如加薪、提级的可能性。

美国学者波特和劳勒在期望理论、公平理论和强化理论的基础上，形成了综合激励模型，见图 5-3。波特和劳勒将激励分为内激励和外激励两种。内激励的内容包括劳动报酬、工作条件、企业政策等；外激励包括社会、心理特征的因素，如认可、人际关系等。波特和劳勒将激励过程看成外部刺激、个体内部条件、行为表现和行为结果相互作用的统一过程，这一模型也说明了个人工作定式与行为结果之间的相互联系。它告诉我们，不要以为设置了激励目标、采取了激励手段，就一定能获得所需的行动和努力，并使员工满意；要形成激励 —→ 努力 —→ 绩效 —→ 奖励 —→ 满足并从满足回馈努力这样的良性循环，取决于奖励内容、奖惩制度、组织分工、目标导向行动的设置、管理水平、考核的公正性、领导作风及个人心理期望等多种综合性因素。

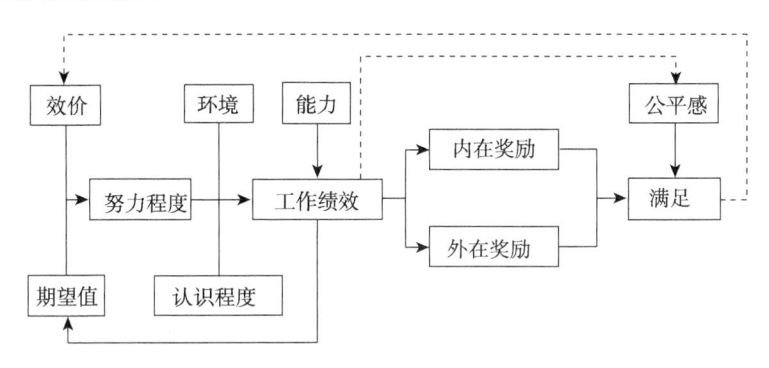

图 5-3　波特和劳勒的综合激励模型

另一位美国管理学家罗宾斯提出了一个更全面的综合激励模式，见图 5-4。该模式是以期望理论的模式为主线条的，期望理论认为如果个体感到个人努力与个人绩效之间、个人绩效与组织奖赏之间、组织奖赏与个人目标之间存在密切联系，那么，他就会付出高度的努力；反过来，每种联系又受到一种因素的影响。对于个人努力与个人绩效之间的关系而言，个人还必须具备必要的能力，对个体进行评估的目标绩效评估系统也必须公正、客观；对于个人绩效与组织奖赏之间的关系来说，如果个人感知到自己因绩效因素而非其他因素受到奖励时，这种关系最为密切。期望理论的最后一种联系是组织奖赏与个人目标之间的关系，在这方面，需要理论起重要作用，当个人由于其绩效而获得的奖赏满足了与其目标一致的主导需要时，他的工作积极性会非常高，这个模式也包含成就需要理论、强化理论和公平理论。高成就需要者不会因为组织对他的绩效评估以及组织奖赏而受到激励，对他们来说，个人努力与个人目标之间是一种直接关系。实际上，对高成就需要者而言，只要他们所从事的工作能使他们产生个体责任感、有信息反馈并提供中等程度的风险，他们就会产生内部的驱动力，这些人并不关心"个人努力–个人绩效"、"个人绩效–组织奖赏"以及"组织奖赏–个人目标"之间的关系。

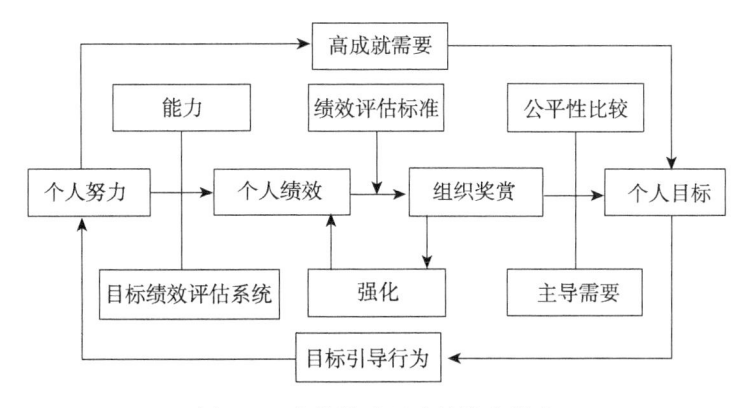

图 5-4　当代激励理论的综合模式

三、激励的相关实践

激励理论认为创业人员是风险规避和具有自利倾向的,管理者和创业人员经常处于目标不一致和信息不对称状态,管理者建立适当的激励模式有利于协调创业人员的行为,保证创新和创业目标的实现。

(一)物质、精神与情感多重激励模式

物质激励即企业通过物质刺激的手段,鼓励员工工作,它主要用来满足员工的物质需要,是一种外在的激励形式,它的主要表现形式有正激励,如发放工资、资金、津贴、福利等;负激励,如罚款、扣工资等。为了避免物质激励的弊端,应针对不同的群体制定与其相应的薪酬管理办法及其他辅助奖励措施,管理人员的奖金发放要与企业的经营效益及其本人的日常工作岗位考核相结合。

精神激励指通过对员工精神上的嘉奖和鼓励,满足员工心理上的需求。比如,人们需要安全感,感觉自己受人爱护和被人理解;要有承认感,需要受到重视,让别人感觉到他的重要性以及对他的优良的工作绩效能给予信任;想得到别人的尊敬,有尊严等。每个人实际上除了最基本的生存安全目标外,还有权力目标或成就目标等,管理者要将每个人内心深处的这种或隐或现的目标挖掘出来,并协助他们制定详细的实施步骤,在随后的工作中引导和帮助他们努力实现目标,当每个人的目标强烈和迫切地需要实现时,他们就对企业的发展产生热切的关注,对工作产生强大的责任感,平时不用别人监督就能自觉地把工作搞好,这种目标激励会产生较好的效果。

情感激励就是管理者加强与职工的感情沟通,尊重职工,使职工始终保持良好的情绪以激发职工的工作热情。人们都知道,在心境良好的状态下工作,往往思路开阔、思维敏捷、解决问题迅速,因此,情绪具有一种动机激发功能,创造良好的工作环境,加强管理者与员工之间以及员工之间的沟通与协调,是情感激励的有效方式。

总之,激励要通过物质激励去调动员工工作积极性,提高企业绩效;通过精神激励满足人们实现自我价值的需要;通过情感激励挖掘人的潜力,提高人力资源质量。

(二)基于行为的激励模式和基于结果的激励模式

在创业人员从事的一些工作中,管理者只能观察到创业人员工作的完成情况,而不能观察到他们是否努力工作,在这种情况下,他们的报酬和收益只能在考虑外部环境影响的情况下,根据工作完成情况来确定。而基于行为的激励是根据创业人员的行为表现来确定报酬和收益的高低,从管理者的角度看,基于行为的激励可能会造成创业人员的机会主义行为,即偷懒现象;而基于结果的激励则可以将风险转移到创业人员的身上,将创业的成败与创业人员的工作好坏紧紧联系起来,因此,基于结果的激励模式要比基于行为的激励模式对创业人员的影响程度更大。

在现代企业中,所有者与CEO、CEO和中层管理人员、管理人员和工人都可以视为一种委托代理关系,在这种委托代理关系中,委托人缺乏私人信息,而代理人掌握私人信息。CEO、管理人员、工人的努力程度是不可观察的,只有他们自己知道,在这种情况下,如果

代理人的报酬直接和他们的努力程度挂钩，那么这样的一种激励机制是缺乏可行性的。因为努力程度难以观察，代理人就有偷懒的动机，并且一旦合同双方发生争议，即便司法机构也无法确定，这样，有效的合同就只能建立在可观察的、可验证的变量比如利润、市场占有率、销售额等之上。需要特别注意的是，这些可观察、可验证的变量必须与不可观察的努力程度（投入）有密切的关系，只有如此，代理人才可能通过控制自己的投入来影响这些可观察的变量，如果没有任何关系，那么代理人也就缺乏动机去增加自己的投入，以影响这些可观察、可验证的变量。可见，当将报酬与可观察的产出挂钩时，这样的一种激励机制也就实现了让代理人去进行自我选择，即自动去选择自己的投入量，从而大大降低了监督成本。

案例

村办企业员工管理困境

——威海西铺头村休闲农业生态园有限公司管理实践

1999年，于海峰作为新一届党支部书记上任后，秉承"农村富不富，关键看支部"的信念，带领全村干部群众投入到西铺头村的建设中，先后引入内外资项目12个，每年为村集体新增100多万元的租金收入，该收入成为村集体收入的"第一桶金"。2016年，为解决本村村民的就业问题并实现村民就业正规化，由西铺头村村委会和威海市宏榕房地产开发有限公司投资的威海西铺头村休闲农业生态园有限公司（简称西铺头生态园公司）正式成立，公司设立多个部门，向村民开放工作岗位。村民以土地入股的方式从土地中解放出来，可以自主选择外出务工或者到园区内打工来增加收入来源，由公司对土地进行成片经营及规模化生产。高效农业发展为西铺头村实现乡村振兴打下了良好的基础，现在，西铺头村已经成为远近羡慕的"强村""富村"。然而，繁荣背后的员工管理问题逐渐显现出来。

西铺头生态园公司成立时间不长，和很多民营企业一样，公司并没有在制度化上进行过多投入，而是将注意力更多地放在了业务发展上，因此，公司内部暂时没有成型的管理制度或员工守则，难以实现规范化管理。在企业整体制度欠缺的条件下，现存的员工行为规范执行情况也不甚乐观。西铺头生态园公司外聘的管理人员大多为高学历人才，能够接受公司打卡等基本的行为规范，外来务工人员也能够按时上下班，在规定的时间内完成任务。但是，本村大部分村民心理上仍然认为自己是在"家门口"劳动，自己的身份与外来人员不同，理应享受特殊待遇，常常以不会使用打卡软件等理由拒绝公司的考勤。由于缺乏对自身责任的认识，有些村民在工作时间回到自家地里忙农活，村民们随意脱离工作岗位的现象时有发生。

在认识到制度体系的建立对当前村办企业发展的重要性之后，于海峰着手进行公司的制度建设。于海峰与村民签订劳动合同时专门将劳动法律法规转换成大白话进行讲解，让他们认识到在公司的日常工作中，自己的身份是员工而非村民，员工应服从公司的管理。在村民入职时组织员工学习企业制度，通过签字确认的方式进行书面记录，向员工阐明若违反了规定，就按照书面记载的条文来处罚。这样管理者在执行时就有理有据，对别的员工也更有说服力，制度才不会变成纸上谈兵。

此外，于海峰考虑到西铺头生态园公司作为一家农业、加工业与服务业等多产业融合的企业，公司内部不同部门对员工的基本素质要求是不同的，因此可以采取"自己人管自己人"

的方法，减少本村村民与外来务工人员以及外聘管理人员的工作交集。一方面，于海峰明确地划分了不同员工的日常工作界线，外来务工人员交由外聘管理人员管理，对于主要负责农业方面工作的本村村民，从这一群体中投票选举出负责人对他们日后的工作进行统一管理。另一方面，在涉及本村村民与外聘管理人员工作对接时，由负责人进行对接，这样只需要保证本村村民的负责人与外聘管理人员能够和谐共处即可。以上的方法可以有效避免公司中本村村民与外来人员的频繁接触，缓和职工冲突。

当然，对员工的激励不能只给"大棒"不给"胡萝卜"，为了让村民们充分体会到村集体惠民、利民的发展目标，西铺头村利用集体收入先后硬化街道15 000平方米，并全部安装路灯，为全村居民免费安装自来水和暖气。西铺头村的丛树兰老人感叹地说："做梦也没想到，80多岁了，还能住上敞亮的楼房，多亏了村党支部！"旧村改造搬家时，物业出人、出车帮忙料理，并为村民统一配备电视机。新建小区的配套设施完善，生活便利，配有大型超市、便利店、餐饮中心、医疗中心等，为居民提供了健全的社区服务体系。

西铺头村鼓励村民们以土地入股、资金入股、劳动入股等方式从土地中解放出来。2015年，西铺头村村民将土地以每亩11 000元的价格流转到村集体手中，交由村集体统一经营，所得收益归村民和村集体共有，村民人均年收益3000元。同时，公司通过务工就业方式向村民提供的生态园经营岗位、荣昌小区物业管理岗位使村民人均每年可增加收入近4万元。于海峰说："把土地交由村集体统一管理，村民们就可以自由选择外出务工或者到咱们自己的公司里工作，大家都有了更多的选择。"公司为村民提供的岗位和就业指导也能让员工掌握更多的工作技能。

回首西铺头村从负债累累到风风光光，于海峰感到无比欣慰。自2016年西铺头生态园公司成立以来，通过对现代管理制度理论的学习和个人乡村工作经验的积累，于海峰深刻体会到了村办企业与其他现代企业在管理上的差异。村办企业想要发展，就必须建立标准化的制度和能干实事、能打硬仗的领导班子，正确处理村集体和企业的关系，培养符合村办企业发展要求的员工。

结合本案例请思考以下问题。
（1）为什么村办企业容易出现管理问题？
（2）本案例中采用了什么样的激励模式？具体表现为什么？
（3）结合本案例，谈谈村办企业员工激励的原则。
（4）结合本案例，谈谈村办企业员工激励的作用。

本 章 小 结

本章主要介绍了创业中的领导与激励问题。第一节介绍了创业中的领导行为，这一节分为领导的概念、特质理论、行为理论三个部分，在领导的概念这一部分中，学习了领导的实质，并从领导者角色和领导活动的角度认识了领导，领略了创业中领导者的风范；在特质理论这一部分中，学习了传统以及现代的领导特质理论，并熟悉了创业领导者的特质清单；在行为理论这一部分中，掌握了三种领导方式理论、俄亥俄州州立大学的研究、管理方格理论、权变理论等四种代表性理论。第二节介绍了创业中的激励问题，这一节分为激励的定义、要素、原则与作用，激励理论以及激励的相关实践三个部分，学习了激励的内涵、要素、原则和作用，掌握了内容型、过程型、综合型三种激励理论，通过激励模式的选择和相关案例的介绍，加深了对创业中激励问题的理解。

关 键 术 语

领导特质理论 领导行为理论 领导者特质清单 内容型激励理论 过程型激励理论 综合型激励理论

本章思考题

1. 什么是领导？领导的实质是什么？你是怎么认识领导的？
2. 列举你所熟知的创业中的领导者。
3. 假如你是一个领导者，你希望自己拥有什么特质或者能力？
4. 激励是领导活动中重要的职能之一，其意义主要表现在哪些方面？
5. 什么是内容型激励理论、过程型激励理论和综合型激励理论，它们之间的联系是什么？

本章参考文献

杜玉梅，吕彦儒. 2017. 企业管理[M]. 4版. 上海：上海财经大学出版社.
冯秋婷，齐先朴. 2008. 西方领导理论研究[M]. 北京：人民出版社.
李沫. 2008. 激励理论的动机心理学分析[J]. 商业时代，(35): 51, 58.
利多. 2017. 创业领导力[M]. 龚阿玲，译. 北京：中国人民大学出版社.
马克思. 2013. 资本论[M]. 何小禾，译. 重庆：重庆出版社.
彭贺. 2009. 人为激励研究[M]. 上海：格致出版社.
斯密. 1992. 国民财富的性质和原因的研究[M]. 郭大力，王亚南，译. 北京：商务印书馆.
王培玉，傅勇. 2011. 激励理论在企业管理中的运用[J]. 企业经济，30(7): 39-41.
王延荣. 2005. 基于激励理论的企业内创业机制设计[J]. 经济经纬，22(1): 111-113.

第六章

创业中的冲突与沟通

【学习目的】

通过本章的学习，了解冲突的概念、类型、来源以及冲突管理的原则，明确谈判的定义、过程及影响因素，掌握沟通的定义、分类以及学会如何有效地进行人际沟通。

【学习要求】

1. 了解冲突的概念、类型以及冲突产生的根源，掌握冲突管理的原则和策略。
2. 了解谈判的定义、特征和过程，明确谈判的影响因素，学会运用第三方谈判。
3. 了解沟通的概念及作用，掌握沟通过程的模型以及如何进行有效的人际沟通。

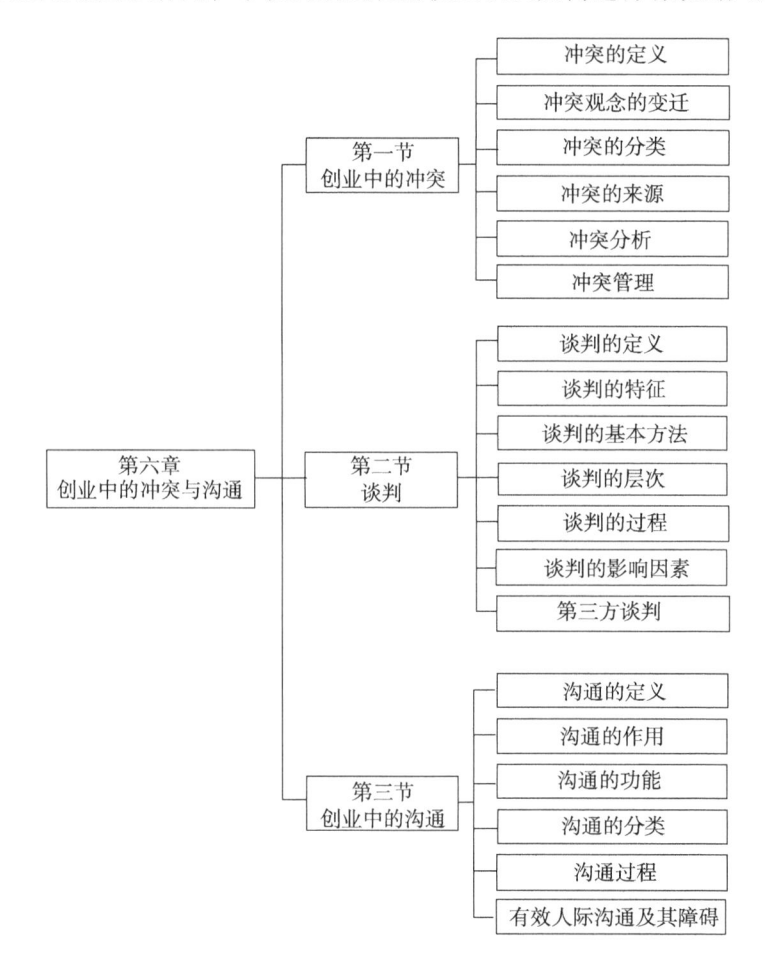

```
                                      ┌─ 冲突的定义
                                      ├─ 冲突观念的变迁
                     ┌─ 第一节 ───────┼─ 冲突的分类
                     │  创业中的冲突  ├─ 冲突的来源
                     │                ├─ 冲突分析
                     │                └─ 冲突管理
                     │
                     │                ┌─ 谈判的定义
                     │                ├─ 谈判的特征
                     │                ├─ 谈判的基本方法
  第六章 ────────────┼─ 第二节 ───────┼─ 谈判的层次
  创业中的冲突与沟通 │  谈判          ├─ 谈判的过程
                     │                ├─ 谈判的影响因素
                     │                └─ 第三方谈判
                     │
                     │                ┌─ 沟通的定义
                     │                ├─ 沟通的作用
                     │  第三节       ├─ 沟通的功能
                     └─ 创业中的沟通 ─┼─ 沟通的分类
                                      ├─ 沟通过程
                                      └─ 有效人际沟通及其障碍
```

第一节　创业中的冲突

一、冲突的定义

冲突是一种过程,当一方感觉到另一方对自己关心的事情产生不利影响或将要产生不利影响时,这个过程就开始了。

组织中,冲突是个体与个体之间或群体之间在交往或互动过程中能够感知到的意见分歧、争论、对抗等紧张状态。

冲突是任何组织都会存在的现象,冲突不一定会导致组织的灭亡,但一定会影响组织的绩效,导致人员的流失。

二、冲突观念的变迁

人们将冲突的观念概括为三种类型,即传统观念、人际关系观念和相互作用观念。

(1)传统观念。冲突的传统观念产生于19世纪末到20世纪40年代,在冲突理论上占主导地位。传统观念认为,冲突是群体内功能失调的结果,冲突都是消极的、有害的,势必造成组织、群体、个人之间的不和、分裂和对抗,降低工作效率,影响组织目标的实现。因此,必须尽量减少冲突,最好是避免冲突,在这种观念指导下,许多组织的管理者把防止和消除冲突作为管理工作的主要任务之一。

(2)人际关系观念。冲突的人际关系观念产生于20世纪40年代末至20世纪70年代,在冲突理论中占统治地位。人际关系观念认为,对任何组织、群体和个人而言,冲突是与生俱来的、不可避免的客观存在,冲突既无法避免又不可能彻底消除,冲突的影响既有消极的一面,也有积极的一面,所以应当接纳冲突,适当地控制和利用冲突。

(3)相互作用观念。冲突的相互作用观念盛行于20世纪80年代以后,是当代冲突理论中的主流学派。相互作用观念认为,冲突对于组织或群体既有建设性、推动性的一面,也有破坏性、阻滞性的一面,没有冲突、过分融洽、安宁的组织或群体会失去生机、活力和创新精神。相反,保持适当的冲突水平,可以促进组织变革,使组织保持旺盛的生命力。所以,组织中管理者的任务是要管理好冲突,限制破坏性冲突,促进建设性冲突,充分利用冲突的积极影响,减少冲突的消极影响。

三、冲突的分类

根据人们看待冲突的不同视角,冲突的分类有许多种,常见的冲突分类有以下几种。

(一)根据冲突对组织影响的不同,可将冲突划分为两种类型

1. 建设性冲突

建设性冲突,又称功能正常的冲突,是指对组织有积极影响的冲突。其特点是:双方目标一致,共同关心目标的实现;双方愿意了解和听取对方的观点和意见,交换意见以讨论为主,不伤感情;双方以争论的问题为中心来互相交流意见,对事不对人。

2. 破坏性冲突

破坏性冲突，又称功能失调的冲突，是指对组织有消极影响的冲突。其特点是：双方目标不一致，并都坚持自己的观点；不愿听取甚至根本不听取对方的观点和意见，很少或完全停止交换情况和信息；双方不以争论的问题为中心，逐步由对问题、观点的争论转为对人的攻击。

（二）根据冲突产生原因的不同，可将冲突划分为四种类型

1. 目标冲突

目标冲突是指由于冲突主体内部或冲突主体之间存在不一致或不相容的结果追求所引发的冲突。

2. 认知冲突

认知冲突是指由于冲突主体内部或冲突主体之间存在不一致的看法、想法和思想而导致的冲突。

3. 情感冲突

情感冲突是指由于冲突主体内部或冲突主体之间情感上的不一致而引发的冲突。

4. 程序冲突

程序冲突是指由于冲突主体内部或冲突主体之间存在不一致或不相容的优先事件选择、过程顺序安排而产生的冲突。

（三）根据冲突影响范围的不同，可以将冲突划分为四种类型

1. 组织间冲突

组织间冲突是指发生在两个或多个组织之间的冲突。竞争会增加组织间的冲突，组织间冲突有时是有利的，例如，有些企业以公平竞争的方式提高产品和服务的质量。有时也可能是有害的，例如，前几年，中国 VCD 企业之间的竞相压价，不仅损害了单个企业的利益，而且阻碍了整个行业的发展。除了与竞争对手之间的冲突，组织还会因为与供应商、客户、政府机构、社会团体等之间的相互依存关系而发生冲突。

2. 群体间冲突

当冲突发生在群体或团队之间时，就称为群体间冲突。群体间冲突有时会对每个群体都产生积极影响，如提高群体的凝聚力，增加对任务的关注以及提高对群体的忠诚度。当然，也可能产生负面影响，如冲突中的群体会产生一种"势不两立"的心理，彼此都把对方当作敌人。

3. 个体与个体间冲突

个体与个体间冲突也称人际冲突，指的是发生在两个或多个人之间的冲突。许多个体差异都会导致人们之间的冲突，如个性、态度、价值观、理解力等。

4. 个体内部冲突

当冲突发生在一个个体内部时，称为个体内部冲突。个体内部冲突又可分为角色间冲突、角色内冲突和个人角色冲突。这里的角色是指外人对某个体的一系列期望。

当某个人所承担的两种或多种角色之间发生冲突时，就属于角色间冲突。例如，一位职业女性在事业和家庭两种角色不能很好协调时发生的冲突。角色内冲突是指单一角色内部的冲突。例如，在矩阵型组织中，一个员工往往有两个直接上司，当这两个上司对该员工的角色期望不一致时，就可能发生角色内冲突。当角色指派者对扮演特定角色的某个个体的期望破坏了个体的价值观时，就会出现个人角色冲突。例如，如果一个化工企业的员工是环保主义者，而经理却授意他在上夜班时超标排放污水，这就与该员工的价值观相违背，将会出现个人角色冲突。

（四）杜布林对冲突的分类

安德鲁·J. 杜布林（Andrew J.Dubrin）根据冲突的结果和原因两个维度将冲突区分为四种类型，从结果看，冲突可以分为有益的和有害的（有作用的和机能失调的）；从原因看，冲突可以分为以实质为主和以个人为主。实质性冲突主要由技术和行政上所关注的事情引起；而个人性冲突则指憎恨和嫉妒，其中包含个人的情绪和态度，个性的冲突就属于这一类。

四、冲突的来源

（一）纳尔逊和奎克对冲突根源的分析

黛布拉·L. 纳尔逊（Debra L. Nelson）和詹姆斯·坎贝尔·奎克（James Campbell Quick）将冲突的来源分为两大类：一是结构因素，源于组织的性质和工作的组织方式；二是个人因素，源于个体间的差异。

1. 结构因素

与组织结构有关的冲突根源有：专业化、相互依赖性、共用资源、目标差异、职权关系、地位矛盾、管辖权的模糊。

第一，专业化。当工作高度专业化时，每个人都成为某项任务的专家，由于几乎不了解别人的工作，高度专业化的分工可能导致冲突。例如，销售人员和工程师之间的冲突是典型的专业化冲突。工程师是技术专家，负责产品的设计和质量；销售人员是营销专家，负责联络顾客；工程师经常抱怨他们无法按照销售人员向顾客承诺的交货期完成工作，因为关于如何设计切实可行的交货期限，销售人员缺乏必要的专业知识。

第二，相互依赖性，也称顺序性，即要求群体或个体在另外一个群体或个体完成目标的基础上继续自己的工作。这样，如果工作流程出现问题，当事人就很容易指责对方，产生冲突。例如，在一个制衣工厂，如果裁剪布料的工作落后了，缝衣工人的工作必然要被耽误，裁剪工和缝衣工之间的冲突就产生了。

第三，共用资源。任何时候，多个个体或群体都要共用一些资源，这有可能产生冲突，当共享的资源比较稀缺时，这种可能性就更大了。例如，如果一个秘书同时为多个经理服务，每个经理都认为自己的任务是最重要的，这就会导致秘书在工作优先安排上产生冲突。这类冲突来源类似于杜布林所说的"争夺有限资源"。

第四，目标差异。当工作群体的目标不一致时，也会产生冲突。例如，销售人员的目标是尽可能多地销售新型装置，而服务部门的目标是及时地安装这些装置，随着销售额的增加，服务部门的工作量翻倍，许多订单被延迟，冲突不可避免地产生了。这类冲突来源类似于杜布林所说的"基于本位的冲突"。

第五，职权关系。对于大多数员工来说，传统的老板-员工关系让人感到不舒服，因为其他个体有权命令他做什么或不做什么。当组织向着团队或授权的方向发展时，职权关系导致冲突的可能性会下降。

第六，地位矛盾。在有些组织中，管理人员和非管理人员之间存在着明显的地位差异，管理人员可以享受某些特权，如弹性的工作时间等，而非管理人员则没有，这可能导致怨恨和冲突。

第七，管辖权的模糊。在一个组织中，责任界限不清楚，当发生了一件无法界定责任的事件时，员工们就会倾向于推卸责任，或避免接触这件事，这样，关于问题的责任就产生了冲突。这类冲突来源类似于杜布林所说的"责任不清"。

2. 个人因素

源于个体差异的冲突根源有：技术和能力、个性、观念、价值观和道德观、情绪、沟通障碍、文化差异。

第一，技术和能力。员工的技能水平可能是有差异的，这可能会导致冲突，特别是当相互之间有较强的依赖性时，熟练的、胜任的员工会发现，他们很难和缺乏技能的新员工一起工作。

第二，个性。组织内的员工往往具有各不相同的个性，在一起工作的过程中，可能会因为差异化的个性而产生冲突。

第三，观念。观念的差异会产生冲突。就人员激励来说，如果管理者与员工之间没有共同的观念，报酬体系就会产生冲突。通常，管理者认为员工需要什么，他们就向员工提供什么，但那不一定是员工所期望的。

第四，价值观和道德观。价值观和道德观的差异会引发冲突。例如，老员工非常看重对公司的忠诚度，即使真的生病了也不会休病假，而新员工则追求流动性，他们甚至会打电话请病假，逃避工作。

第五，情绪。情绪可能是工作中冲突的来源，家庭中的问题也可能会波及工作。

第六，沟通障碍。空间距离、语言等方面的沟通障碍，可能导致信息的误解，也可能导致冲突。另一种沟通障碍是价值判断,听众在接收一条信息之前,他就会进行价值判断。例如,某个团队成员是一个经常爱抱怨的人,当他走进管理者的办公室,在他还没有发出信息之前,管理者可能已经贬低了这条信息的价值,于是冲突也就产生了。

第七,文化差异。文化的多样性可以为组织的创新注入活力,但有时它们也可能成为冲突的根源。例如,在美国员工和中国员工共同工作的组织内,美国员工可能将中国员工的含蓄、委婉当作是不坦率、不果断的表现,而中国员工可能会将美国员工的坦率批评当作不近人情、不给面子。文化差异引起的冲突主要是因为对对方的文化缺乏理解。

(二)罗宾斯对冲突根源的分析

罗宾斯认为,冲突产生的条件(也称冲突源)可分为三类:沟通因素、结构因素和个人因素。

1. 沟通因素

研究指出,语义理解的困难、信息交流不充分以及沟通渠道中的噪声,这些因素都构成了沟通障碍,并成为冲突的潜在条件。具体而言,大量证据表明:培训的不同、选择性知觉以及缺乏其他信息,造成了语义理解方面的困难;研究进一步指出:沟通得过多或过少都会增加冲突的可能性。显然,沟通频率的增加在达到某一程度之前是功能性的,超过这一程度就可能是过度沟通,导致冲突可能性的增加,过多的或者过少的信息导致了冲突;另外,沟通渠道也影响冲突的产生,人们之间在传递信息时会进行过滤,来自正式的或已有的渠道中的沟通偏差,可能导致冲突的产生。

2. 结构因素

结构的概念包含了这样一些变量:规模、分配给群体成员的任务专门化程度、管辖范围的清晰度、员工与目标之间的匹配性、领导风格、奖酬体系、群体间相互依赖的程度等。

3. 个人因素

最重要的个人因素包括个人的价值系统和个性特征。在研究社会冲突中最重要和最容易被忽略的变量是价值观的不同,也就是说,人们对许多重要的问题(如自由、幸福、勤奋工作、自尊、诚实、服从、平等)的看法不同。价值观的差异能很好地解释很多问题,比如偏见、个人对群体的贡献与应得报酬之间的不一致、对一本书的评价等,都属于价值判断的问题。有证据表明具有特定的个性特质的人,例如,具有较高权威、武断和缺乏自尊的人更容易导致冲突。

五、冲突分析

罗宾斯在其《组织行为学》一书中将冲突过程分为五个阶段,如图 6-1 所示。

(一)阶段 I 潜在的对立与不相容

冲突过程的第一个阶段是出现能够导致冲突的前提条件。这些条件并不需要直接导致冲突,但它们中的某项是产生冲突的必要条件。简化起见,我们可以把这些条件(常常也把它

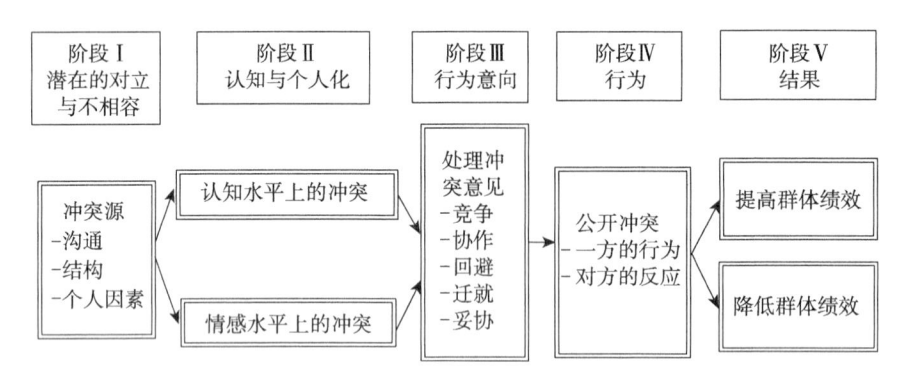

图 6-1 罗宾斯对冲突过程的分析

们视为冲突源）概括为三大类：沟通、结构以及个人因素。

1. 沟通

沟通可能成为冲突的来源，这源于语义上的困难、误解和沟通渠道中的噪声等因素。研究指出，词汇含义的差异、行话、信息交流的不充分，以及沟通渠道中的噪声等因素构成了沟通障碍，可能会成为冲突的前提条件。有研究进一步论证了一项令人惊奇的发现：无论是沟通过少还是过多，都会提高发生冲突的潜在可能性。显然，在某个特定范围内，沟通频率的增加会产生积极效果，但是如果超过这个范围，就可能会导致过度沟通，从而增加发生冲突的可能性。

2. 结构

组织结构沿着水平和垂直等方面的分化程度越大，群体规模越大，工作分工越专业化，管理制度和范围越模糊，组织内不同群体之间目标的负相关性越大，领导风格越专制等，就越易产生冲突。规模和专业化程度能够激发冲突，群体的规模越大，任务越专业化，则越可能出现冲突。研究发现，任职时间与冲突呈负相关关系，如果群体成员更年轻，而且离职率很高，那么出现冲突的可能性越大。

职责划分越模糊，出现冲突的潜在可能性就越大。管辖范围的模糊性会加剧不同群体为掌控资源和领域而产生的冲突。不同群体的目标差异也是产生冲突的主要原因之一。当一个组织中的各个群体追求的目标不同时，其中一些目标必然会针锋相对，从而增加了冲突出现的可能性；当一个成员的所得是以另一个成员的损失为代价时，这种薪酬体系也会导致冲突；最后，如果一个群体依赖于另一个群体，或者这种依赖关系允许一方的获益来源于另一方的受损，那么也可能会导致冲突。

3. 个人因素

个人因素包含性格、情绪和价值观。性格确实在冲突过程中扮演着重要角色：有些人就是容易卷入冲突。具体而言，在不合群、神经质或低自我监控等人格特质方面得分较高的人更容易、更经常和他人产生冲突，而且不善于应对冲突。例如，因早晨上班途中交通堵塞而愤怒不已的员工可能会把自己的这种愤怒带到 9:00 的早会上。这会产生什么问题？他的愤怒可能会惹恼同事，进而导致该会议充满紧张气氛。

（二）阶段Ⅱ 认知与个人化

我们在冲突的定义中提到，认知是必需的。因此，一个或更多的群体必须认知到前提条件的存在，但是，认知到的冲突并不意味着必然出现个人冲突。例如，你感受到了与同事间的不和，但这也许并不能让你感觉到紧张或焦虑，也不会影响你对同事的态度。当你投入感情，亲身感受到焦虑、紧张、挫折或敌对时，冲突也就产生了。

该阶段有两点需要注意。

第一，阶段Ⅱ之所以重要，是因为冲突事项往往在这个阶段被明确界定。在这个阶段，相关双方会确定冲突的主要内容是什么。比如，如果我把我们的薪水分歧界定为一种零和情境（也就是说，你的薪水增加多少，我的薪水就相应减少），那么我当然不乐意妥协。但如果我把这次冲突界定为一种潜在的双赢情境（即薪水总量可能会增加，因此你我都可以得到自己希望的加薪），那么我可能愿意采取妥协方案。可见，对冲突的界定非常重要，因为它通常会勾勒出各种潜在的解决方案。

第二，情绪对知觉有着重要作用。消极情绪可能会导致我们过于简单化地处理问题，失去信任，从消极的方面来解读对方的行为；相反，积极情绪往往会促使我们更愿意发现一个问题的组成要素之间的潜在关系，采用更广阔的眼光和视野来看待整个情境，提出更加创新的解决方案。

（三）阶段Ⅲ 行为意向

行为意向介于个人的认知和外显行为之间，指采取某种特定行为的决策。行为意向之所以作为独立阶段划分出来，是因为行为意向导致行为。很多冲突之所以不断升级，主要原因在于一方对另一方进行了错误归因。另外，行为意向与行为之间也存在着很多不同，因此一个人的行为并不能准确反映他的行为意向。

（四）阶段Ⅳ 行为

在这一阶段，双方对于冲突会表现出某些行为。行为阶段包括冲突双方的声明、行动和应对，它们通常是冲突双方为实现自己的行为意向而做出的公开努力。由于判断失误或在实施过程中缺乏经验，所实施的公开行为有时候会偏离最初的行为意向。

（五）阶段Ⅴ 结果

冲突双方之间的行为–反应相互作用导致了最后的结果。如果冲突能提高决策的质量，激发革新与创造，调动群体成员的兴趣与好奇，提供公开问题、解除紧张的渠道，培养自我评估和变革的环境，那么这种冲突就具有建设性；如果冲突带来了沟通的迟滞、组织凝聚力的降低，组织成员之间的明争暗斗成为首位，而组织目标降到次位，那么这种冲突就是破坏性的，在极端的情况下，会威胁到组织的生存。表6-1表明了冲突与组织绩效的关系。

表6-1 冲突与组织绩效

情境	冲突水平	冲突类型	组织内部特征	组织绩效水平
A	低或无	功能失调	冷漠、迟钝 对变化反应慢 缺乏新观念	低
B	最佳	功能正常	生命力强 自我批评 不断革新	高
C	高	功能失调	分裂 混乱无秩序 不合作	低

六、冲突管理

发现冲突、识别冲突是分析冲突的前提，分析冲突的根源和发生过程仅仅是管理冲突的基础，应该如何管理冲突呢？

（一）冲突管理的原则

冲突管理有广义与狭义之分，广义的冲突管理应当包括冲突主体对于冲突问题的发现、认识、分析、处理、解决的全过程和所有相关工作，也就是对潜在冲突（潜在的对立与不相容阶段）──→知觉冲突（认识与个人化阶段）──→意向冲突（行为意向阶段）──→行为冲突（行为阶段）──→结果冲突（结果阶段）的全过程进行研究管理；狭义的冲突管理则着重把冲突的行为意向和冲突中的实际行为以及反应行为作为研究对象，研究冲突在这两个阶段的内在规律、应对策略和方法技巧，以便有效地管理好实际冲突。迄今所见的论述冲突管理的大部分文献多立足于狭义冲突管理的范畴。

随着组织或群体内部分工的日益细化、具体，外部环境的日趋复杂、多变，竞争的日趋激烈，技术和信息的日益进步，不同主体之间的相互交往与互动活动日趋频繁，多层次、多类型的冲突现象十分普遍，冲突问题越来越突出，冲突已经成为一种十分重要的组织现象和社会现象。因此，一个组织、群体和个人能否学习、掌握和提高冲突管理的科学知识与艺术技巧，能否及时、正确、有效地进行冲突管理，趋利避害地驾驭冲突，直接影响自身目标的实现，关系到组织、群体和个人的生存与发展。

冲突管理是有规律可循的，掌握这些规律和基本原则，对于有效地处理冲突可以起到事半功倍的效果。具体而言，冲突管理应遵循的主要原则如下。

第一，倡导建设性冲突，避免破坏性冲突，将冲突水平控制在适当的水平。西方的现代冲突理论认为，冲突对于组织的影响既有积极的方面，也有消极的方面，冲突水平过高和过低都会给组织和群体带来不利影响。因此，在冲突管理中应当注意，对引起冲突的各种因素、冲突过程、冲突行为加以正确处理和控制，努力把已出现的冲突引向建设性冲突的轨道，尽量避免破坏性冲突的发生和发展，适度地诱发建设性冲突并把冲突维持在适当的水平之内，以便达到"弃其弊而用其利"的冲突管理目标。

第二，实行全面系统的冲突管理，而不是局限于事后的冲突控制和处理。传统的冲突管理把工作的重点放在冲突发生后的控制或处理上，比较被动。实际上，冲突的形成、发展和影响是一个系统的过程,现代冲突管理理论认为:冲突管理不仅仅是冲突发生后的事情,而应当是公开潜在冲突、知觉冲突、意向冲突、行为冲突、结果冲突等所有冲突阶段的事情,必须对冲突产生、发展、变化、结果的全过程,所有因素、矛盾和问题进行全面管理,才能把原则落到实处,尽量减少破坏性冲突的消极作用,充分发挥建设性冲突的积极作用,最大限度地减少冲突管理的成本。

第三,具体问题具体分析,随机应变地处理冲突。也就是说不存在一成不变、放之四海而皆准的冲突管理理论和管理方法,必须针对具体的情况,根据所处的环境条件,实事求是地分析问题、认识问题,灵活采用适宜的策略和方法并随机应变地处理冲突。

(二)冲突管理的策略

冲突被双方感知后,人们就会产生对付冲突的行为意向(行为意向不等于行为)。美国行为学家托马斯(Thomas)提出了冲突处理的二维模式——合作性(一方试图满足对方关心点的程度)和自我肯定性(一方试图满足自己关心点的程度)(图 6-2),运用冲突处理的行为意向维度试图确定冲突处理的主要意向。以"合作性"为横坐标、"自我肯定性"为纵坐标,定义了冲突行为的二维空间,确定了五种行为意向:竞争(有主见但不合作)、协作(有主见且合作)、回避(没主见且不合作)、迁就(没主见但合作)以及妥协(合作性与主见性均处于中等程度)。

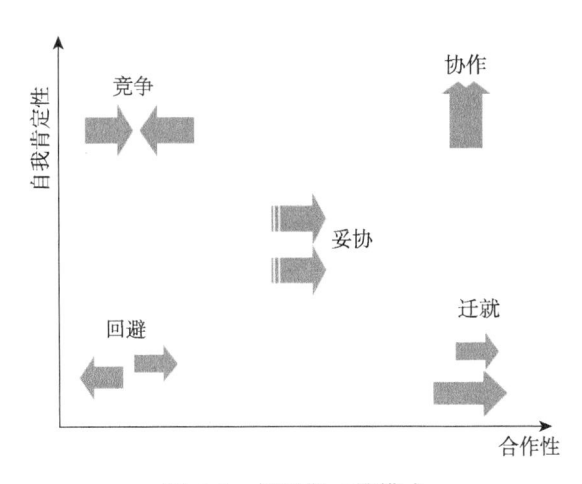

图 6-2 托马斯二维模式

1. 竞争

当一方在冲突中寻求自我利益的满足,而不考虑冲突对另一方的影响时,他就是在竞争。例如,当你参与一次只有一个人可以胜出的赌博时,你就是在竞争。因此,竞争就是为满足自身的利益而无视他人的利益的行为,这时双方都会坚持自己的观点,并试图通过施加压力(如威胁、处罚),迫使另一方放弃,这种策略很难使对方心悦诚服。这并不是解决冲突的好办法,但在应对危机或者双方实力相差很大时往往有效。

2. 协作

当冲突双方均希望充分满足双方的利益时，他们就会开展合作，并寻求共同受益的结果。在协作中，双方通过澄清差异与分歧而不是迁就各种不同的观点来设法解决该问题。如果你想找到一个能够使双方的目标都得以充分实现的双赢方案，这个方案就是协作。

协作就是尽可能地满足双方利益，基本观点如下。①冲突是双方共同的问题；②冲突双方是平等的，应有同等待遇；③每方都应积极理解对方的需求，以找到双方满意的方案；④双方应充分沟通，了解冲突情景。协作策略是一种旨在达成冲突各方的需求，采取合作、协商，寻求新的资源和机会，扩大选择范围，"把蛋糕做大"的解决冲突问题的方式。协作策略能否成功，取决于冲突的具体情况及双方同样获利的可能。某些公司用该策略应对劳资谈判的做法是：资方增加工人的工资或福利，工会也要与资方合作，修改工作计划与程序逻辑，以降低成本、提高质量、提高生产率。

3. 回避

既不满足自身的利益也不满足对方的利益，试图置身于冲突之外，无视不一致的存在，或保持中立，以退避三舍、难得糊涂的方式来处理冲突。以人际冲突为例，当两个人有矛盾时，一个人跳槽到另一家企业；或离开原部门，到与另一个人无关的部门工作；或是仍留在原职位，但不再与另一个人发生工作或私人联系。当冲突双方的依赖性很低时，回避可避免冲突，减少消极后果；但当冲突双方的依赖性很高时，回避则会影响工作，降低绩效。有关回避的例子包括：竭力忽略冲突，回避与自己存在意见分歧的人。

4. 迁就

如果一方想安抚对方，则可能愿意把对方的利益放在自己的利益之上。换句话说，迁就指的是为了维持相互关系，一方愿意做出自我牺牲。例如，你愿意支持某个人的观点，尽管你对该观点持保留意见，这就是迁就。人们的行为意向并不是固定不变的。在冲突过程中，如果双方能够发现对方的观点、立场或者其中一方带着强烈的情绪来应对对方的行为，那么行为意向可能会发生改变。

5. 妥协

妥协实质上是一种交易，有人称之为谈判策略，指的是一种适度满足自己的关心点和他人的关心点，通过一系列的谈判、让步、讨价还价来部分满足双方要求和利益的冲突管理策略。为避免僵局，双方可能会做出一定让步，但不会一开始就这么做，以免给人以实力不强的印象，在讨价还价中失去主动性。妥协策略在双方都有达成一致的愿望时会很有效，但让步的前提是在满足对方的最小期望的同时，双方都必须持灵活应变的态度、相互信任。消极影响是双方可能因妥协满足了短期利益，但牺牲了长期利益。

不过有研究表明，对于我们刚才描述的这五种行为意向，每个人通常都有自己特定的偏好。也就是说，每个人往往总是采用同种或几种行为意向。通过综合判断一个人的智力特征和性格特征，我们能够比较准确地预测他的行为意向。

第二节 谈 判

一、谈判的定义

谈判是一个大概念，既包括劳资双方的明显的谈判，也包括组织中的成员的谈判。在这里，我们把谈判定义为双方或多方互换产品或服务并试图对他们的交换比率达成协议的过程。

二、谈判的特征

谈判能够进行，并能够最终达成协议，取决于以下几个方面：一是双方各有尚未满足的需要；二是双方有共同的利益，又有分歧之处；三是双方都有解决问题和分歧的愿望；四是双方能彼此信任到某一程度，愿意采取行动达成协议；五是最后的结果能使双方互利互惠。

以上条件为谈判的进行确立了基础，也为双方的合作提供了前提。因此，谈判作为人们为满足各自的某种需要而进行的一种交往活动，在它的发生和发展过程中具有以下几个特征。

第一，谈判是"给"与"取"兼而有之的一种互动过程。双方之所以要谈判，根本原因是双方都有从对方那里获取一种或几种需要的愿望，谈判的双方也都要有所给予，使对方的需要得到直接或间接的满足，这就是谈判的"给"与"取"的一种互动。但是，单方面的"给"或单方面的"取"，不论是自愿的，还是被动的，都不能算作谈判，只能说是援助、受援、赠送、笑纳、授予、接受等。

第二，谈判同时含有"合作"与"冲突"两种成分，任何一方都想通过谈判达成一个满足自己利益的协议。为了达成协议，参与谈判的各方均必须具备某一程度的合作性，缺乏合作性，双方就坐不到一块来。但是，为了使自身需要能获得最大的满足，参与谈判的各方又必然会处于利害冲突的对抗状态中，否则，谈判就没有必要。尽管在不同的谈判场合下，合作程度与冲突程度各不相同，但可以肯定的是，任何一种谈判均含有一定程度的合作与冲突。

第三，谈判是为了达到互惠的，但并非绝对均等的。正常情况下，互利互惠、皆大欢喜是谈判的一般结局。那种企图造成一方全赢或全输的谈判，势必导致谈判的失败以至今后交往的中断，大量实践表明，这不是谈判发展的趋势，谈判的结果应是互惠的，但是这种互惠又不是绝对均等的，有可能一方获利多一些，另一方获利少一些。造成这种谈判结果的主要原因在于：双方的需求有差异，对利益的认识、分析、评价标准也不一致。同时，谈判双方所拥有的实力、地位与谈判的技能也各不相同，因而不可能达到谈判利益的绝对均等。

第四，谈判是公平的，尽管谈判的结果不是绝对均等的，而且不论这个结果是多么不均等，谈判作为一种竞技活动，在智力的较量，策略、技巧的运用上，双方是各具自由度的。同时，谈判的双方对谈判的结果均具有否决权，因此，可以说谈判是公平的。

三、谈判的基本方法

谈判的基本方法分为分配谈判和综合谈判，二者的比较见表6-2。

表 6-2 分配谈判与综合谈判的比较

谈判特点	分配谈判	综合谈判
可以利用的资源	进行资源分配的资源数量固定	进行分配的资源数量可变
主要动力	我赢，你输	我赢，你赢
主要利益	互相对立	相互融合或相互一致
关系的焦点	短时	长时

分配谈判的假设前提是收益的零和，而综合谈判的假设前提是存在一种处理办法能得到双赢的结果；分配谈判使双方关系对立，注意一时一事的输赢，而综合谈判使双方相互融合或相互一致，注意维持长时的关系。

四、谈判的层次

谈判一般分为三个层次，即竞争型谈判、合作型谈判和双赢谈判。

（一）竞争型谈判

大部分谈判都属于竞争型谈判。现代社会竞争越来越激烈，企业之间的竞争、同类产品之间的竞争、人才之间的竞争都已经达到白热化程度，如果不竞争或者竞争能力不强，就会被淘汰。因此，在日常生活中，人们面临着越来越多的竞争型谈判。竞争型谈判的技巧旨在削弱对方评估谈判实力的信心。因此，谈判者对谈判对手的最初方案做出明显的反应是极为重要的，即不管谈判者对对方提出的方案如何满意，都必须明确表示反对这一方案，声明它完全不合适，使谈判对手相信，他的方案是完全令人讨厌的，不能接受的。

（二）合作型谈判

尽管谈判中有各种各样的矛盾和冲突，但谈判双方还是存在合作与交流的。谈判双方不是你死我活、你争我抢，而是为着一个共同的目标探讨相应的解决方案。如果对方的报价有利于当事人，当事人又希望同对方保持良好的业务关系或迅速结束谈判，做出合作型谈判反应是恰当的。合作型谈判的反应一般是赞许性的，承认和欣赏对方，实事求是地对待谈判的态度，但还必须强调进一步谈判的必要性。这种有必要进一步谈判的事先表示，可以降低对方认为自己低估了案情从而转入防御性交锋的可能性。

（三）双赢谈判

双赢谈判是把谈判当作一个合作的过程，能和对手像伙伴一样，共同去找到满足双方需要的方案，使费用更合理、风险更小。

双赢谈判强调的是：通过谈判，不仅是要找到最好的方法去满足双方的需要，而且要解决责任和任务的分配，如成本、风险和利润的分配。双赢谈判的结果是：你赢了，但我也没有输。从倡导和发展趋势的角度说，双赢谈判无疑是有巨大的发展空间的。但是，在实际工作中，推广双赢谈判却有着诸多障碍。

五、谈判的过程

谈判包括五个阶段：准备与计划、界定基本规则、阐述与辩论、讨价还价与问题解决、结束与实施。

（一）准备与计划

谈判开始之前，你需要做一些必要的准备工作。本次冲突的实质是什么？是什么情况导致了这次谈判？谁卷入了本次冲突，他们对该冲突持什么观点？你想从本次谈判中得到什么？你的目标是什么？例如，假设你是戴尔公司的一名采购经理，你的目标是对供应商提供的键盘大幅压价，并且确保这个目标不被其他问题干扰，成为本次谈判的中心内容。那么，以下做法会对你有所帮助：把你的目标写下来，勾勒出自己可以接受的结果范围——从"最理想的结果"到"可接受的最低限度"，并把你的精力集中在这上面。

你还要评估一下对方的谈判目标是什么？他们可能会提出什么要求？他们会如何坚持本方立场？有哪些无形的或隐含的利益可能对他们很重要？他们希望达成什么协议？如果你能预判到对方的立场，你就能更好地利用支持本方立场的事实和数据来反驳对方的观点。

由于谈判，关系会随之改变，这也是需要考虑的另一个结果。如果你赢得一场谈判，但是将对方逼迫到对你产生憎恨或厌恶，那么更明智的做法也许是采取一种更折中的方式。如果维持现有关系会使你显得软弱或很容易被剥削，那么你可能需要考虑一种更具侵略性的方式。举一个例子来说明在谈判中确定的关系基调有多么重要：无论谈判的实际结果如何，那些对招聘谈判过程感觉良好的新员工对工作的满意度更高，一年后跳槽的可能性更低。一家公司在与一位新员工谈判薪资待遇时非常成功地实现了公司的利益，但却没有满足该员工的利益，那么这家公司在与该员工的长期关系中会付出代价。

一旦你收集到了所需的信息，就要运用这些信息来制定一种战略。例如，在象棋比赛中，专业棋手能够对对手的招数和自己的应对做出预判。作为谈判战略的一部分，你应该判断双方在本次谈判中的最低接受方案。你的最低接受方案决定了谈判时你可接受的底线。只要你得到的报价高于该方案，你就不会中止谈判。反过来说，如果你的报价不能让对方感到高于他的最低方案，你也就别指望自己能获得谈判的成功。如果你在开始谈判时能够比较清楚地了解对方的最低接受方案，那么即使你不能满足该方案，你也可以对其加以有效利用，仔细考虑对方愿意放弃什么。如果你在谈判前就低估了对方在关键问题上让步的意愿，这必然会影响你最终获得的谈判结果。

（二）界定基本规则

一旦你制订了计划和战略，你就可以和对方共同界定本次谈判的基本规则和程序。谁将进行本次谈判？谈判在哪里进行？谈判时间是多长（如果有时间限制的话）？本次谈判仅限于哪些事项？是否在谈判陷入僵局时采取某个特定程序？在这个阶段，谈判双方还将交换各自的最初议案或要求。

（三）阐述与辩论

彼此交换了最初议案后，双方都会对自己的提议进行解释、阐明、澄清、论证和辩论。

这个过程并不是对抗性的。相反，它是双方就谈判事项交换信息的机会：为什么这些事项很重要？本方为何要提出这些议案或要求？在这个阶段，你可以向对方提供任何支持本方立场的材料。

（四）讨价还价与问题解决

谈判过程的实质是一个为达成协议而相互让步的过程。在这个阶段，谈判双方毫无疑问都需要做出让步。

（五）结束与实施

谈判过程的最后一步是将已经达成的协议规范化，并为实施和监控该协议制定任何必要的程序。对于一些重要谈判（包括各种劳资谈判、租赁条款谈判、购房谈判、提供高层管理职位时的谈判），需要在正式合同中敲定各种细节信息。不过，在大多数情况下，谈判过程仅仅以双方握手告终。

六、谈判的影响因素

一些人相比于其他人是不是更好的谈判者呢？答案比你想象得还要复杂。有四种因素会影响个体在谈判中的效果：人格特质、性别差异、心情/情绪以及文化差异。

（一）谈判中的人格特质

如果你对对方的人格有一定的了解，那么你是否能够预测他的谈判策略？由于人格和谈判结果只有微弱的相关性，因此这个问题的答案最多是"在一定程度上"能够预测谈判策略。例如，随和的或者外向的谈判者在分配谈判中往往不太成功。为什么？因为外向的人性格活泼且友善，往往向他人提供过多信息，而随和的人更愿意与他人合作而不是与他人争得头破血流。这些特质虽然在综合谈判中能够提供些许帮助，但在双方利益针锋相对时就会成为一种负担。因此，最好的谈判者似乎是不随和的、内向的，他们更看重自己获得的结果而不是愉悦对方和获得良好的社交关系。非常喜欢和他人保持良好关系的人，以及对自身利益不太关心的人，是非常差劲的谈判者，这些人往往对分歧感到非常焦虑，甚至在谈判开始之前就打算迅速让步，以避免不愉快的冲突。

研究显示，智力与谈判结果存在相关关系。但是正如人格与谈判结果的关系一样，这种相关性并不是那么显著。从某种意义上讲，这些微弱的相关性是个好消息，因为这意味着即使你是一个随和的、外向的人，你在谈判时也并不是处于明显劣势。我们都可以通过学习而变成更好的谈判者。事实上，这样想的人更可能在谈判中表现出色，因为他们即使面对暂时的逆境也会坚持不懈。

（二）谈判中的性别差异

男性与女性在谈判时有差异吗？性别是否会影响谈判结果？第一个问题的答案是"否"，而第二个问题的答案是"是"。

很多人都持有这样的刻板印象：在谈判中，女性比男性更注重合作和令人心情愉悦。研究证据并不支持这种观点。不过，人们发现，男性会获得比女性更有利的谈判结果，尽管两者之间的差异并不是很大。有人假设认为这种差异可能源于男性和女性对各种结果的重视程度不一样，可能对于女性来说，多获得几百美元薪水或者在边角位置办公并不如建立和维持良好的人际关系那么重要。

人们认为在谈判中女性会比男性更"友好"，这很可能是因为人们把性别与女性在绝大多数大型组织中缺乏权力搞混了。研究显示，当女性发起谈判时，她们会处于不利地位，这是由于人们通常认为女性是"友善的"，而男性是"强硬的"。有趣的是，当男性和女性在现实中真的遵循这些刻板印象时，女性友善而男性强硬就会成为一个自我实现预言，从而强化男性和女性谈判者存在性别差异的刻板印象。因此，谈判青睐男性的原因之一就是女性怎么做都不讨好。如果她们表现得强硬，她们就会因为违背了性别差异的刻板印象而受到谴责；如果她们表现得友善，这只会强化这种刻板印象并让其他人加以利用。

有证据表明，女性的态度和行为也会在谈判中对她们造成伤害。女性管理者在谈判时的语气表现出较低的自信，她们在谈判结束后对自己的成绩更不满意，即使她们的表现以及所实现的谈判结果与男性旗鼓相当。相对于男性，女性不太可能将模糊的情况视为谈判机会，当谈判可能最符合女性的利益时，她们也可能不愿意进行谈判，从而无法实现自己的最佳利益。

（三）谈判中的心情/情绪

心情和情绪会影响谈判吗？是的，但是它们的影响方式似乎取决于谈判类型。在分配谈判中，当谈判者更强势或者与对方旗鼓相当时，如果他们表现出愤怒，那么往往会获得更有利的谈判结果，这是因为他们的愤怒会诱使对方做出让步，即便是谈判者有意表现出愤怒（而非真正的愤怒），情况也还是如此；另外，对于处于弱势地位的谈判者来说，表现出愤怒往往会导致更不利的结果。因此，如果你是一位正与下属或同级进行谈判的管理者，表现出愤怒可能会对你有所帮助，但如果你是一位正与上司进行谈判的员工，表现出愤怒可能适得其反。反之，在综合谈判中，积极的心情和情绪似乎会使谈判双方都获得更有利的结果。

（四）谈判中的文化差异

与对冲突的研究相比，对不同文化下谈判风格差异的研究更多。一项研究对比了美国和日本的谈判者，发现总体上作为冲突回避者的日本谈判者倾向于间接交流，并根据具体情境来调整他们的行为。一项后续研究显示，虽然在美国管理者之中，最初出价可以产生锚定效应（正如我们在讨论分配谈判时提到的那样），但对于日本谈判者而言，最初出价会带来更多的信息分享和更好的综合谈判结果。另一项研究调查了中国香港（拥有高权力距离的文化）的一些拥有经济权力的管理者，发现他们在就一个共享资源进行谈判时比德国和美国（这两个国家拥有低权力距离的文化）的管理者更具合作性。这暗示了在高权力距离的国家和地区，那些拥有权力的人可能会表现出更多的克制。

另一项研究考察了北美人、日本人和巴西人在半小时谈判会议中表现出的语言与非语言的谈判策略。其中一些差异十分有趣。比如,在 30 分钟里,巴西人平均说"不"的次数达到 83 次,是日本人的 5 倍,北美人的 9 倍。30 分钟里,日本人长达 10 秒以上的沉默至少出现 5 次,北美人则平均只有 3.5 次,而巴西人没有表现出这么长时间的沉默。日本人和北美人打断对方谈话的次数几乎相等,而巴西人打断对方谈话的次数是日本人和北美人的 2.5 倍到 3 倍。此外,日本人和北美人在谈判过程中除了握手之外与对方没有其他身体接触,而巴西人在半小时谈判中与对方的身体接触将近 5 次。

七、第三方谈判

前面我们一直讨论的是双方之间的直接谈判。但有时,谈判中的个体或群体代表会陷入谈判僵局,无法通过直接谈判来解决分歧。在这种情况下,他们会寻求第三方的帮助以找到一种解决办法。在谈判中,第三方主要担当四种基本角色:调停人、仲裁人、和解人和顾问。

(一) 调停人

调停人是运用推理、说服、提出其他方案等措施来帮助谈判双方达成解决方案的中立第三方。在劳资谈判和民事纠纷中,大多数依靠调停人来解决分歧,效果相当显著。通过调停人,谈判和解率达到 60%左右,谈判双方的满意度为 75%左右。但是调停能否成功的关键因素是情境,也就是说,冲突双方必须愿意通过谈判来解决他们的冲突。另外,冲突强度不能太高,当冲突处于中等程度时,调停最为有效。最后,对调停人的印象也很重要,要想变得有效,调停人必须被谈判双方认为是中立的、非强制的。

(二) 仲裁人

仲裁人是运用自身权威来达成协议的第三方。仲裁可以是自愿的(谈判双方主动要求的),也可以是强制的(法律或合同迫使谈判双方付诸仲裁)。相比调停来说,仲裁最大的优点在于它总是会达成一项解决方案。这种做法是否存在副作用,取决于仲裁人的强硬程度。如果其中一方感到彻底失败,显然该方肯定不会满意,并且不会心甘情愿地接受仲裁者的决定,之后冲突有可能再度发生。

(三) 和解人

和解人是受到谈判双方信任的第三方,为谈判双方之间提供非正式的沟通渠道。要比较和解与调停的有效性确实是件难事,因为两者在很多地方是相互重叠的。在实践中,和解人通常不只是充当沟通的渠道,他们往往还进行实情调查、解读信息并说服争论双方达成协议。

(四) 顾问

顾问是专业技术纯熟且公正无偏的第三方,试图通过沟通与分析,并借助自己在冲突管理方面的知识来帮助解决问题。与前面各角色相比,顾问并不需要努力解决争端事项,而是设法改进冲突双方之间的关系,从而使双方最终能自己达成解决方案。顾问不提供具体的解决办法,而是帮助双方学会理解对方,并能与对方合作。可见,这种方法注重长期效果,在冲突双方之间建构起新的、积极的认知与态度。

第三节　创业中的沟通

一、沟通的定义

沟通是指为了设定的目标，凭借一定的符号载体，在个人与群体间传达思想、交流情感与互通信息的过程。

行为主体：多指人与人，人与人群，人群与人群；随着科技和社会的发展，沟通的行为主体会逐渐打破人的范畴，动物、超级计算机、机器人很可能被纳入。行为主体中通常包括信息的发送者和接受者，在一个完整的沟通过程中，同一个主体会扮演信息发送者和接受者的双重角色。

信息载体：对于人来说，包括本有和外有两大类。本有信息载体是指人不需借助外物的沟通媒介，包括语言、肢体动作、表情、眼神等；外有信息载体是指需要借助外物的沟通媒介，包括文字、书信、电话、电子邮件以及新媒体等。通常一次沟通过程中，存在着几种信息载体同时存在的情况。

特定目标：对于人来说，至少包括意识、行为和组织三个层面。意识层面通常包括情感、知识、思想等；行为层面通常包括动作、活动、习惯等；组织层面通常包括绩效目标、行动计划、团队氛围等。通常情况下，沟通是为了实现积极的目标。

在沟通的过程中，行为主体、信息载体和沟通环境都会影响沟通目标的达成。通常情况下，行为主体的状态、知识和经验结构、准备的充分性等因素会影响沟通的效果；信息载体的稳定性、识别度等因素会影响沟通的效果；沟通环境的噪声、氛围等因素也会影响沟通的效果。

需要特别强调的是，沟通是信息双向流动的过程，需要由信息的传递和反馈共同组成。如果只有信息从发送者到接受者的传递，而没有反馈，通常意义上意味着沟通的失败或无效。

二、沟通的作用

（1）沟通是协调各个体、各要素，使企业成为一个整体的凝聚剂。每个企业都由数人、数十人，甚至成千上万人组成，企业每天的活动也由许许多多的具体的工作所构成，由于各个体的地位、利益和能力的不同，他们对企业目标的理解和掌握的信息也不同，这就使得各个体的目标有可能偏离企业的总体目标，甚至完全背道而驰。如何保证上下一心，不折不扣地完成企业的总目标呢？这就需要互相交流意见，统一思想认识，自觉地协调各个体的工作活动，以保证个人目标与组织目标的和谐结合。

（2）沟通是领导者激励下属、实现领导职能的基本途径。一个领导者不管他有多么高超的领导艺术，有多么灵验的管理方法，都必须将自己的意图和想法告诉下属，并且了解下属的想法。领导环境理论认为，领导者就是了解下属的愿望并为此而采取行动，为满足这些愿望而拟订与实施各种方案的人，而下属就是从领导者身上看到能实现自己愿望或目的的人。而这些"目的"、"看到"或"了解"都需要沟通这个基本工具和途径。

（3）沟通也是企业与外部环境建立联系的桥梁。企业必然要和顾客、政府、公众以及竞争者等发生各种各样的关系，它必须按照顾客的要求调整产品结构，遵守政府的法律法规，担负自己应尽的社会责任，获得适用且廉价的原材料，并且在激烈的竞争中取得一席之地，这使得企业不得不和外部环境进行有效的沟通。而且由于外部环境永远处于变化之中，企业为了生存就必须适应这种变化，这就要求企业不断地与外界保持持久的沟通，以便把握住成功的机会，避免失败的可能。

三、沟通的功能

在群体或组织中，沟通有四种主要功能：控制、激励、情绪表达和提供信息。

（1）沟通可以通过几种方式来控制员工的行为。员工必须遵守组织中的权力等级和正式指导原则。例如，当员工被要求就工作方面的不满和抱怨与直接上司进行沟通、要遵守工作说明书、要遵守公司的政策法规时，沟通就是在行使控制功能。但是，非正式沟通也能控制行为。比如，当工作群体因为某个成员工作十分努力（从而使其他成员相形见绌）而对其冷嘲热讽时，他们就是在进行非正式的沟通，并控制该成员的行为。

（2）沟通可以激励员工。明确告诉员工必须做什么、他们表现得如何、当没有达到标准时应如何改进工作、具体目标的设置、对实现目标过程的反馈以及对理想行为的奖励，这些行为都可以激励员工，而这些行为又都需要沟通。

（3）沟通可以使员工进行情绪表达。对很多员工来说，工作群体是主要的社交场所。群体内的沟通是员工表达自己的失落感和满足感的一种重要机制。因此，沟通提供了一种释放情感的情绪表达机制，并可以满足员工的社会需求。

（4）沟通的最后一种功能是提供信息。它通过传递数据和资料来帮助形成和评估各种备选方案，从而提供个体和群体制定决策时所需的信息。

这四种功能无轻重之分。要想有效发挥作用，群体需要对其成员维持某种形式的控制，激励他们，为他们提供情绪表达方式，并提供信息以制定各种决策。群体或组织中的每一次沟通几乎都会发挥这四种功能中的一种或几种。

四、沟通的分类

（一）语言沟通和非语言沟通

沟通根据沟通所借用的媒介的不同而划分为语言沟通和非语言沟通（图6-3）。

```
                    沟通
          ┌──────────┴──────────┐
       语言沟通              非语言沟通
       ┌──┴──┐              ┌──┴──┐
    口头沟通 书面沟通      有声语言 无声语言
```

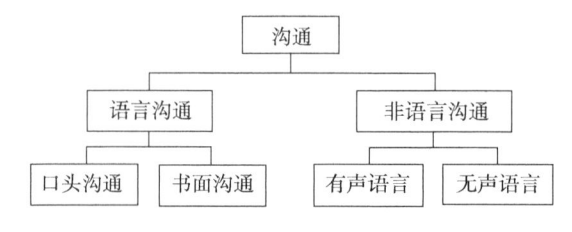

图6-3 语言沟通与非语言沟通的形态

1. 语言沟通

语言沟通是指使用正式语言符号的沟通，分为以下两种。

（1）口头沟通，是指借助语言进行的信息传递与交流，如演讲、会谈、讨论、电话联系等。其优点是：简便易行，灵活迅速。特别是口头语言，在面对面的沟通中，往往伴有手势、体态与表情，可以直接进行情感交流，增加亲切感与提高沟通的效果。缺点是：沟通范围有限，尤其是在团体沟通场合，使用起来有困难；随机性强，使得发送者与接受者有时会提出一些不应提的问题，传递多余的信息，浪费时间，影响效率；沟通双方采取面对面的方式，会增加彼此的心理压力，造成心理紧张，影响沟通效果。

（2）书面沟通，是指借助文字进行的信息传递与交流，如布告、通知、书信、刊物、调查报告等。其优点是：受时间与空间的限制较小，有利于长期保存、反复研究，具有一定的严肃性与规范性；缺点是：沟通效果受文化修养的影响较大，对情况变化的适应性较差。

2. 非语言沟通

非语言沟通是指借助非正式语言符号，即口头表达及文字以外的符号系统进行的沟通，它包括有声语言与无声语言。

（1）有声语言，即通过非语词的声音（如重音）、声调的语言变化来传达信息。语音包括说话的音质、音量、音调、速度以及语气等。语音本身不是语言，但却能表达微妙的语言内容，为有声语言镀上丰富的感情色彩。例如，嗓门突然提高，可能是惊讶、高兴、愤怒或失望；说话结结巴巴、不连贯，可能是因为紧张、胆怯或兴奋；语末出现升调，一般表示提问或反问；等等。

（2）无声语言，又称为非自然语言或态势语言。它可以分为三大类：表情语言、动作语言、体态语言。实践证明，无声语言所显示的语言意义比有声语言深刻得多。心理学教授艾伯特·麦拉宾（Albert Mehrabian）对此列出一个公式：

$$信息的传递\ 100\% = 7\%语言 + 38\%语音 + 55\%态势$$

当然，这并非一个精确的公式，但由此可以看出，无声语言在信息传递，尤其在交流中有着非常重要的作用，它是人们用以传情达意的一种重要的辅助工具。①表情语言。表情通常指人的脸部情感状态，是由脸色的变化、面部肌肉的抽动以及五官的动作所组成的。它能最迅速、最灵敏、最充分地反映出人类的各种感情和各种复杂的心理。②动作语言。动作语言指手、躯体、头部等的动作可以表达一定的信息。比如，摊开双手、耸肩表示无可奈何、无能为力；用脚尖、脚跟拍打地面，或轻抖腿部等动作，表示紧张不安、焦躁或不耐烦等。此外，人们还有许多约定俗成的动作语言。③体态语言。体态语言包括人的各种静态的姿态，如坐、立、睡、蹲、俯、仰等姿态以及人的仪表。例如，不同的体态可以表达不同的信息。乐观向上的人，站立时总是腰板笔直、有时还将双手插在腰间。仪表是体态语言的重要组成部分。当某人出现在大庭广众之下，他的仪表本身就在向人们传递着关于此人的身份、地位、审美情趣等信息。

（二）正式沟通与非正式沟通

正式沟通与非正式沟通是根据沟通渠道产生方式的不同而划分的。沟通渠道指信息在沟通时流动的通道，这些流动的通道可以分为两种：正式沟通渠道与非正式沟通渠道。

1. 正式沟通

正式沟通是通过组织正式结构或层次系统运行的,由组织内部明确的规章制度所规定的渠道进行的信息传递与交流。正式沟通渠道包括上行沟通、下行沟通、横向沟通与斜向沟通。

(1)上行沟通。上行沟通是指组织成员通过一定的渠道与管理决策层进行的信息交流。它有两种表现形式:一是层层传递,即依据一定的组织原则与组织程序逐级向上反映;二是越级传递,即减少中间层次,让决策者与组织成员直接对话。在日常的组织管理中,常表现为下级对上级的请示汇报、申诉意见、提供建议等。

(2)下行沟通。下行沟通是指组织中信息从较高层次流向较低层次的一种沟通,这是传统组织内最主要的沟通渠道。一般体现于上级给下级发布的指示、命令、规章制度、工作程序、方针目标等。

(3)横向沟通。横向沟通是指组织中同一层次不同部门之间的信息交流。它能够加强组织内部同级单位之间的了解与协调,是力求减少各部门之间矛盾与冲突的重要措施。

(4)斜向沟通。斜向沟通是指正式组织中不同级别又无隶属关系的组织、部门与个人之间的信息交流。在直线部门与参谋部门之间,常有这种沟通发生,它主要是业务性的,参谋人员通过了解下级部门的业务情况,以便能以指导与领导的形式沟通。

2. 非正式沟通

非正式沟通是指以一定的社会关系为基础,与组织内部明确的规章制度无关的沟通方式,它的沟通对象、时间及内容等各方面都是未经计划与难以辨别的。因为非正式组织是由组织成员的感情和动机上的需要而形成的,所以其沟通渠道是通过组织内的各种社会关系,这种社会关系超越了组织内部固有的单位及层次。

相对于正式沟通而言,非正式沟通具有以下特点。

第一,非正式沟通渠道有随意性、灵活性、松散性的特点。由一点可以任意通向沟通网络中的另一点,具有自由流动的性质。因此产生的信息沟通的模式和方法是不固定的,无拘无束、自由开放。

第二,非正式沟通的沟通内容是非正式的,更容易表露真实想法。非正式沟通主要是就沟通双方相互关心的话题进行沟通,一般是有选择地针对个人的兴趣和爱好,所沟通的信息往往与沟通者的利益相关或者是他们比较感兴趣的问题。它没有正式的规定进行约束,一般没有正式的议题和形式。沟通比较容易把真实的思想动机表露出来,并且能够提供一些在正式沟通中难以获得的信息。

第三,非正式沟通的情感性强。非正式沟通的部分目的是增进沟通者之间的感情。情感沟通有别于单纯的上行或下行沟通,情感的沟通方式是平行或交叉的,其特点在于人与人之间打破原有组织中的等级差异。非正式沟通的情感性也是沟通者对沟通心理需求的一种体现。

第四,非正式沟通效率高、速度快、比较灵活。一般来说,正式沟通主要是依赖于正式组织的"层级原则"建立起来的,这就决定了其沟通方式单调、信息传播缓慢。非正式沟通的人际关系网络往往超越了部门、单位以及层级,沟通者之间交往频繁,而且非正式沟通内容围绕沟通者关心的话题进行,通常只把信息在需要这些信息的人之间传递,因此,信息沟通的速度大大加快，效率更高。

第五，非正式沟通信息的真实性不确定。有人把非正式沟通称为传播小道消息，这主要是因为非正式沟通中消息的来源不固定，传递也不受任何制约，所以无法确保信息的真实性。与此同时，非正式沟通的情感性也加剧了信息真实性的不确定。

（三）单向沟通与双向沟通

按照是否进行反馈，沟通可分为单向沟通和双向沟通。

1. 单向沟通

单向沟通指没有反馈的信息传递。单向沟通比较适合下列几种情况。①问题较简单，但时间较紧。②下属易于接受解决问题的方案。③下属没有了解问题的足够信息，在这种情况下，反馈不仅无助于澄清事实反而容易混淆视听。④上级缺乏处理负反馈的能力，容易感情用事。

2. 双向沟通

双向沟通指有反馈的信息传递，是发送者和接受者相互之间进行信息交流的沟通。它比较适合下列几种情况。①时间比较充裕，但问题比较棘手。②下属对解决方案的接受程度至关重要。③下属能为解决问题提供有价值的信息和建议。④上级习惯于双向沟通，并且能够有建设性地处理负反馈。表6-3比较了两种沟通的优缺点。

表 6-3　单向沟通和双向沟通的比较

因素	结果
时间	双向沟通比单向沟通需要更多时间
信息理解的准确程度	在双向沟通中，接受者理解信息发送者意图的准确程度大大提高
接受者和发送者的自信程度	在双向沟通中，接受者和发送者都比较相信自己对信息的理解
满意	接受者比较满意双向沟通，发送者比较满意单向沟通
噪声	由于与问题无关的信息较易进入沟通过程，双向沟通的噪声比单向沟通的噪声要大得多

五、沟通过程

沟通过程是指在工作和生活中，人与人之间通过语言、文字、形态、眼神、手势等手段来进行的信息交流。沟通既是一种文化，也是一门艺术。充分理解沟通意义、准确把握沟通原则、适时运用沟通技巧对做好思想政治工作十分重要。沟通过程是指沟通主体对沟通客体进行有目的、有计划、有组织的思想、观念、信息交流，使沟通成为双向互动的过程。

沟通简单地说就是传递信息的过程。在这个过程中至少存在着一个发送者和一个接受者，即发出信息的一方和接受信息的一方。那么信息在两者之间是怎样传递的呢？图6-4描述了这个过程。

图 6-4 沟通过程

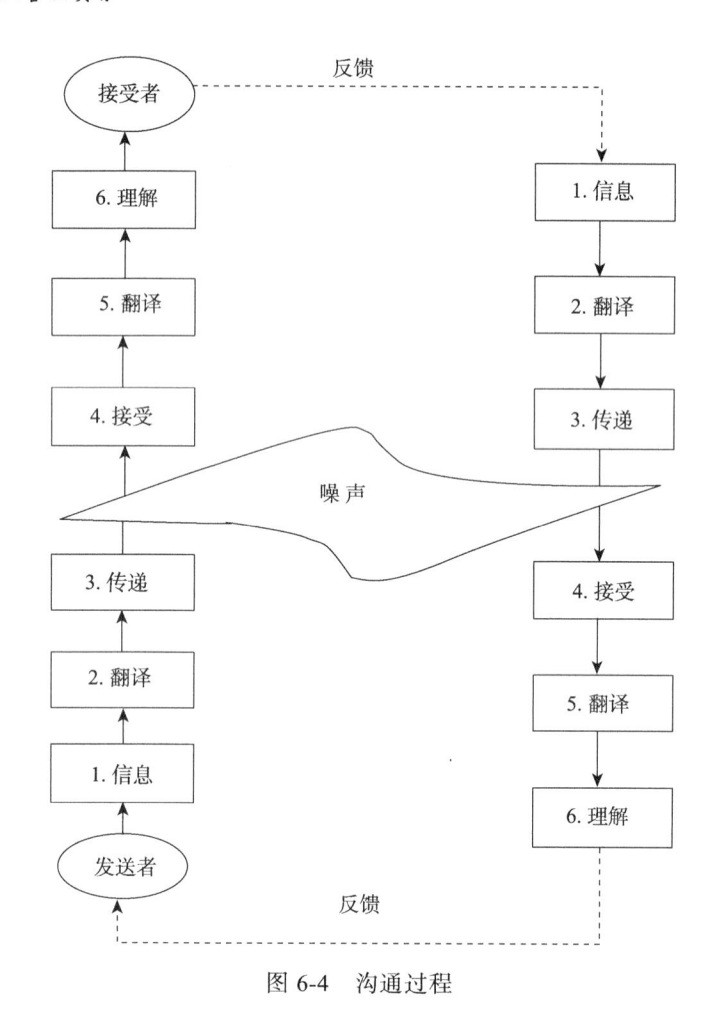

（1）发送者需要向接受者传送信息或者需要接受者提供信息。这里所说的信息包括很广，诸如想法、观点、资料等。

（2）发送者将这些信息译成接受者能够理解的一系列符号。为了有效地进行沟通，这些符号必须能适应媒体的需要。例如，如果媒体是书面报告，符号的形式应选择文字、图表或者照片；如果媒体是讲座，应选择文字、投影胶片和板书。

（3）将上述符号传递给接受者。由于选择的符号种类不同，传递的方式也不同。传递的方式可以是书面的（信、备忘录等），也可以是口头的（交谈、演讲、电话等），甚至还可以通过身体动作来进行（手势、面部表情、姿态等）。如果媒体是网络，就可选择电子信箱、网上无缝对接交流平台等多媒体方式发送信息和沟通。

（4）接受者接受这些符号。接受者根据这些符号传递的方式，选择相对应的接受方式。例如，这些符号是口头传递的，接受者就必须仔细地听，否则符号将会丢失。

（5）接受者将这些符号译为具有特定含义的信息。由于发送者翻译和传递能力的差异，以及接受者接受和翻译水平的不同，信息的内容经常被曲解。

（6）接受者理解信息的内容。

（7）发送者通过反馈来了解他想传递的信息是否被对方准确无误地接受。一般说来，由于在沟通过程中存在着许多干扰和扭曲信息传递的因素（通常将这些因素称为噪声），沟通的效率大为降低。因此，发送者了解信息被理解的程度是十分必要的。图中的反馈构成了信息的双向流动。

六、有效人际沟通及其障碍

（一）组织沟通障碍

组织中的沟通主要是以信息的有效性传递来判断沟通的保真程度。沟通的保真程度是指信息源的意图与接受者对信息理解的一致性程度。事实上，任何信息在沟通过程中都会发生或多或少的损失，也就是说，由于沟通过程中某些障碍的存在，无法绝对保证沟通的准确性和完整性。表6-4说明了在组织沟通中产生的障碍和失真的一般表现形式。

表6-4 组织中的沟通障碍

问题的根源	问题的类型
信息来源	过滤
编码与译码	缺乏共同经验 语义不同 术语理解不同 媒介问题
接受者	选择性注意 价值判断 对信息来源缺乏信任 信息超载
反馈	忽视反馈
组织因素	噪声 地位差异 时间压力 信息超载 网络结构

（二）沟通障碍的原因

造成沟通障碍的原因，主要概括为以下五种。

1. 发送者对信息表达的障碍

发送者要把自己的观念和想法传递给接受者，首先必须通过整理变成双方都能理解的信号，也就是说，把要传达的信息表达出来，并表达得十分清楚，而这方面容易出现障碍的情况主要有以下几种。

（1）错觉。错觉是歪曲的知觉，也就是把实际存在的事物歪曲地感知为与实际完全不相符合的事物。精神病人常有错觉，比如把屋顶上的圆形灯看成人头悬挂。正常人也可以有错觉,在照明不良或视觉听觉减弱的状态下,疲乏、精神紧张、恐惧等时候都可以产生错觉,如杯弓蛇影、风声鹤唳、草木皆兵等,但正常人的错觉一般通过验证能较快地被纠正和消除。

(2)错猜。错猜是指人们的思想里往往存在着某种偏见或某些先入为主的观念。这样,接收信息的人只听他自己想要听的话,往往在没有听完别人的话时,就按想当然的先入为主的观念来理解别人的话,从而对收到的信息做出错误的猜测,造成有效沟通的障碍。

(3)信息发送者的信誉不佳。信息发送者发出的信息之所以不被信息接受者重视,常常是因为接受者对发送者的能力、人品、经验等不信任,甚至厌恶。信息发送者要使人相信,必须经受信息接受者的长期考验。因此,管理者在与人交往中必须努力做到"言必信",以便获得信誉。

(4)信息来源上的问题。信息来源主要涉及发送者的问题。这种问题主要是过滤信息,发送者假设接受者不需要理解这些信息,就故意地截留了一些信息。另外,也可能提供一些无意义的信息,以及容易引起错误解释的信息。

(5)语言障碍。由于人们语言修养上的差异,虽然使用同一种语言,但对同一信息的理解却会产生歧义。这或者是因为信息发送者表达欠清晰,或者是因为信息接受者未能正确解释信息的含义。同时在沟通过程中,如果发送者表达能力不佳、词不达意、口齿不清,或者字体模糊,会使接受者难以了解发送者的真实意思,从而使信息失真。

(6)地位与心理障碍。在阶级对立的社会中,由于阶级地位不同而形成不同的阶级意识、价值观念和道德标准。这种沟通困难,是因为不同阶级的成员对同一信息会有不同的,甚至截然相反的认识。政治差别、宗教差别、职业差别等,也都可能造成沟通障碍。当某人在管理层中的地位远远高于另一些人时,便会产生地位影响。

心理障碍主要是指由于人们不同个性倾向和心理特征所造成的沟通障碍。需要、动机的不同,兴趣、爱好的差异,都会造成人们对同一信息的不同理解。气质、性格、能力的不同,也会为沟通带来困难。

(7)社会环境与知识经验的局限。当发送者把信息翻译成信号时,他只是在自己的知识经验范围内进行编译;同样,接受者也只能在他们自己的知识经验内进行译解,理解对方传送来的信息的含义。

与此同时,这种社会环境与知识经验的差异往往也通过发送者与接受者的文化差异体现出来。文化差异影响到组织内部各个部门之间的人际交流。例如,研发部门与生产部门之间的文化差异,研发部门的人员具有长期意识,注重未来,而生产部门的管理者关心装配流水线的运行,关心完成每日的生产指标。另外,在经历了不同的社会和宗教环境的人员之间,也经常产生文化差异。

2. 信息传递的障碍

在信息传递过程中,常出现以下几种障碍。

(1)时机不适。信息传播的时机会增加或减少信息的沟通价值,不合时机发送的信息,将成为接受者理解信息时难以克服的障碍。时间上的耽搁与拖延,会使信息过时而无用。

(2)媒介障碍与方式不恰当。这主要是指沟通渠道的问题。如果沟通渠道不对,沟通一定不能完成,因为接受者接收不到信息。解决媒介问题最有效的方法是发送者事前先了解接受者擅长的沟通渠道是什么，然后，用这个渠道传递信息。

（3）信息传导错误。发送者知道该说什么，但是却选择了错误的渠道与媒介。比如，传送一个私人的信息时打个电话或登门拜访就比书面的方式更恰当、更有效、更通情达理。又如，发送者可能希望在一定的时间内尽可能多地将信息传送给接受者，却没有考虑到对方对这个话题先前已有的知识和理解能力。再如，接受者说话太快、太慢，或滥用术语往往也会导致沟通的失败。

同时，除了最高层的管理者和最基层的执行者外，组织中的大部分管理人员在信息传递中起着承上启下的作用，接收到来自上级、同级或下级的信息后，经过自己的理解和加工，以一定的方式再传递给其他下级、同级或上级。在这个过程中，逐字逐句地接收和传递是不可能的。必须选择适合不同对象的形式，对接收到的信息进行改编，并加上对方能理解的解释。然而，改编后传递的信息并不一定符合接受者的特点。例如，喜欢数据材料的领导，你却送去文字分析报告；或者正好相反。这样，就可能造成接受者对信息理解的困难，产生错误的解释，从而使信息失真。

（4）沟通技能较差。人们的沟通能力有相当大的差别，这种差别往往影响信息沟通的有效性。沟通技能的一些差别有的源于个人的教育和训练水平，有的源于更为重要的个人秉性，有的则源于个人动机因素。接受者方面也显示出个人差别，有些人由于教育、训练、个人秉性和生理特点，比其他人更能倾听别人的意见。

3. 接受者对信息理解的障碍

在沟通过程中，接受者接收信息符号后，进行译解，变成对信息的理解。在这一过程中常出现的障碍有以下几种。

（1）知觉的选择性。接收信息是知觉的一种形式，由于人们知觉的选择性，往往习惯于接收某部分信息、忽略其他信息。他们选择的目标往往是自己感兴趣的内容、与自己利益紧密相连的事情、自己必须负责的项目等。

（2）接受者对信息的过滤。接受者在接收信息时，有时会按照自己的需要对信息进行过滤。

（3）接受者的理解差异和曲解。接受者往往会根据个人的立场和认识解释其所获得的信息。基于个人的社会环境、生活背景和思想愿望的不同，人们对同一信息的理解将有所差异。即使是同一个人，由于其接收信息时的情绪状态不同，或者场合不同，也可能对同一信息有不同解释，因此，所采取的反应行动也各不相同。比如，接受者可以出于个人的愿望、个人的目的而有意强调某一方面，忽略另一方面，或者曲解信息的本义。如果认为符合自己的价值观，就会高度重视，并完全接受；如果认为不符合自己的价值观，就会轻视信息，并排除信息。

（4）信息过量。在现代组织中，一些管理人员经常埋怨他们被淹没在大量的信息传递中，因而对过量的信息采取不予理睬而搁置起来的办法。美国一家大企业的一位经理人员估计，他每天要收到600页的计算机输出资料。这些资料详细记录了每条生产线的产量、各种原料的地址及操作中的其他指标，他只能找间空的存储室来存放这些资料，最后转包给废品公司运走。

4. 组织内部固有的障碍

一个组织的内部结构以及组织长期形成的传统及气氛，都会对内部的沟通效果直接产生影响。

（1）组织结构不合理引起信息沟通障碍。如果组织机构过于庞大，中间层次太多，那么信息沟通从最高决策层传递到最基层不仅容易产生信息的失真，而且还会浪费大量时间，影响信息的时效性。同时，自下而上的信息沟通，如果中间层次过多，同样也浪费时间，影响效率。因此，如果组织机构臃肿，结构设置不合理，各部门之间职责不清、分工不明，形成多头领导，或因人设事，庙小和尚多，人浮于事，就会给沟通双方造成一定的心理压力，引起传递信息的失真和歪曲，从而失去信息沟通的有效性。

（2）组织气氛不和谐。一个组织的气氛对信息接受的程度也会产生影响。信息发自一个相互高度信赖和开诚布公的组织，它被接受的可能性要比来自那些气氛不正、成员间相互猜忌和提防的组织大得多。影响信息的另一组织气氛是命令和请示是否拘泥于形式。如果有的组织除例行公事外，任何工作都必须下达正式命令来完成，那么在这个组织中，一般性的或不是正式传达的信息则较难被接受。

5. 反馈的忽视

反馈是指接受者给发送者一个信息，告知信息已收到，以及理解信息的程度。反馈的目的是证实。反馈不足可能产生两个问题。

（1）发送者可能发出第二次信息。

（2）接受者可能按不确定的信息行动。因为反馈很重要，所以发送者必须努力获得反馈，而接受者也必须经常反馈。尤其是对重要信息的沟通，一定要及时反馈。反馈的方法主要有以下几种：重复原来的信息、回答自己理解的信息、用表情或身体语言来反馈。

（三）管理沟通的改善

在每个组织中，所有的主管人员都能体会到实施沟通控制的实际困难，所以仅仅掌握沟通的原则、方法往往是无济于事的，还需要了解沟通过程中可能引发的障碍，以便于全面地、科学地、系统地对沟通进行控制，使组织内部的工作能有序、有效地开展，实现组织的最终目标。众所周知，管理信息沟通离不开信息的收集、加工处理与信息的传递，因而对管理沟通的改善也必须从这些环节中加以突破。

1. 信息收集的控制

信息收集是进行信息沟通的前提，也是组织进行管理决策的基础，为此要科学地进行决策，不可忽视对信息收集环节工作者的控制。在进行信息收集时，必须要依循下列程序展开工作。

（1）确定信息收集的内容。信息收集是为组织解决某个专门问题服务的。因此，在进行收集以前，一定要搞清组织的工作意图，分析所要解决的问题的实质，研究与此有关的信息有哪些内容。企业不同的管理部门和层次，在不同时期，工作重点或需要解决的问题都不同。因此，信息的要求也是不一样的。只有明确服务对象所要解决的问题，才能判定信息收集的边界条件，确定信息收集的工作内容和方向。

（2）选择信息的来源。信息有众多不同的来源，不仅不同类型的信息有不同的来源，有时同一信息也可能来自不同的渠道。为了及时获取准确可靠的信息，信息工作者必须在这些来源中进行比较，选择其中最合适的。一般来说，信息的来源主要有两个：一是来自企业内部的各种管理信息，这主要是从直接信息源收集到的信息；二是来自企业外部的管理信息，这往往是间接的信息来源。

（3）选择恰当的方法，收集所需信息。选择了恰当的信息来源，下一步就要据此利用恰当的方法去收集企业所需的管理信息。信息的来源不同，收集的方法也不一样。主要方法有两类：一类是直接到信息产生的现场去调查；另一类是查阅和利用现存的文献资料。在信息收集过程中，还要注意边收集边进行初步的分析，因为收集的原始信息内容较多，可能显得杂乱无章，如果不进行初步分析，便可能出现重复收集或遗漏的现象。

（4）培养高素质的信息员。随着信息技术的迅猛发展和有效应用，组织管理关系的性质正在不断发生变化。未来的管理者无须拥有像现在一样多的下级人员，但需要更加依赖于信息系统。信息需要在组织内部的人员之间进行传递，甚至在内部人员与外部人员之间进行传递。随着管理者充当信息收集者和传递者角色的活动日渐增多，他要收集到及时、有用的信息，其关键在于信息员的素质的培养和提高。

2. 信息加工与处理的控制

信息的加工与处理是将收集到的原始信息按照一定的程序和方法，进行分类、鉴别、计算、分析和编写，使之成为可供利用或储存的真实、可靠的信息资料。它是信息收集的逻辑延续。信息加工与处理的作用主要表现在以下几个方面。

（1）提高信息的真实性和清晰度。信息加工过程是一个去粗取精、去伪存真的过程。收集的原始信息量大且乱，其中包含着许多不真实、不准确的成分，通过对初始信息的鉴别和分析，可以将其剔除，从而提高信息的真实性和可信度。同时，信息的加工过程也是对初始信息的价值和意义的识别过程，通过这个过程把那些含义模糊的信息与其他信息进行比较分析，或补充收集新的信息予以解释，则可以提高信息意义的清晰程度。

（2）提高信息的有序性和系统性。经过专项调查收集的初始信息往往难以直接被利用或存储，通过查阅文献得到的现存信息亦然。因为这些信息的发布原本不是针对某个企业解决某个特殊问题的需要。这些信息大多杂乱无章、彼此孤立地存在着，只有按照一定的程序，利用专门的方法对之加以鉴别、比较和组合分析，才能识别其意义，了解其相互关系，并经过计算和分类，使之形成相互联系、结构有序、内容系统的信息群，从而便于传递、利用和储存。

（3）提高信息的价值和容量。信息价值是指信息的有用程度，信息的容量是指信息能够反映客观事物的深度和广度。信息的价值和容量往往可以随人们的认识和利用能力而改变。信息加工过程是一个由表及里、由此及彼的过程，在这个过程中，通过信息工作人员的思维活动，可以把一些相互孤立的信息综合起来考察，得出一些对指导企业经营活动及其管理有参考价值的情况，从而使初始信息具有更高的价值、更大的容量。对初始信息的加工一般包括鉴别、分类、计算、比较、分析和编写等工作内容。

（4）对信息加工与处理的反馈。反馈是沟通过程的最后一个环节，对这一反馈环节加以控制，往往是决定沟通目标能否实现的关键。例如，在组织与个人彼此的沟通过程中，我们在观察对方身体语言等各方面所反馈的其对信息的态度的同时，切不可忽视在管理过程中，应尽量控制自己的行动，使反馈行为处于自己意识的控制之下。

要畅通与理顺传递的渠道，把握好传递的方式与范围。如果组织内部的正式信息没有以一个畅通的渠道及时传递出去，那么就会以非正式的渠道传递出去，会削弱正式信息的严肃性与权威性，而以正式渠道去散布或者传递非正式组织的信息，会助长组织内部非正式组织的行为，乃至影响组织的良性运作。所以，必须严格控制传递的方式与范围，做到需要保密的绝不泄密，要求禁止的小道信息尽可能及时地在组织内部得到控制。

案例

杜航酒庄团队创业之路

合作初期，来自法国的杜航为主导，来自中国的王先生做好辅助支持，杜航酒庄迎难而上取得了初步的成绩。随着酒庄的经营步入了正轨，杜航与王先生的合作也进入了新的发展阶段。2013年8月，在杜航的邀请下，王先生正式注资30万元人民币，占酒庄总股份的30%（杜航出资50万元，杜航的老友出资20万元），正式成为杜航酒庄的第二大股东。

但两人合作的"蜜月期"是短暂的，随着合作的深入，中西方两位创业者的思想理念出现了重大分歧。有一次，酒庄新进了一大批红酒，会客室里显得有些拥挤不堪，而手下的中国员工却显得无动于衷，非要杜航吩咐把酒搬到指定的位置，员工们才开始行动起来，杜航对此颇为不满。"在法国，公司的组织结构都比较简单，从下级管理职位到上级管理职位大约只有二三级，所以我们每个人承担的工作范围都很广，我们都需要不停地充电，争取多精通几个专业，以便在工作中能独当一面，多为公司做出自己的贡献，而中国的员工好像不是这样的。他们习惯于听从老板的指挥与意见，即便老板有时的决策是错误的，他们也没有提出反对意见。"这种不徇私情、泾渭分明的管理理念还体现在对酒庄未来管理重点的判断上。对于杜航来说，目前酒庄管理最重要的是如何尽快完善酒庄的各项规章、制度，这样才能做到有法可依，使公司的业务早日步入正轨。王先生对此却颇为担心："对于一家刚成立的小公司，也许制度、规章都不那么重要，如何聚拢人心是最关键的，中国的创业者更讲求人性管理，这也可能是中国人不适应制度约束的原因吧，但这绝对更适合企业创业的初期。至于制度化管理，给予员工更大的平台则是企业成长壮大之后的事情。也许杜航欠缺创业的经验，所以他的管理方式略显单一。"尽管没有出现正面冲突，可是彼此总难以取得共识，杜航和王先生也没有多少感情上的共鸣和信赖可言。

随着酒庄的发展壮大，两位创业团队的伙伴间又出现了更大的分歧。杜航喜欢稳扎稳打，未来几年的发展，仍倾向于秉承公司一贯的销售方式——人员促销，更广泛地占领成都众多的酒吧、餐饮和超市等传统市场渠道。王先生似乎不大赞同这样的求稳战略，表达了自己的酒庄发展蓝图："一家公司的长远发展更依靠战略上的设计和安排，立足目前杜航酒庄自身人员推销基础，逐步建立网络直销渠道，实现公司线上与线下的同步销售在我看来是公司未来应该实行的战略。"双方僵持不下时，杜航有意无意地谈及酒庄的股份构成，暗示自己的身份：我才是酒庄的最大股东。这样的态度有些伤了王先生的心，虽然自己投入的资金不是最多的，但也是酒庄的第二大股东啊，何况当初参与酒庄经营时，也有言在先，杜航提供货源，自己主要负责酒庄的市场营销，互联网销售渠道的拓展不是在自己的职权范围之内吗？为什么得不到实现？虽然杜航是酒庄最大的股东，可也不能搞一言堂吧，看着酒庄错失发展的良机，王先生觉得自己一番创业的激情仿佛被杜航从头到脚浇了一瓢冷水，就此萌生了退意。

就这样，在销售团队的管理方面，杜航讲制度，王先生求人性；在公司战略的制定层面，杜航求稳，王先生则更倾向于尽快发展。两个人对于酒庄业务的发展在认知上存在着巨大的分歧，这种分歧又使二人本就不亲密的情感交流降至冰点，特别是杜航对自己最大股东身份的一再强调让王先生在情感上实在难以接受。考虑到两人观点的差异，如果同时负责公司的管理工作，可能会形成多头管理的局面。鉴于杜航是最大的股东，王先生选择了主动退出，只保留在公司的股份，不再参与公司的管理工作，但以咨询顾问的形式，继续承担公司的销售培训工作。"公司的股东不应该都参与公司的管理和经营，就像一辆马车，大家往不同的方向赶，车就会四分五裂了，还不如就往一个方向跑，也许会更好。希望杜航以后能更加清晰股份和管理的区别，这二者是两回事，大股东不代表就是最有权力的管理者，这也是我们存在争议的地方。"退出公司的管理工作，王先生发出了这样的感慨。

阅读完本案例，试着回答以下问题。

（1）影响创业成功的因素有哪些？如何管理好这些因素以促进创业活动的成功？

（2）创业团队异质性表现在哪几个方面？对创业团队冲突有何影响？

（3）跨国创业团队中的文化差异如何衡量？会对创业团队异质性产生怎样的影响？

（4）创业团队冲突是怎样造成的？创业团队冲突有哪些不同类型？不同类型的冲突对创业团队的发展有何影响？

（5）创业团队如何健全团队成员的沟通机制？

本 章 小 结

本章主要是让读者对创业中的冲突、谈判和沟通有初步的了解和认识。本章共有三节内容。第一节介绍创业中的冲突。首先，介绍了冲突的定义及分类；其次，介绍了冲突的来源并对其进行分析；最后，介绍了冲突管理的原则和策略。第二节主要介绍创业过程中的谈判。首先，介绍了谈判的定义、特征及过程；其次，介绍了影响谈判的因素以及当谈判双方陷入僵局时进行的第三方谈判。第三节主要介绍创业中的沟通。首先，介绍了沟通的定义、功能及分类；其次，介绍了沟通的过程和障碍，以及怎样进行有效的人际沟通。

关 键 术 语

冲突管理　建设性冲突　沟通　谈判　非正式沟通

本章思考题

1. 冲突的概念、类型以及冲突产生的根源是什么？

2. 如何有效进行冲突管理。
3. 谈判的定义、特征以及影响因素是什么？
4. 简述沟通过程的模型。
5. 正式沟通与非正式沟通的区别是什么？

本章参考文献

陈春花，杨忠，曹洲涛，等.2019.组织行为学[M].3版.北京：机械工业出版社.
李家华.2015.创业基础[M].2版.北京：清华大学出版社.
罗宾斯，贾奇.2016.组织行为学精要（原书第13版）[M].郑晓明，译.北京：机械工业出版社.
张玉利，等.2016.创业管理[M].4版.北京：机械工业出版社.

第七章

创业资源整合

【学习目的】

通过本章的学习,了解创业资源及其整合的相关概念、创业资源整合的步骤、创业资源整合的方法。

【学习要求】

1. 了解创业资源的概念及分类。
2. 掌握创业资源整合的类型、步骤及策略。
3. 熟悉创业资源整合的方法。
4. 了解创业资源利用的方法。
5. 分析本章案例并完成思考题。

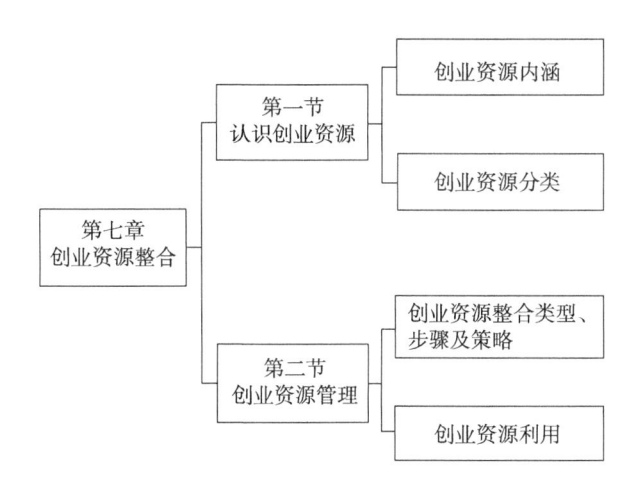

```
第七章           第一节            创业资源内涵
创业资源整合 ── 认识创业资源 ──
                                创业资源分类

              第二节            创业资源整合类型、
              创业资源管理 ──  步骤及策略

                                创业资源利用
```

第一节 认识创业资源

一、创业资源内涵

(一)资源的定义

资源,在《现代汉语词典(第七版)》中的定义是生产资料或生活资料的来源。在经济学领域，把为了创造物质财富而投入于生产活动中的一切要素通称为资源，即指一般意义上的商业资源。经济学对资源的解释可追溯到英国古典经济学家威廉·配第（William Petty），"土地是财富之母，劳动是财富之父"的经典论述，实际上是配第资源观的具体体现。马克思也指出"劳动和土地是形成财富的两个原始要素，是一切财富的源泉"，同样肯定了劳动力和土地是形成财富的源泉。管理学的资源概念以战略管理中的资源论为代表。在资源论中企业被定义为物质和非物质资源的集合体，徐绪松教授提出 CSM（complex science management，复杂科学管理）新资源观论，认为投入后能够产生效益，包括能够创造经济价值（创造财富）、产生经济增长、建立竞争优势、提高核心竞争力、实现人与自然的和谐、持续发展等的东西均称为资源。企业的成长是对资源不断开发、积累、整合和运用的过程，正是企业所拥有的异质资源，构成了企业绩效差异的主要源泉，资源是持久竞争优势之本。而对于资源的内涵，由于角度不同资源论内部也形成了不同的观点。第一，以拥有和控制为标准，如 Daft（1983）认为资源是企业所控制的并能用以制定和实施战略以提高效率和效果的因素；Amit 和 Schoemaker（1993）也认为企业资源是由企业所控制或拥有、能参与产品和服务的生产以满足人类需求的、有形的和无形的、人力的和非人力的所有投入要素。第二，以投入要素为标准，如 Grant（1991）认为资源是生产过程的投入要素。第三，从较宽泛的内涵定义资源，如 Wernerfelt（1984）认为企业强项或弱项的所有一切都是资源，包括物资资源、人力资源和组织资源。Barney（1991）指出企业资源包括了所有的资产、能力、组织程序、企业特性、信息、知识等，并也将这些资源分为三类：物资资源、人力资源和组织资源。物资资源，如物资技术、厂房设备、位置、获取材料的通道等；人力资源，如经验、判断能力、天资、洞察力、关系及培训体系等；组织资源，如正式的报告结构、正式与非正式的计划、控制与合作系统，集团间、企业内、企业间及其与环境的非正式关系等。大卫·J. 科利斯（David J. Collins）、辛西娅·A. 蒙哥马利（Cynthia A. Montgomery）将资源分为三类：有形资产、无形资产和组织能力。

（二）创业资源的定义

在创业资源的界定上不同的学者所认同的范围也略有差距。Valliere（2015）认为创业资源指新创公司进行公司活动时所拥有的或可支配的各种资源要素的组合。企业资源基础理论的主要代表人物 Barney（1986，1991）认为，创业资源是指企业在创业的整个过程中先后投入和使用的企业内外各种有形的和无形的资源的总和。国内学者林嵩等（2015）认为创业资源是新创企业在其形成以及发展过程中所有的生产要素和达成条件的集合。同时，他们也指出了多企业协同的联盟形式更能提高新创企业的成功率。结合上述学者对创业资源的不同理解，本书对创业资源做出如下界定，即创业资源是新创企业在进行价值创造过程中所投入和运用的各种生产要素和支撑条件的总和，包括创业人才、创业资本、创业机会、创业技术等要素。

（三）创业资源与一般资源的异同

1. 相同之处

一般商业资源是指经济学意义上的资源，即具有经济价值或能够产生新的价值和使用价值的客观存在物。从这个意义上说,具有经济价值并能够创造新的价值,这是创业资源与一般商业资源的共同点,但资源的通用性无法使企业获得高水平绩效和持续的竞争优势,也无法实现创业企业的成长。

2. 不同之处

(1)创业资源的外部性。创业资源大多为外部资源,新创企业普遍资源短缺,创业者往往只拥有少量的资源,甚至两手空空。因此,创业者获取资源的有效途径就是使外部资源内部化,特别是对于关键性创业资源要能够有效地获取与整合。成功的创业者大多都是资源整合的高手,创造性地整合外部资源是他们成功的关键因素之一。

(2)创业资源的异质性。资源基础理论认为企业的竞争优势源于企业拥有的异质性资源。马克特(Markt)和卡森(Casson)指出:创业者就是为了协调稀缺资源而实施判断性决策的人。企业内部拥有的那些异质性资源和能力是新企业成长的重要原因。资源异质性,是指其具有价值性、稀缺性、难以模仿性和难以替代性,从而构成了企业竞争优势的内生来源,包括创业者在创业过程中形成的有特色的创意、创业精神、愿景目标、创业动力、创业初始情境等。

(3)创业资源使用价值的差异性。人类知识不仅总是对于具体事物而言,而且总是分属于不同的认识主体,相互之间难以完全统一,这就是知识分散性。分散性知识的存在,意味着对于同样的资源创业者会看到他人未能发现的不同效用,产生不同期望,做出不同的投入产出判断。从而产生超出一般商业资源的新价值,甚至是产生超额利润的效果。

(4)创业资源能实现新效用。资源价值来自资源属性的效用,而资源效用不是一成不变的东西,会在社会活动中不断被发现。创业者按自身发现的效用对所获资源进行开发利用,把发现的资源新效用变成产品或服务的新功能,以此获得价值增值甚至是超额利润。这种发现和实现资源新效用的过程,就是创业活动的本质。

由此可见,创业资源是指经由创业者识别并开发利用,充分实现其新效用、获得新价值甚至是超额利润,具有异质性的商业资源。创业者必须注重控制、整合和充分利用创业资源,以建立新创企业的竞争优势。

二、创业资源分类

(一)按照资源的性质分类

1. 人力资源

人力资源是指在一定的区域范围内,可以被管理者运用而产生经济效益和实现管理目标的体力、智能与心力等人力因素的总和,包括知识、技能、能力与品德素质等。人力资源的价值来源于两个方面,即手和脑。人具有体力,体力是企业组织生产劳动的必备要素,是企业存在的必要条件,体力是人力的工具特性。人具有脑力,脑力是企业发展的充分条件,脑力可以使人调用其他各种资源、优化资源结构、利用其他资源创造价值,脑力是人力的智力特性。正是因为人力同时具备两方面的特性，使得它比资金资源更具有重要性，所以称人力资源是企业的第一资源当之无愧。为了说明人力对企业的巨大作用，宝洁公司的董事长理查德·德普雷（Richard Deupree）说过这样的话："如果你把我们的资金、厂房及品牌留下，把我们的人带走，我们的公司会垮掉；如果你拿走我们的资金、厂房及品牌，而把我们的人留下，10年内我们将重建一切。"美国钢铁大王卡内基（Carnegie）曾说过："将我所有的工厂、设备、市场、资金全部夺走，但是只要保留我的组织人员，四年以后，我将仍是一个钢铁大王。"天下道理皆相通，企业的竞争和国家之间的竞争是相似的。汉初，刘邦在刚得天下的时候，曾经与群臣讨论过他成功而项羽失败的原因。原话是："夫运筹策帷帐之中，决胜于千里之外，吾不如子房；镇国家、抚百姓，给馈饷，不绝粮道，吾不如萧何；连百万之军，战必胜，攻必取，吾不如韩信，此三者，皆人杰也，吾能用之，此吾所以取天下也。项羽有一范增而不能用，此其所以为我擒也。"（出自《史记·高祖本纪》）意思就是，刘邦知人善任，诸如张良、萧何、韩信等都能充分施展他们的才华，而项羽只有一个范增，也没有给他发挥的机会。

2. 声誉资源

郑文哲与王水嫩（2004）认为，企业声誉是公众在对企业的各种因素认知的基础上所得出的一种综合评价。从狭义上讲，企业声誉是指企业在长期经营活动中积累的声誉和名望；从广义上讲，则是公众在对企业的业绩、创新能力、社会责任与战略性传播等因素认知的基础上所得出的一种综合评价。作为一种无形资产，良好的企业声誉不仅有利于招揽优秀的人才，增强消费者对企业产品的信赖；而且容易获得更多的外部资源，从而降低成本。克雷普斯（Kreps）认为权威源于企业声誉，他指出任何经济活动都可能面临不可预见的突发事件，一家企业如何应对危机将直接影响到企业利益相关者的利益，如果缺乏建构或维持声誉的能力，企业就很难东山再起。声誉的高低随着它被使用的次数而叠加，既不易构建也不易消匿，所以一家企业的早期历史可能在该企业声誉的形成中发挥决定性作用。

3. 财务资源

传统财务中的财务资源即物质资源，物质资源的获取、利用、分配等构成财务管理的主要内容，也就是说，传统财务资源的范围界定决定了传统财务管理是对物质资本运动过程的管理。在新的理财环境下，财务资源的内涵逐渐拓展。目前比较普遍的观点是企业的财务资源是指企业获得现金的各种渠道和潜在能力。这种渠道和能力可概括为三个方面。首先是企业通过自身经营获得现金的能力；其次是企业通过借贷获得现金的能力；最后是企业通过发行股票或股权形式获得现金的能力。其中，企业通过经营获得现金的能力是企业财务资源的核心能力，因为该能力的大小直接影响后两种能力。财务资源包括资金、人脉、占地面积、原材料、厂房、业务来源、市场占有份额、企业利益相关者、企业文化等，作为企业生产、产出高效运行的必要组成元素和构成部分，企业管理是为了使资源得到最优化分配，使得组织内部和外部高效运行，最大限度地实现组织目标；能否实现目标直接关系到企业的生存与发展。财务资源是企业管理过程中决定企业能否达到期望目标效果或者超标的前提和保证。

4. 技术资源

技术资源包括两个方面，一是解决与实际问题有关的软件方面的知识，二是为解决这些实际问题而使用的设备等硬件方面的知识，两者的总和就构成了这个特殊资源，即技术资源。按照技术的先进程度可以将技术资源划分为常识性技术资源、经济技术资源、高新技术资源。常识性技术资源是指那些可以轻易被获得和了解的技术资源，通常不需要太多的专业知识或技能就能掌握和应用，并且容易被模仿和替代。经济技术资源是指能够实现较好的经济效益的成熟技术，经济技术资源往往能够支撑企业实施资本密集型的发展战略。高新技术资源是指技术含量高或者新颖独特的技术，这类技术资源具有高风险性和高收益性的特点，能够支撑企业实施差异性技术战略。技术资源对于提升企业竞争力的作用十分明显，企业之间的技术资源的差距对于企业竞争能力的影响是巨大的，甚至是决定性的。企业的任何生产流程和管理模式都需要有相应的技术资源来支撑，在先进的生产流程和管理模式的实施过程中，技术资源往往是起决定性的因素。技术具有一定程度的排他性，很多个人和厂商因某项发现或知识而拥有垄断力量，获取垄断利润。许多成功的公司将开发和拥有高质量的技术资源作为其在自由竞争的市场上构筑市场进入壁垒的最重要的武器。各大跨国公司在我国打着"以技术换市场"的旗号，占据利润最丰厚的市场，让我国的企业无可奈何。SONY在我国的彩电市场上曾经创造出了销售5万台彩电的总利润超过我国企业销售500万台彩电的总利润的神话，我国的DVD厂家也为获得技术使用权而付出了巨额的技术使用费，所有这一切都证明了高质量的技术资源是诸多厚利行业最有效的进入壁垒，没有高质量的技术资源却奢谈构筑企业的竞争优势无疑是痴人说梦。拥有优势资源的企业在进行战略设计时的选择空间比只持有劣势资源的企业的选择空间要大得多。在种种生产资源中，技术资源是获取难度、对竞争优势贡献都非常大，而且维持市场时间非常长的一种生产要素。因为官方法律往往会支持并维护拥有技术资源的企业在一定时空范围内的合法垄断地位，所以毫无疑问技术是优势资源之一，拥有技术资源优势的企业选择市场空间和完善价值链的能力更强，所以这些企业具备更强的竞争优势。

5. 组织资源

组织资源的协调能力是将其系列能力转化为整体优势的核心，直接关系到高绩效的问题。组织协调是对资源配置进行的有效重组与重置，不但包括原有资源配置整合的组织协调，还涵盖了对新的资源整合的组织协调，它要求通过运行重置的资源系统来协调利用组织资源。资源的不断重置、整合使用，可以创造更多利用资源的机会，实现组织资源的最优化和资源创造价值的最大化。在资源重置时，通过各异的知识、技术与能力一并协调使用，可以带来协调效应，这种协调效应是前一步竞争优势所带来的资源重置的结果。协调能力的结果，直接关系到组织的发展。由领导、计划、组织、管理等构成的协调系统，是优化资源重置的根本保证。在组织运行中积累学识，协调运用资源整合的特性，其实就是在突出组织的协调能力。组织资源的多样化、复杂化需要很好的协调能力，人力、物力、财力的综合运用，内部、外部资源的协调运用，都受到协调能力的影响。

（二）按照资源的表现形态分类

1. 有形资源（实体资源）

有形资源指可见的、能量化的资产，主要包括创业者的固定资产和金融资产，它们是企业经营管理活动的基础，一般都可以通过会计方式来计算其价值。

2. 无形资源（虚拟资源）

无形资源是指企业长期积累的、没有实物形态的，甚至没有办法用货币精确度量的资源。无形资源一般包括：品牌、商誉、技术、专利、商标、企业文化及组织经验等。也就是说，企业无形资源包括了会计上的无形资产，但不限于无形资产。随着社会发展，我们已经发现，许多企业的无形资源的价值越显突出。从现代企业的发展来看，对企业未来生存与发展起着战略作用的资源往往是那些无形资源。有形资源与无形资源相比，有形资源越用越少，边际效应递减；无形资源不会越用越少，且边际效应递增。所以，无形资源更具价值创造的潜力，无形资源往往是撬动有形资源的重要杠杆，能够为创业者带来无可比拟的竞争优势。

3. 人才资源

人才资源是人力资源中的一个特殊部分，在科学知识、劳动技能方面较其他部分更为优质，在价值创造过程中起到的作用更加关键，通常包括创业者或创业团队及其雇员的知识、能力、经验以及个人社会关系网络。因此，对于企业而言，人才资源的开发应作为企业发展的核心战略，是保障企业成长和发展的至关重要环节。要做好人才资源开发工作，就需要充分认识和理解人才资源的特性，有针对性地选择人才资源的开发途径。与其他资源相比，人才资源具有强烈的稀缺性。这是引发社会组织对人才资源抢占、争夺和珍惜的根本原因。但需要注意的是，人才资源还具有一些其他特征，使得人才资源与其他自然资源区分开来。

（三）按照对企业成长的作用

1. 要素资源

企业所需的要素资源是指那些直接参与企业日常生产、经营活动的资源，主要有场地资源、资金资源、人才资源、管理资源、科技资源五种。

2. 环境资源

环境资源是指那些虽然没有直接参与企业生产，但却极大地提高了企业运营有效性的资源，是指在企业发展过程中所需要的除上述五种生产要素之外的支撑条件，通常包括：政策资源、信息资源、文化资源和品牌资源等。

第二节 创业资源管理

一、创业资源整合类型、步骤及策略

（一）创业资源整合概念

现有研究对创业资源整合概念内涵的理解主要有如下观点：西门（Sirmon）等认为创业资源整合是企业对内部资源进行整合，企业拥有资源所有权，可以直接调配，他们旨在揭示新创企业如何对其获取和拥有的资源进行整合。有学者从能力角度定义，蔡莉和尹苗苗（2009）认为创业资源整合是企业获取所需的资源后，将其进行绑聚以形成能力的过程。西门借助资源观，认为创业资源整合是管理者通过对资源进行有效管理和组合进而取得竞争优势。董保宝、葛宝山和王侃认为创业资源整合是指企业对不同内容的资源进行识取和配置，使之具有较强的系统性和条理性，以形成新的核心资源体系的一个复杂的动态过程。本书认为，创业资源整合指企业对不同来源、不同层次、不同结构、不同内容的资源进行识别与选择、汲取与配置、激活和有机融合，使其具有较强的柔性、条理性、系统性和价值性，并创造出新的资源的一个复杂的动态过程，并且这一过程应当具备两个基本特点：尽量多地发现有利的创业资源；以效率最高的方式来配置、开发和使用这些资源。

（二）创业资源整合内容

创业资源整合主要包括以下四个方面的内容。

1. 个体资源与组织资源的整合

个体资源是个体长期学习、积累和创造的结果，具有专有性与互补性；企业中的很多组织资源不能脱离个体资源而独立存在，但又不是个体资源的简单汇总，它们具有非累加性、协同性、融合性等特性。例如，人力资本的载体是企业员工，但是人力资本并不专属于企业，严格来说，它是个体资源，而不是组织资源，只有这些员工认同、接受企业文化，企业才能够充分调动他们的积极性和主动性，然后通过有效合理的整合，发挥"1+1>2"的协同效应，使这些人力资本成为组织资源。个体资源与组织资源的整合一般包括个体资源、组织资源以及它们之间的整合。通过个体资源整合，能够发挥个体资源的使用价值，提高个体资源的产出效益；通过组织资源整合，不仅可以提升组织资源的价值，而且能够产生新的资源；通过个体资源与组织资源之间的整合可以促使个体资源向组织资源转化，与此同时，还可以提高个体资源和组织资源创造价值的能力。通过有效整合，一方面，零散的个体资源进行系统化，能够不断地融入组织资源之中；另一方面，组织资源也能够被迅速地融入个体资源的载体之中，能够激发个体资源载体的潜能。

2. 横向资源与纵向资源的整合

横向资源是指某一类资源与其他相关资源的关联程度。例如，关于信息处理方面的知识

资源，其横向知识就涉及图书情报知识资源、计算机知识资源、网络知识资源、人工智能知识资源等。纵向资源是指某一门类资源的广度和深度方面的资源，例如，关于物理学方面的知识资源，其纵向资源就包括从普通物理到量子物理、核物理等高精尖的理论知识。横向资源与纵向资源整合的特点在于通过整合可以通观某一类资源的历史溯源和发展前景，也可以了解与其他资源的关联程度，对于建立横向资源与纵向资源的立体架构具有十分重要的意义。在企业资源整合过程中，采用横向资源与纵向资源的整合方法，有助于企业提高传统资源的使用效率，开发出更多诸如知识、信息等新资源。横向资源与纵向资源的整合，要求对某一新资源有较为深入的了解，同时具有较强的归纳整理能力。对于企业来讲，这种类型的整合，可以为企业构建一个立体的资源体系，明确组织的核心能力，弥补组织内的资源缺陷。

3. 内部资源与外部资源的整合

企业本质上是一个开放的系统，与外界经常发生着知识、信息和教育等新资源的交流。在整合企业资源的过程中，企业内部知识、信息和教育等新资源必须与企业外部新资源进行互动、协同、融合等。例如，企业与客户、供应商、竞争对手、高校及科研院所等行为主体进行着知识、信息和教育等新资源的互动、协同、融合等。通过内部资源与外部资源的整合，企业能够产生新的资源结构，突破企业原有的均势，提高响应市场变化的战略性能力；与此同时，企业也可以从企业外部获得有价值、与企业内部资源相适应的新资源，资源的价值就会不断涌现出来。因此，企业应加快建成完善的从外部获取知识、信息和教育等新资源的企业网络，将外部的客户、供应商、竞争对手、合作伙伴、高校及科研院所等方面的知识、信息和教育高效地整合到企业资源管理系统之中。这样，通过有效整合企业内外部资源，可以形成合理的资源结构，提高资源的产出效果和效率，从而增强企业的持续竞争优势。

4. 传统资源与新资源的整合

传统资源使用效率低的原因之一是缺乏或未很好利用诸如知识、信息、教育等新资源。在传统资源较匮乏的今天，人们对资源的需求是无限的，合理高效配置、开发和使用传统资源对于提高企业经营绩效、增强企业竞争优势是非常重要的。诸如知识、信息和教育等新资源，如果能够很好地发挥它们配置、协同、综合传统资源的作用，就可以提高传统资源的产出效果和效率，亦能产出新的资源。传统资源和新资源的整合主要表现为这两类资源的相互融合、互为增强。通过它们的整合，一方面，新资源可以提高传统资源的使用效果和效率；另一方面，传统资源的合理利用反过来又可促进知识等新资源的不断涌现。例如，在利用新资源提高传统资源的效果和效率的同时，新资源的拥有者本身也可以更有效、更合理地利用传统资源的隐性知识等新资源，反过来，这又可以促进传统资源更加合理地配置和利用，如此循环反复、螺旋上升。

（三）创业资源整合分类

1. 创造性资源整合和杠杆资源整合

创造性资源整合，即创造性拼凑，是通过创新进行价值创造的活动。列维·斯特劳斯

（Levi Strauss）最早提出创造性拼凑的概念，笼统地指用手头现有资源直接行事，但并没有给出明确的定义。之后很多学者直接沿用了这个词的含义。贝克（Baker）和里德·E.纳尔逊（Reed E. Nelson）在他们的研究中将"创造性拼凑"定义为：为了解决新问题或利用新机会，整合手头现有的资源行事。其中包含了三层含义：一是创造性拼凑者利用的是手头现有资源，即可以立即获得并使用的资源；二是创造性拼凑是一种立即行动的行为，即积极快速地应对机会或问题而不是拖延或深思熟虑的一种行为偏好；三是创造性拼凑强调为了新问题或新机会而重新组合资源，创造性拼凑的目的是解决新问题或利用新机会，是将现有的资源用到新的用途。同时，具有这三方面特点的创业者资源整合行为才构成创造性拼凑。熊彼特等学者指出，新的整合需要将资源从原有用途中撤出，整合带来的损失可能多于潜在价值。但事实上，创业者拼凑的资源通常是被认为没有价值而闲置的冗余资源，或者是用于单一用途没有充分利用的资源，不会带来损失。不仅如此，合理利用创造性拼凑还会促进企业成长。Karnøe和Garud（2012）通过对美国和丹麦风轮机行业发展的对比分析，比较了利用创造性拼凑和追求重大突破对企业发展的影响，指出丹麦风轮车行业之所以赶超美国，是因为利用创造性拼凑手段很好地开发了现有的资源。

利用杠杆资源是整合他人资源的有效手段。杠杆资源是指创业者个人的人力资本和社会资本。创业者人力资本由一般人力资本与特殊人力资本构成，一般人力资本包括个体受教育背景、以往的工作经验及个性品质特征；特殊人力资本包括产业人力资本（与特定产业相关的知识、技能和经验）与创业人力资本（先前的创业经验或创业背景）。创业者社会资本是嵌入创业者现有稳定社会关系网络和结构中的稳定资源潜力，其价值取决于关系网络规模与关系成员所有的资本量。创业者通常利用他们的个人社会资本创建企业并获得所需资源，例如创业者社会资本会影响企业获取风险投资。教育和从业经验能够形成最初的人力资本和社会资本，教育一方面使个人具有知识、技能、资格认证、名誉等人力资本，另一方面提供了同窗、校友、老师以及其他连带的社会资本；从业经验提供了行业知识、工作技能、管理技能、产品/市场经验以及行业内广泛的连带社会资本。利用杠杆资源，创业者获得财务、物质和组织资源，从而建立组织，在此过程中吸引到对创业感兴趣的支持者，例如风险投资者、创业加盟者，他们也是资源，利用他们的个人和社会资源进一步获得财务、物质和组织资源。杠杆资源与工具资源有交集但也有不同之处，工具资源更强调资源间的交换，例如用钱可以买到设备、原料，雇到员工，这时财务资源转化为物质资源或人力资源。而杠杆资源更强调资源的杠杆作用，例如创业者通过展示学历证明、行业经验或技术专长得到风险投资，此时创业者利用人力资源的杠杆作用整合到财务资源。探索潜在资源强调创造性地、有选择地吸引新的资源，既要考虑资源与创业机会的匹配，也要考虑创业者资源特点和创业环境的影响。因此，如何将杠杆资源作用发挥到最佳将是资源探索战略的关键。

2. 稳定调整、丰富细化和开拓创造的资源整合

稳定调整的资源整合方式类似于西格尔考（Siggelkow）所说的惰性过程，即如果一个组织的一种核心元素在一定的时间里没有被增强，我们就说该组织关于这种核心元素是惰性的。稳定化的目的是在现有能力基础上进行较小的改进。通过对现有资源组合进行微调，保持现有人员、技术、管理流程等基础性资源不发生显著变化。

丰富细化的资源整合方式，其目标是扩展和延伸当前能力。尽管丰富细化的程度不同，但是其扩展目的相同，不仅保持技能的先进性，而且超越其先进性。通过学习新技能（当前技能的延伸）或者通过给当前资源束增加一种补充资源，可以实现丰富细化的资源整合方式。增加的资源可能已经存在于原来的资源组合中，或者是最近开发的，或者是通过丰富一种特定能力而获取的。

阿胡贾（Ahuja）和兰伯特（Lampert）开拓创造的资源整合方式不是建立在现有知识基础上，而是需要探索性学习的独特过程。该资源整合方式可能涉及整合完全新的资源，这些资源是近年来从战略要素市场上获取，并吸纳到资源组合中的。通过将新的资源组合到一起，用有创意的新方法对资源进行组合，或者创造性地将新的资源与现有资源加以组合可以实现开拓创造的资源整合方式。

从三种资源整合方式的内涵及实现途径我们可以看出，这三种方式对资源整合的程度依次递进。然而前两种资源整合方式都属于渐进式的整合，最后一种属于突变式的整合。三种资源整合方式的目的也不同，前两种以期维持或扩展当前能力，而开拓创造资源整合方式以期创造新能力。另外，三种整合方式的对象也有区别，第一种只是针对企业原有资源进行整合，第二种开始引入新资源，第三种则可以对全新资源进行整合。总之，无论从资源的整合程度、整合目的，还是从资源的整合对象来看，稳定调整资源整合方式与丰富细化资源整合方式较为相似，而与开拓创造资源整合方式有着明显的区别。因此，本书为了较明显地对比不同资源整合方式所发挥的作用，重点关注稳定调整资源整合方式和开拓创造资源整合方式。

3. 全面资源整合和选择性资源整合

全面资源整合是指创业者在物质资源、人力资源、技术资源、制度规范和顾客市场等诸多方面长期使用拼凑方法，在企业现金流步入稳定后依然没有停止拼凑的行为。但弊端如下。①往往过分重视"零碎"，经常收集储存各种工具、材料、二手旧货等。②偏重个人技术、能力和经验；不太遵守工艺标准、行业规范、规章制度。③不遵守在社会网络中的传统角色，顾客、供应商、雇员、亲戚、朋友等角色都是可以互换的，并且形成了一种"互动强化模式"。

选择性资源整合即资源拼凑，是指创业者在拼凑行为上有一定的选择性，有所为，有所不为。在应用领域上，他们往往只选择在一到两个领域内进行拼凑，以避免全面拼凑的那种自我加强循环；在应用时间上，他们只在早期创业资源紧缺的情况下采用拼凑，随着企业的发展逐渐减少拼凑，甚至到最后完全放弃。

（四）创业资源整合作用

创业资源整合的第一个作用是杠杆作用。通过资源整合可以用自己小的资源运作起一个大的资源盘。资源整合的第二个作用是网点作用。通过资源整合可以把以前分散的网点整合成一张巨大的网，从而扩大自己与客户接触的网点。资源整合的第三个作用是以最低的成本来构建资源、辨别大量易忽视却有效的资源，同时及时构建物质和创意资源。而创业企业始终面临着"新生弱性"的挑战，在资本、人力、物质、知识等许多资源方面缺少支持，这要求创业团队不得不学习利用有限的资源进行有效的整合和利用,因此资源拼凑成为新创企业打破这种资源贫乏局面进而取得创业成功的关键。

（五）创业资源整合步骤

创业资源整合分为四个步骤：资源识别、资源获取、资源配置及资源利用。

1. 资源识别

资源识别是企业根据现拥有的资源体系，确定进行创业活动所需的资源，识别资源缺口的过程。在这一过程中不仅要识别出企业所需的关键资源，还需对资源的各种属性进行识别，如拥有该种资源的企业、所需资源的类别等。资源识别是资源整合的第一环节，直接影响资源整合的绩效。

首先要了解企业现有资源的存量情况，包括类型、数量等方面的计量，对不同资源进行评价。对于有形资源的质量和数目的掌握可以通过企业公开的资料收集整理得到，如企业愿意共享的设备有哪些，通过分析设备的使用年限、技术先进度、磨损度等属性评价设备的质量。而对于企业无形资源的评估是无法定量的，评估起来比较困难。无形资源的评估涉及企业的文化、制度资源、信息资源、企业间的社会网络资源等。其次要确定资源的属性特征，如资源的共性、不可模仿性、稀缺性、可控程度、交易性、耐久性、移动性、异质性等。具有稀缺性、难以交易性、耐久性、不可模仿性特征的资源一般被认为是联盟的核心资源，核心资源是跨界创业联盟进行价值创造的重要保障。再次要记录资源的使用情况，主要考虑企业的配置是否合理，是否在使用过程中存在资源剩余浪费，分析企业中资源的使用效率是否发挥到最大，为之后企业进一步规划资源使用提供支持。最后要判断联盟资源配置是否合理，哪些资源之间存在关系，不同资源的贡献度是怎样的，能否合理匹配以及与联盟环境等匹配状况，为接下来的联盟资源配置提供信息辅助。

2. 资源获取

资源获取是指企业在对资源进行识别的基础上，通过利用杠杆资源或其他的方式与渠道向合作者获取所需资源的过程。资源获取是资源整合不可或缺的关键环节，企业获取资源主要考虑从合作者内部获取，以及利用成员的社会网络和技术撬动外部资源。根据有效资源的资源属性和资源获取成本两方面的综合考虑，并结合有效资源的优先获取渠道，确定资源获取策略。①共享资源整合战略。企业的合作者会将自身的一部分资源共享出来，形成共享程度高的"资源库"。共享资源整合战略就是将资源库中的资源进行有效的整合，以获取有用的有效资源。根据对企业资源获取影响因素的分析，在共享程度高的资源库中，资源特性影响因素包括资源的异质性、分散性、有效性，由于这些特性的存在，企业往往通过资源整合的方式，来获取能够满足创业条件的有效资源，企业往往通过建立资源共享数据库、专家团队从资源库中挖掘、进行产学研联盟等方式来获取有效资源。②资源二次开发战略。资源二次开发战略是指各合作方将各资源进行有效的整合从而获取有效资源，在获取有效资源的基础上进行资源再次开发，形成全新的有效资源。该战略的重点是在有效资源整合的基础上，不断地进行学习与探索，从有效资源中再次提炼更适合企业发展的资源，从而形成帕累托效应。可以通过构建核心团队、人才引进的方式来对资源进行深度开发从而提取有效资源。③潜在资源探索战略。潜在资源探索战略就是利用资源的杠杆作用来探索新的、潜在的有效资源。该战略的重点是获取杠杆资源。杠杆资源有多种获取方式，其中企业在跨界创业过程中最需要的是技术、资金以及人才，以作为创业所需的初始资源，企业通过资源的杠杆式利用有助于克服其在创业初期存在的资源匮乏问题。在此基础上，商业网络展示、社会网络都为资源提供了杠杆，通过杠杆作用来进行潜在资源探索，尤其是针对隐性资源的获取，最终获取有效资源。以上三种战略使得跨界创业联盟成员以较低的获取成本来获取有效资源，企业根据自身的实际情况从以上三种战略中选择所需的战略，来为跨界创业联盟成员带来显性和隐性的收益，达到成功创业的目的。

3. 资源配置

资源配置是指企业在获取了所需要的资源后进行资源匹配、重组的过程。通过资源间的匹配、互补，重新组建形成一种新资源并获得独特竞争力。这是资源整合的中心环节，体现了获取的资源如何发挥最大价值。①科学构建跨界企业资源库。构建资源库是指为了提升在资源选取和匹配过程中的效率，合作方共享出自身的资源。资源库的建设可以分为资源数据库存储、资源导入与输出、资源链接等部分。资源库的资源具有可信性、完备性、权威性、独特性等特质属性，且资源的连续性、稳定性和可靠性是资源库建设的质量保证。资源库的构建需要所有跨界成员共同努力，贡献自身的资源，资源库可以为各合作方准确地获取资源提供更好的匹配支持，为合作活动高效率运行提供保障，为资源的管理工作以及资源的重组和利用起到更好的辅助作用。②创造资源共享的条件。资源共享的程度决定资源匹配的效果。资源来自各合作方，怎样激励和规范各合作方共享自身的资源对资源融合来说非常重要，所以创造一个激励各成员共享资源的条件显得特别重要，因此合作企业应该设定资源共享激励机制和保障机制，提高各合作方资源共享的积极性和保障共享的风险，以契约的方式约定各合作方的权利和义务，从而规范彼此的行为，为资源共享提供条件。③资源标准统一。任何一个匹配任务都要以效率优先为原则，在资源匹配的过程中，由于资源来源不同，必然会导致资源的存储格式非常不统一，这对资源的匹配会产生直接的影响。为了提高资源的匹配效率，首先合作方应该规定统一标准进行资源的存储与共享。如建立符合行业标准的数据存储格式、国际认证的信号数据格式、行业认证的数据存储加工设备等，以实现最大化的资源标准统一。对于企业资源的标准统一，有利于加快合作方的合作进程，合作活动也会更顺畅，成员的积极性和投入性也会更持久。

4. 资源利用

资源利用是指使用所获取资源并经过匹配、重组而形成的一种新的资源，如何充分发挥这种资源使之在市场上形成一定的能力或生产出新的产品或服务，决定了能否实现企业资源的价值最大化。资源利用是资源整合过程的最后环节，是资源的价值实现过程。资源利用是对有形和无形资源的联合，发现新的资源难以复制的价值并付诸实践过程中发挥新的作用。

提高资源利用可从以下四方面考虑。①合作方应建立详细的资源利用机制,设立专门的资源利用机制不仅对于各项资源的开发利用有了统一的标准,而且指导管理人员对各项资源的把控产生了更深入的认识。②资源利用要做好内外部资源分析。对于内部资源要根据合作的目标,分析企业自身资源的优、劣势,并且对企业的研发能力、制造能力、人力资源、财务状况、信息资源等各项资源进行详细的分析。对于外部资源,需要对企业缺失资源分析,对外部资源的获取情况和使用情况分析,同时需要掌握外部产品的认定标准及外部企业资源利用的情况。通过内外部分析可以更好地了解自身资源利用空间,及时识别资源利用风险,做好应对策略。③要做好资源利用详细评估,并根据评估情况及时作好资源利用计划。资源评估首先要进行内外部资源比对,筛选出企业的优势资源,识别到企业的资源不足情况,同时也要注意哪些资源的缺乏会影响企业的发展。对于企业自身的优势资源应加强利用,对于资源缺口通过外部环境以及企业自身的情况判别出企业在资源解决方案上应采用什么样的方式。在成本允许的情况下企业可以进行资源采购进行特殊资源的购买,对于难以争取的且会影响产品生产的资源也可以尝试采用外包的方式解决购买资源的大成本问题。④资源利用需要成立专业的管控团队。资源的利用如果不能进行专业的管理和控制,既不利于项目的进行,同时也会对合作的长期稳定发展造成影响。因此,成立专业的管控团队是非常有必要的。一个合格的管控团队需要有项目经理、内外部相关领域的专家顾问、谈判专家等人员。管控团队不仅能有效地监控资源运作情况,还能结合实时情况对资源利用准确评估,及时规避风险。

(六)资源整合策略

1. 强化企业资源的组织嵌入性

企业在资源整合过程中,首先,要采取切实有效措施防止企业资源特别是诸如知识、信息和教育新资源在企业间进行转移或流动;其次,要增强企业资源与企业的相关度,使企业资源离开原企业时就无法发挥其应有的经济效能;最后,要使企业资源与企业未来发展战略模式、企业所处的战略环境相匹配。这样,潜在竞争者就难以获得支持现有企业获取竞争优势的必要性资源,他们即使取得这些资源,也难以发挥其应有的效能。

2. 改进和优化企业资源结构

任何一种企业资源结构的合理与否都与特定的历史时期、特定的环境紧密相连,没有一个永远合理的资源结构,暂时合理的资源结构会因技术进步、企业发展战略的调整和时间的推移等因素的改变而变得不合理。因此,企业的资源整合是长期性的,企业只有结合外部战略环境、外部条件及时地调整、优化和改进企业资源结构,增强企业资源的互补性,才能提高资源的使用效能和效率,使企业更好地实施竞争战略,长久地保持竞争优势。

3. 增强企业资源的柔性程度

资源柔性的概念最早是由罗恩·桑切斯(Ron Sanchez)提出的。他认为,资源柔性可以通过资源潜在用途的三个维度即资源的使用范围、转换成本及转换时间予以描述,资源的使用范围越大,或者资源从一种用途转换到另外一种用途的成本和难度越小,或者资源从一种用途转向另外一种用途的时间越短,则这种资源的柔性程度越高。总之,企业所拥有的资源柔性越大,资源的适应性就越强,资源就越容易得到更加合理的配置,其使用效能和效率就越能得到更充分的发挥。

4. 提高企业资源的模仿障碍

模仿障碍是指企业通过阻止竞争性企业对其作为竞争优势来源的关键要素的模仿而构成的障碍。高模仿障碍的资源常常包括诸如许多复杂的组织工作程序、规章制度、企业文化,以及企业所积累的经验。即使有些资源可以模仿,但是,企业仍然可以通过不断地改造、积累、综合及系统化提高资源模仿障碍。企业文化的不同会使资源模仿在实施中大打折扣,失去原创人使用时产生的良好效果。如果要想达到原创效果,就必须进行战略性的资源整合。

5. 提高互动"双环"学习能力

伦德瓦尔（Lundvall）认为:几乎所有的学习过程都是交互作用的社会现象,即交互学习。资源整合离不开学习。互动"双环"学习是学习的最高境界,不仅"知道如何做",更重要的是"知道为何这样做",它是学习如何学习,是变革性或创造性学习。通过干中学、用中学和交互作用中学,企业就能够获取诸如知识、信息和教育等新资源,也能够不断地提高资源整合的能力。

6. 提高企业的社会资本

皮埃尔·布迪厄（Pierre Bourdieu）认为社会资本是指"实际或潜在的资源的集合体,这些资源与大家共同熟悉或认可的制度化关系的持久网络的占有联系在一起"。较高的内部社会资本,一方面能促进员工间的交流和沟通,另一方面能加强企业部门间的协调和联系,从而促使企业内部资源共享,提高资源使用效率。较高的外部社会资本,不仅能使企业直接获得企业网络中他人拥有的传统资源；更重要的是可以获得难以传播或转移的知识,特别是隐性知识以及信息、教育等新资源。因此,必须增强社会资本意识,重视全方位社会活动,基于"结构洞"来建构健全的企业网络,多方面、多角度提高企业的社会资本。

（七）创业资源整合原则

1. 渐进原则

对于任何一个创业企业或者创业团队来说,有利的创业资源都是难以完全发掘、配置和利用的。因此,就必须遵循渐进原则,根据对资源的需求程度以及资源开发和利用的成本、收益和不确定性三者的综合考虑,逐步寻找和利用各种创业资源。也就是说,对于每一种创业资源,都应当选择一个适当的整合时机,以降低资源的维护成本。

2. 双赢原则

双赢是成双的,对于客户与企业来说,应是客户先赢企业后赢；对于员工与企业来说,应是员工先赢企业后赢。双赢强调的是双方的利益兼顾，即"赢者不全赢，输者不全输"。基本上，我们所发掘和应用的每一种创业资源实际上都是一个相对独立的利益体。因此在开发和使用这些资源的时候，就不能仅仅从创业企业的自身利益出发，而必须坚持双赢原则。尤其是需要长期使用的创业资源，更要重视对方的既得利益。

3. 当前利益和长远利益相结合原则

创业资源整合的根本目的就是实现创业企业利益的最大化，但这个利益还有当前和长远之分。因此，在内部创业资源整合的时候就要充分协调好当前利益与长远利益之间的冲突。就像前面我们所举的例子一样，任何基于当前利益而对创业资源的过度开发，都会给企业的长远发展带来隐患。

4. 缓冲原则

遇到困难和挫折是创业企业常有的事情，而应对这些困难和挫折可能更多的是依靠创业企业的自有资源，因为任何一个利益主体都不会愿意冒太大的风险去帮助一个新创建的企业。因此，在内部资源整合的过程中一定要留有余地，以满足不时之需，比如在资金方面，适当的储备资金是有一定必要性的，因为创业企业在处于困境情况下获得二次融资是非常困难的。

5. 比选原则

由于外部资源存在多样性，有助于某一创业任务的外部资源可能会有多个，使用每个外部资源都具有不同的收益、成本和不确定性。因此，创业者要根据创业项目发展的需要、自身的实力以及这些资源的特点，找到尽量多的能够满足某一具体创业目标的资源要素，之后进行详细的比较分析，选择其中最适合的外部资源。

6. 提前原则

由于外部资源整合的难度较大、进展较慢，并且外部资源的发现也需要一定的过程，所以不能等到需要的时候再去考虑外部资源的整合，而是应当具有一定的超前眼光，适当提前开始某些外部资源的整合。

二、创业资源利用

（一）学习交流

知识和人脉是社会最主要的资源，学习交流是整合这种资源的最佳方式。学习交流主要有以下渠道：培训课程，政府或民间组织的论坛，协会、商会、俱乐部组织的各种活动，平时朋友间的聚会以及一些庆典等。参与这些渠道的人员往往在经历、地位及兴趣爱好方面有一定的共同点，因此很容易在这些场合结识人脉，获取经验与信息。当然，这些活动只是搭建了一个平台，事后还需认真思考如何利用好这些资源。

（二）分工协作

分工就是分别从事各种不同而又互相补充的工作，协作就是互相配合、共同完成任务。我们每个人的思维模式、性格特点都不一样，每个人都有优缺点，只有把不同的人组合起来，才能组成一个明星团队。分工协作是整合团队资源最简单直接的方式，特别是在团队管理、整合人才及工作方面。作为一个企业家，分工作协作前第一就是要懂得自己的优缺点在哪，然后整合一些能弥补自己缺点的人才，特别是身边的高层；第二是要懂得团队成员如何搭配，适才适用；第三就是要懂得授权，让专业的人做专业的事，而不是事必躬亲。

（三）置换

置换就是给人东西的同时从他那里取得别的东西，就是用我的资源换你的资源而不涉及现金交换。置换的前提是一方要置换的资源为另一方急需。相比现金交易来说，出让方出让的资产具有较高的市场价值，但由于是自己库存或自己生产的产品，其成本较低，所以对于出让方来说，他的预期价格为自己的成本，以较高的市场价值进行置换，心中会觉得更划算。而对于另一方来说，他得到的是按市场价格评估的资源，他也会觉得划算。因此，更有利于双方资源的整合。以福建省中协社团服务有限公司（简称中协社）为例，中协社作为一家社团服务公司，每年需要举办大量的活动，都需要场地、酒宴及礼品。这笔开支如果用现金结算，将是一笔不小的开支。同时，有很多酒店、会所、酒及礼品公司等都需要宣传，而中协社手上的会员聚会地点及所运营的《高球人生》及《福建鞋业》两本杂志都是这类产品很好的宣传地方。因此，中协社就用手上的杂志及每次活动的人脉关系与这方面资源方进行置换。用杂志上的广告及相关活动的冠名来置换他们的场地、酒及各种礼品赞助。这对于中协社来说省下了一大笔开支，而对于其他公司来说也是用最低的成本达到精确营销的效果，双方互惠互动，实现多赢的局面。

（四）租用

租用就是付出一定代价而使用别人的东西，用后归还原主。也就是当你没办法自己购买所需要的资源时，你以支付一定代价而取得使用权的方法获得资源。这种方法被广泛应用于我们日常的生活及工作中，如我们租用厂房、重大设备等。形象也可以租用，如全芳（福建）食品有限公司（简称全芳食品）与迪士尼的合作，就是租用迪士尼的卡通形象来提升全芳品牌的快乐元素。采用租用这种方法，我们不需要花费重大的资金，而只是支付较少的租用代价便可以取得一定时限的使用权，起到四两拨千斤的效果。正是因为这种模式的杠杆作用及巨大的市场需求，产生了很多以租赁为业务的公司，如服务器租用、空间租用、汽车租赁、奢侈品租赁、大型设备租赁等。现在，随着租用的发展，租用的业务模式也越来越多，我们在租用时可以参考以下模式。①融资性租赁。出租人根据承租人的请求，向承租人指定的出卖人，按承租人同意的条件，购买承租人指定的租赁物，并以承租人支付租金为条件，将该租赁物的占有权、使用权和收益权转让给承租人。②经营性租赁。中长期经营性租赁是融资性租赁的高级阶段，是指租赁资产反映在出租人账上，租赁物所有权归属于出租人，由出租人承担一定的租赁物残值处置风险的交易,从承租人角度看,是租入设备的成本(租金)可以摊入当期费用的租赁交易。③杠杆租赁。杠杆租赁指在一项租赁交易中,出租人只需投资租赁物购置资本的 20%~40%的金额,即可以此作为财务杠杆,带动其他债权人对该项目 60%~80%的款项提供无追索权的贷款,但需出租人以租赁物做抵押,以转让租赁合同和收取租金的权利做担保的一种租赁交易。④委托租赁。委托租赁指出租人接受委托人的资金或租赁标的物,向委托人指定的承租人办理融资租赁业务,在租赁期内租赁标的物的所有权归委托人,出租人只收取手续费,不承担风险。⑤转租赁。转租赁指以同一物件为标的物的融资租赁业务。在转租赁业务中,上一租赁合同的承租人同时是下一租赁合同的出租人,称为转租人,转租人从其他出租人处租赁物件再转租给第三人,转租人以收取租金差为目的,租赁物的所有权归第一出租方。⑥回租。回租指承租人将自由物件出卖给出租人,同时与出租人签订一份融资租赁合同,再将该物件从出租人处租回的租赁形式。回租业务是承租人和出卖人为同一人的特殊融资租赁方式,用于承租人盘活具有一定市场价值的存量资产。⑦结构共享租赁。结构共享租赁一般用于大型项目。租赁公司提供项目所需的全部资金,包括购置设备、运输、建筑安装、技术服务等资金。除约定租金外,项目建成产生效益后,租赁公司分享项目效益。在项目成本和预定收益收回后,租赁公司按一定比例长期享有项目收益的分配权。⑧分成租赁。承租方向出租方所缴纳的租金根据营业收入的一定比例确定。这种租赁形式全部或部分租金直接同承租方经营租赁设备的收入挂钩,承租方没有债务风险,积极性很高,是最具灵活性的一种租赁方式。租期结束后,租赁设备可以优惠的价格转让给承租方。

(五)收购兼并

兼并,又称吸收合并。收购,指一家企业用现金或者有价证券购买另一家企业的股票或者资产,以获得对该企业的全部资产或者某项资产的所有权,或对该企业的控制权。收购兼并合起来叫并购。企业并购最基本的动机就是要整合资源,寻求企业的发展。并购交易的支持者通常会以达成某种协同效应作为支付特定并购价格的理由。并购产生的协同效应包括经营协同效应和财务协同效应。具体作用如下。①扩大生产经营规模,降低成本费用。通过并购,企业规模得到扩大,能够形成有效的规模效应。规模效应能够带来资源的充分利用,资源的充分整合,降低管理、原料、生产等各个环节的成本,从而降低总成本。②提高市场份额,提升行业战略地位。规模大的企业,伴随着生产力的提高,销售网络的完善,市场份额将会有比较大的提高,从而确立企业在行业中的领导地位。③取得充足廉价的生产原料和劳动力,增强企业的竞争力。通过并购实现企业的规模扩大,成为原料的主要客户,能够大大增强企业的谈判能力,从而为企业获得廉价的生产资料提供可能。同时,高效的管理、人力资源的充分利用和企业的知名度都有助于企业降低劳动成本,从而提高企业的整体竞争力。④实施品牌经营战略,提高企业的知名度,以获取超额利润。品牌是价值的动力,同样的产品,甚至是同样的质量,品牌产品的价值远远高于普通产品,并购能有效提高品牌知名度,提高企业产品的附加值,获得更多的利润。⑤为实现公司发展的战略,通过并购取得先进的生产技术、管理经验、经营网络、专业人才等各类资源。并购活动不仅是收购企业的资产,而且获得了被收购企业的人力资源、管理资源、技术资源、销售资源等,这些都有助于企业整体竞争力的提高,对公司的发展战略实现有很大的帮助。⑥通过并购跨入新的行业,实现多元化战略,分散投资风险。这种情况出现在混合并购模式中,随着行业竞争的加剧,企业通过对其他行业的投资,不仅能有效扩充企业的经营范围,获取更广泛的市场和利润,而且能够有效分散本行业竞争带来的风险。正是基于以上六点好处,并购被广泛用于企业资源整合过程。并购作为资源整合的有效方式,能够快速整合所需资源,实现跳跃式发展,但并购不成功的案例也有很多,因此,在整合过程中,我们要注意以下三点:①并购要有合理的商业目的。这个目的可能是生产能力,可能是品牌自身,也可能是渠道等。任何的并购一定要基于公司发展的需要,具有明确的商业目的。比如阿里巴巴收购雅虎中国,由于雅虎中国作为一个在国内搜索市场占据重要位置的搜索品牌,可以为阿里巴巴带来丰富的产品,包括搜索技术、门户网站、即时通信软件等,这项资产收购就有合理的商业目的。②前期的调查准备工作一定要充分,对于被收购方来说,由于信息不对称,在前期我们一定要对目标公司进行充分的调查取证,特别是大一点的并购项目,一般邀请会计师审计,请会计师调查、摸清公司现状、历史沿革、注册资本、股权结构、资产、负债、所有者权益、诉讼、仲裁、税务、劳动、环保等情况以及经营者的尽职调查。这样可以为以后规避很多风险,避免发生纠纷和减少不必要的损失。③买方所购买的是一个能独立运转的整体业务,而不仅仅是简单的资产组合。因此并购之后,要充分考虑被并购企业的运营、认识、组织结构、管理制度等各方面的运作。特别是企业文化的融合方面,由于前期文化的不一致,能不能有效进行企业文化的融合,有时会成为决定并购是否成功的关键。

(六)聘用

聘用,分开讲就是聘请任用,是指请人担任职务,使其发挥功能。资源都是以某种载体的形式出现的,特别是技术、渠道、信息、人脉等资源往往依附在人的身上。比如,一个成功企业的营销总监身后可能有很多的渠道资源,一个上市公司的财务总监后面可能有很多证券界的人脉资源及上市公司的财务知识。如果刚好你缺的资源为某个人所有,我们不妨采用聘用的形式将此人招到麾下,相应地也就将相关的资源整合到我们的体系里。这就是为什么高级人才及高管如此值钱,因为你的支出不仅仅是一个人的劳动,更重要的是他所能带来的资源。由于这些有资源的人大多在原有的公司中担任高管,如何把这些人挖过来,也就需要我们动点脑筋。其中,猎头公司扮演一个很重要的角色。当然,在采用这种方式时,我们还是要注意以下四点。①要避免"光环效应"。在招聘时,可能由于应聘者的优秀外表或某些出色表现,而把主观遐想的其他如聪明、能干等优点一并加载到应聘者的身上。为避免"光环效应"产生的不良后果,需向应聘者额外索取一些他自己已经准备好的报告,或近期的总结报告,作为评估其能力的客观依据。②别自我推销太多。不要在面试时自己讲太多,拼命推销公司的职务,而忽略对应聘者的考评,应该把大部分的时间,用来考评、测试应聘者的思维、能力及性格,不然很容易掉进片面印象的陷阱。③在招聘时缺乏对该职务的未来的一个很好的规划。很多应聘者重新换一个工作的主要理由并不是金钱,而往往是发展。如果你没有对该职务做一个很好的职业规划,很难吸引一些有追求、有发展目标的高级人才。④忽视对方雇主的挽留。优秀应聘者可能会被原雇主提出告假挽留。为避免这类突发事件,应询问如何处理他的雇主提出的条件。提醒应聘者促使他另寻工作的原因,并指出大部分最后接受雇主挽留的人，在 24 个月内也会离开。

（七）联合

联合就是结合在一起，共同来做事，以期降低成本、提高效益。招商银行的信用卡同时也是携程的会员卡。大家对这种卡应该不陌生，这就是银行的联名卡。联名卡是指银行与大型企事业单位、社会团体共同向客户提供支付、资金结算等金融理财业务并享受联名企业、团体提供的优惠、优质服务或专有服务功能，银企双方联名发行的银行卡。在麦当劳里，除了汉堡、薯条等食物外，还能买到什么？每次我们走进麦当劳或肯德基，就会发现除食品外，还搭配很多当下最新、最流行的玩具。在全芳食品的烘焙名店里，除面包蛋糕外，还可以买到各式各样的饮料。在很多高级会所及酒店的大堂，有很多楼盘、名车展示。在高档楼盘的售楼处展示名车、名牌酒店等。未来，这种渠道资源、客户资源的整合会越来越流行，这就是联合营销。联合营销就是指两个或两个以上品牌在资源共享、共担共赢的原则下，向合作品牌开放营销资源，借以优势互补，实现扩大营销、提升品牌的战略目标。联合营销的精髓就是联合，联合让品牌的资源得以集中、共享、爆发，在联合营销中，联合的品牌各取所需、各得其所。不同行业的产品具有共同的目标市场或某一契合点，可以通过资源整合来实现几个产品或者行业的整合，实现共同目标。通过异业联合营销，使原有的优势资源更为强势，让竞争对手无法超越，不仅可以利用合作者的资源为其扩大销量，更重要的是强化了消费者对品牌的记忆，使品牌深入人心。

本 章 小 结

本章主要讲述认识创业资源以及创业资源管理两节内容。

第一节讲述了创业资源内涵和创业资源分类。创业资源是新创企业在进行价值创造过程中所投入和运用的各种生产要素和支撑条件的总和，包括创业人才、创业资本、创业机会、创业技术等要素。创业资源可以按性质、表现形态和对企业成长的作用分类。

第二节讲述了创业资源整合和创业资源利用。创业资源整合指企业对不同来源、不同层次、不同结构、不同内容的资源进行识别与选择、汲取与配置、激活和有机融合，使其具有较强的柔性、条理性、系统性和价值性，并创造出新的资源的一个复杂的动态过程。创业资源整合的类别有三种，一是创造性资源整合和杠杆资源整合，二是稳定调整、丰富细化和开拓创造的资源整合，三是全面资源整合和选择性资源整合。创业资源整合的四个步骤首先是资源识别，其次是资源获取，再次是资源配置，最后是资源利用。创业资源整合的策略包括强化企业资源的组织嵌入性，改进和优化企业资源结构，增强企业资源的柔性程度，提高企业资源的模仿障碍，提高互动"双环"学习能力，提高企业的社会资本。还介绍了创业资源整合的六个原则和创业资源利用的七种方法。

关 键 术 语

创业资源　创业资源整合　创业资源利用

本章思考题

1. 如何区分创业资源与一般资源？
2. 创业资源整合的原则有哪些？为什么需要遵循这些原则？
3. 除了本书列举的创业资源利用方法外，你还能想到哪些方法？

案例

大康农业：海外资源整合之路

成立于1997年的湖南鹏都农牧股份有限公司（简称大康农业，2021年更名为鹏都农牧），原是一家生猪养殖企业，2010年底在A股上市，2014年，正值猪周期谷底，大康农业面对经营压力，通过定增引入战略投资者上海鹏欣（集团）有限公司（简称鹏欣集团），控股权发生变化，鹏欣集团成为大股东和实际控制人。此后，大康农业的发展战略、主营业务均有了较大变化，经过不断实践与探索，大康农业逐步明晰了"农业+食品"的战略定位和"全球资源、中国市场"的发展理念，把握国内消费转型升级带来的市场机遇，整合海外农业资源，在全球范围内通过兼并收购快速掌控农业和食品资源并对接国内市场，积极构建以大农业、大健康、大使命、大情怀为目标的现代农业和食品产业集团。具体来看，重点布局四大业务板块：肉牛业务、肉羊产业、农资与粮食贸易、乳业。早在多年前，大康农业就开始在国际范围内寻找合作伙伴，在世界农业资源市场上布局落子。在该公司看来，"产业+金融""投资+并购""海外资源对接国内市场"是成为"国际粮商"的重要途径。

1. 拉长肉牛产业链

随着国内消费升级趋势日趋明显，我国人均肉牛消费量逐年攀升，肉牛产业发展空间巨大。针对这一情况，大康农业决定与云南当地政府合作建设跨境肉牛项目。

根据大康农业的设想，公司将以缅甸、老挝、柬埔寨、泰国、印度等国家和地区的3.6亿头存栏役牛为牛源基础，采取"农户+合作社+公司"模式，充分利用国外土地、劳动力优势以及国内深加工优势打造一体化肉牛产业链。为此，公司于2018年3月在缅甸设立全资子公司康瑞（缅甸）农牧业发展有限公司，并于2019年6月获得缅甸方面相关许可，成为缅甸第一家主营肉牛养殖的外资企业。2020年5月，大康农业通过非公开发行股票募集资金15.93亿元，全部用于缅甸50万头肉牛项目和瑞丽市肉牛产业基地建设项目，预计项目完全达产后，大康农业将新增营业收入111.19亿元，增加净利润5.95亿元。大康农业表示，随着中缅跨境肉牛项目募集资金的到位，公司将在境内外构建肉牛产业链，将肉牛产业的业务领域延伸至肉牛养殖、屠宰加工及销售领域，通过产业链延伸及优化产品结构，培育新的盈利增长点。

2. 布局国际大豆资源

从全球大豆市场来看，中国仍是全球最大的大豆进口国，2019年中国进口大豆高达8851.1万吨，进口量占消费量比例高达83.2%。巴西从2013年开始超过美国成为中国大豆第一进口国，并且份额逐年增加。受中美贸易战影响，2018年开始中国从美国进口大豆量锐减，2019年中国从巴西进口大豆量占中国进口大豆总量的67%，巴西成为中国大豆进口重要且主要来源。2018年，从全球农资市场来看，巴西是全球最大的农药消费市场，占全球农药消耗量的17.46%，预计未来五年巴西农药消费量将继续保持稳定的增长，复合增速将达到4.2%。

基于对未来巴西大豆等农产品在中国市场占比不断增长和其对农药等农资的强劲需求的判断，出于对国家粮食安全的考虑，大康农业在2016年8月以2亿美元完成收购Fiagril公司57.57%股权，2017年10月末以不超过2.53亿美元收购Belagricola公司53.99%股权。这两家公司地处巴西两大农业主产区，是马托格罗索州和巴拉那州最大的农业生产资料销售平台和粮食收购平台，拥有近30年的经营历史，建立了卓越的品牌声誉。这两家公司通过为农户提供农业生产资料（包括种子、农药、化肥等多种产品）采购的一站式服务，与当地农户保持密切的合作关系，并建立了完善的销售体系与集粮食收购、仓储、物流和出口于一体的完整产业链。大康农业在收购完成后，控制了近700万吨的粮食资源，约占巴西粮食市场4.7%的份额。同时，大康农业围绕供给侧结构性改革，打造"互联网+农资供应"电子商务平台，将国内过剩农资产能输入巴西市场并将境外大豆落地国内市场，打造中巴农资和粮食贸易完整的产业链闭环。

2020年上半年，大康农业进一步加强了Fiagril公司和Belagricola公司的业务整合，通过派驻管理团队，加强投后管理和风控体系建设，整合两大平台资源，形成协同优势，增强农资采购、粮食贸易和降本增效能力，推进业务发展。未来大康农业将进一步发挥现有业务的协同效应，以构建中巴供应链集成增值平台为契机，着力推进国内农资出口和实现巴西农产品有效对接中国市场。

董事长葛俊杰表示，Fiagril、Belagricola两家公司形成协同效应后，大康农业将进一步扩大影响力，在巴西拓展和寻找新的优质的粮食资源。"大康农业力争用5年左右的时间，把在巴西控制的粮食资源总量增加到2000万~3000万吨，将大康农业打造成为一个具有国际竞争力的国际粮商。"

3. 用好国际奶源

乳制品作为日常饮食中补充蛋白质和钙的重要来源，对人类健康和营养均衡具有重要意义。随着我国经济发展，居民收入水平的提升，城乡居民对乳制品的消费需求也呈现持续上升的趋势，乳制品已经成为城市居民的重要食品种类。

目前，我国乳制品消费支出的增速已经超过了乳制品消费量的增速，表明居民对于乳制品品质的需求越来越高，产品结构上移，具有优质、安全、风味、便捷等特点的产品受到消费者的欢迎。而国外优质奶源产地国的进口牛奶，则更加受到消费者的追捧。

新西兰是世界上最大的乳制品出口国，奶业也是新西兰的重要经济支柱，其产品出口150多个国家和地区。新西兰奶业的成绩源自其拥有的天然牧场，并在此基础上充分利用天然草地；通过机械化生产、专业化管理和规模化经营，新西兰奶业实现了畜牧业生产现代化，以成本低、质量好、效率高为特点，赢得了较强的国际竞争力。

早在2012年11月，大康农业现控股股东鹏欣集团斥资10亿元人民币，在新西兰收购了总面积8000公顷的16个大型奶牛农场，并成立纽仕兰乳业有限公司。2014年7月，纽仕兰乳业有限公司成为大康农业的全资子公司。2016年7月，大康农业以7亿元收购安源乳业有限公司及其位于新西兰的克拉法牧场并将其归入纽仕兰乳业有限公司旗下。2017年底，大康农业旗下纽仕兰新云电子商务有限公司与阿里巴巴合作，打造"纽仕兰新云"食品快速销售平台，并通过垂直一体化产业链建设构建了一条"从新西兰牧场到国内消费者餐桌"的完整产业链闭环。

目前大康农业在新西兰拥有16个牧场，并托管了控股股东鹏欣集团的11个牧场，大康农业已成为新西兰最大的奶牛牧场集团之一，"纽仕兰"已成为知名品牌。

对于乳业企业来说，拥有了优质牧场资源就在乳业市场竞争中赢在了起跑线上。大康农业表示，未来将进一步加强新西兰牧场管理，强化成本控制和精益生产，提升企业的盈利能力，同时从原先单一的奶牛养殖模式向产业链延伸转型，提高产业价值；持续推动行政成本、融资成本和运营成本的下降，盘活存量资产；加大乳业趋势研究，抓住行业发展机会，优化融资结构，探索模式创新，从而进一步提升乳业板块的转型升级。

从肉牛到大豆再到奶制品，大康农业整合国际农业资源的思路十分清晰。"目前，我们正处于国际化布局基本成形，亟须继续提升价值链水平的关键阶段。农业虽然是传统产业，但这并不意味着我们只能用传统思路去推动其发展。大康农业要以更高的视野推动农业转型升级，使消费者的餐桌更加丰盛。"葛俊杰说。

资料来源：汪烨. 2020. 大康农业：深耕海外农业资源[J]. 农经，(10)：60-63.

吴凯，孙建华. 2019. 大康农业：整合农业资源 打造"国际粮商"[EB/OL]. http://www.ce.cn/xwzx/gnsz/gdxw/201909/27/t20190927_33236030.shtml[2019-09-27].

阅读上述案例，回答以下问题：

（1）大康农业在肉牛领域选择的整合方式属于稳定调整、丰富细化和开拓创造中的哪一种？为什么要选择这种方式？

（2）收购Fiagril和Belagricola公司对大康农业的发展起到了哪些作用？为什么要加强两家公司的业务整合？

（3）请说明大康农业整合国际奶源的具体步骤。

本章参考文献

蔡莉，尹苗苗. 2009. 新创企业学习能力、资源整合方式对企业绩效的影响研究[J]. 管理世界. (10)：1-10,16.

华天谋. 2013. 企业生产的物质资源和信息化管理[J]. 农产品加工，(5)：63.

李秀碧，郑荣. 2013. 浅谈无形资源及其运用环境[J]. 商业会计，(9)：83.

李作战. 2008. 中小创业企业的技术资源：竞争优势与比较优势[J]. 交通企业管理，23(11)：27-28.

林嵩，张帏，林强. 2005. 高科技创业企业资源整合模式研究[J]. 科学学与科学技术管理，26(3)：143-147.

汪帅东. 2018. 企业声誉的概念认知与多维评价[J]. 现代管理科学，(12)：97-99.

王玲. 2019. 论企业人才资源的开发途径[J]. 人才资源开发，(20)：65-67.

王晓文，张玉利，李凯. 2009. 创业资源整合的战略选择和实现手段——基于租金创造机制视角[J]. 经济管理，31(1)：61-66.

肖杰. 2016. 组织资源能力开发与提高绩效的关系分析[J]. 商，(28)：41.

郑文哲，王水嫩. 2004. 企业声誉的培育和维护[J]. 企业改革与管理，(3)：44-45.

朱明秀. 2009. 泛财务资源论[J]. 当代财经，(9)：115-120.

Amit R, Schoemaker P J H. 1993. Strategic assets and organizational rent[J]. Strategic Management Journal, 14(1): 33-46.

Barney J B.1986.Strategic factor markets: expectations, luck, and business strategy[J]. Management Science, 32(10): 1231-1241.

Barney J B.1991.Firm resources and sustained competitive advantage[J]. Journal of Management, 17(1): 99-120.

Daft R L.1983.Learning the craft of organizational research[J]. Academy of Management Review, 8(4): 539-546.

Grant R M.1991.The resource-based theory of competitive advantage: implications for strategy formulation[J]. California Management Review, 33(3): 114-135.

Karnøe P, Garud R. 2012.Path creation: co-creation of heterogeneous resources in the emergence of the Danish wind turbine cluster[J]. European Planning Studies, 20(5): 733-752.

Valliere D.2015.An effectuation measure of entrepreneurial intent[J]. Procedia-Social and Behavioral Sciences, 169: 131-142.

Wernerfelt B.1984.A resource‐based view of the firm[J]. Strategic Management Journal, 5(2): 171-180.

第八章

商 业 模 式

当今企业之间的竞争,不是产品和服务之间的竞争,而是商业模式之间的竞争。

——德鲁克

【学习目的】

通过本章的学习,拥有对商业模式的基本认知,了解商业模式的设计及评估等相关内容。

【学习要求】

1. 了解商业模式的内涵。
2. 熟悉商业模式的构成要素和九大板块。
3. 体验商业模式画布的设计。
4. 总结成功商业模式的特征。
5. 把握商业模式的评估标准。

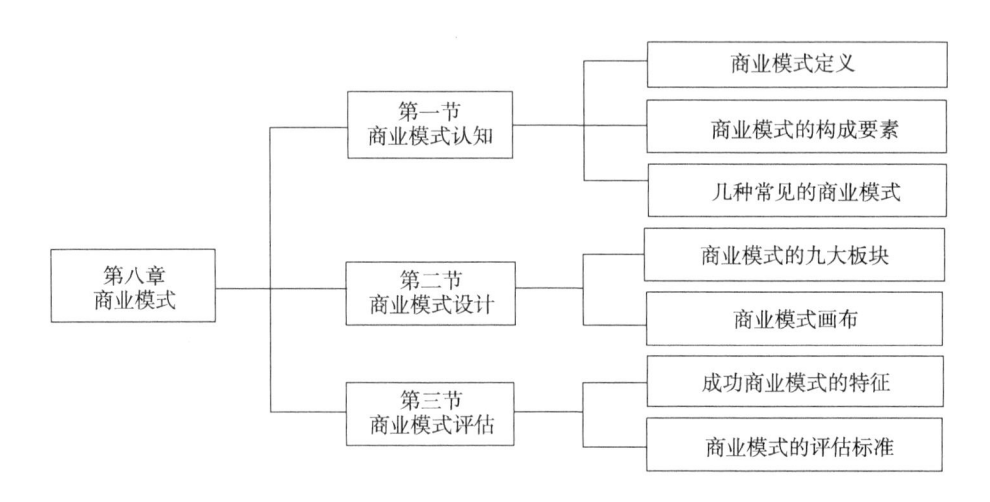

```
第八章      第一节          商业模式定义
商业模式    商业模式认知    商业模式的构成要素
                           几种常见的商业模式
            第二节          商业模式的九大板块
            商业模式设计    商业模式画布
            第三节          成功商业模式的特征
            商业模式评估    商业模式的评估标准
```

第一节　商业模式认知

一、商业模式定义

随着经济全球化进程的加快,企业间的竞争不断加剧,对企业内部管理水平的要求也不断提升。然而，有的企业能够发展壮大、长盛不衰，有些企业经营困难，甚至生存不下去。企业想在激烈的市场竞争中赢得自己的一片立足之地，就应该反思到底"危"在哪里，"机"在何处，化"危"为"机"，尽快适应环境的变化，培育核心竞争力。那么什么是当今企业的核心竞争力呢？正如世界级管理学大师德鲁克所说："当今企业之间的竞争，不是产品和服务之间的竞争，而是商业模式之间的竞争。"现实中，尽管大多数创业者识别到了绝佳的创业机会，形成了新颖的创业思路并组建了才干超群的创业团队，但仍然很难获得投资人的认可，他们所创事业成长乏力，其中一个可能的重要原因便是没有建立起驱动健康成长的正确的商业模式。因此，创业者的一个主要任务就是探索并建立与机会相适配的商业模式。

什么是商业模式呢？虽然有关商业模式的讨论有很多，却没有一个严格的定义，对商业模式的理解也存在一定偏差。自商业模式这一概念提出以来，学者一直尝试对这一概念做出定义和解释。从商业模式的起源来看，商业模式一词最早在 Bellman 等（1957）的论文"论多阶段、多局中人商业博弈的构建"中被引用。1960 年，Jones 首次把"商业模式"用于论文的题目，发表了"Educators, electeons, and business models: a problem in synthesis"《教育家、选修课和商业模式：综合问题》一文。随着互联网技术商用化，以及全球电子商务的发展，新的商业模式创造了许多商业机会，并成就了一些伟大的公司。与此同时，其理论研究也迅速升温，在 20 世纪末至 21 世纪初，商业模式受到了学界广泛重视，相关研究逐渐深入。1994 年，德鲁克把商业模式视为企业的经营理论。随后，1998 年，蒂默尔斯（Timmers）首次对商业模式的内涵做了理论界定，并给出了商业模式的定义："关于产品、服务和信息流的一个体系构架。"依据王迎军和韩炜（2011）的文章，表 8-1 列出了以下一些更具代表性的观点。

表 8-1 商业模式的定义或解释

学者	时间	定义或解释
蒂默尔斯	1998 年	商业模式是产品、服务和信息流的一个体系架构，包括说明各种不同的参与者以及他们的角色，各种参与者的潜在利益以及企业收入的来源
阿米特（Amit）和佐特（Zott）	2001 年	商业模式描述了交易的内容、结构和规制，用以通过开发商业机会创造价值
琼·玛格丽塔（Joan Magretta）	2002 年	商业模式是用以说明企业如何运营一组故事的概念，它必须回答管理者关心的一些基本问题：谁是顾客，顾客价值何在，如何在这个领域中获得收入以及如何以合适的成本为顾客提供价值
弗尔佩尔（S. C. Voelpel）等	2004 年	商业模式表现为一定的业务领域中顾客核心价值主张和价值网络配置，包括企业的战略能力和价值网络其他成员（战略联盟及合作者）能力以及对这些能力的领导和管理，以持续不断地改造自己来满足包括股东在内的各种利益相关者的多重目的
奥斯特瓦德（Osterwalder）等	2005 年	商业模式是一个概念性工具，它借助一组要素以及要素之间的联系，用以说明一个企业的商业逻辑。它描述了一个企业向一个或多个顾客群提供的价值，企业为产生持续的营利性收入所建立的架构以及移交价值所运用的合作网络与关系资本
桑托斯（J. Santos）等	2009 年	商业模式是对一组活动在组织单位中的配置，这些单位通过企业内部和外部的活动在特定的产品–市场上创造价值

资料来源：王迎军和韩炜（2011）

从表内可见，学者从不同角度对商业模式进行了理解，但需指出的是，以上观点主要产生于对现存企业或电子商务企业的研究，大部分研究对象或是大型企业，或是经营内容复杂的企业。创业企业只具有简单的组织结构和经营内容,当商业模式的界定过于复杂时,反而不易透析出创业企业的特征。鉴于此,可以从商业模式要解决问题的视角来理解商业模式。商业模式涉及三个基本问题:如何为顾客创造价值?如何为企业创造价值?如何将价值在企业和顾客之间进行传递?从上述三个基本问题可以看出,商业模式本质上是要回答德鲁克早就提出的一些问题:谁是你的顾客?顾客看重什么?它同时还回答了每个创业者都会问及的一些基本问题:从业务中如何赚钱?潜在的经济逻辑是什么?即如何以合理的价格为顾客提供价值。

概括起来,商业模式的定义是:为了实现客户价值最大化,把能使企业运行的内外各要素整合起来,形成一个完整的、高效率的、具有独特核心竞争力的运行系统,并通过提供产品和服务使系统持续达成盈利目标的整体解决方案。

二、商业模式的构成要素

根据上一节对商业模式的定义,常常把商业模式的构成要素概括为:定位、业务系统、关键资源和能力、盈利模式、现金流结构、企业价值,六要素商业模式模型如图 8-1 所示。

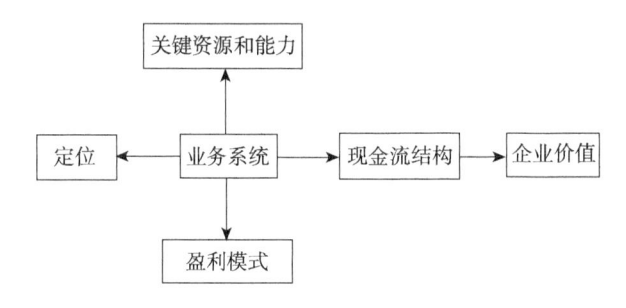

图 8-1 六要素商业模式模型

(一)定位

一个企业要想在市场竞争中赢得胜利,首先必须明确自身的定位。定位就是企业应该做什么,它决定了企业应该提供什么特征的产品和服务来实现客户的价值。定位是企业战略选择的结果,也是商业模式体系中其他有机部分的起点。定位需要考虑三个方面,即长期发展、利润增长、独特价值。关于定位已有大量的文献和理论,最具代表性的应属波特、特劳特(Trout)和菲利浦·科特勒(Philip Kotler)分别对定位的不同理解。

在波特的战略理论体系中,十分强调定位的重要性,关于竞争战略的低成本和差异化本身就是企业对于未来发展态势的刻画。波特认为战略就是在竞争中做出取舍,战略的本质就是选择不做哪些事情。没有取舍,就没有选择的必要,也就没有制定战略的必要。20 世纪 90 年代,波特曾经批评日本企业普遍缺乏战略,实际上是指日本企业过分关注运营效益的提升,尤其是达到生产率边界后仍然忽视企业的方向选择,导致大量企业的战略趋同。所以,在波特的战略体系中,定位实际上就是企业选择做什么,该内涵侧重于企业未来应该如何发展。

相对波特对于定位即战略选择的理解,特劳特关于定位的概念则聚集在企业具体的产品服务层面。特劳特在具体产品营销方面强调利用社会消费心理学塑造可获得消费者心理认同的独特产品定位,利用消费者已有的观念构筑差异化的产品形象,也就是如何在目标受众的头脑中占据一席之地的方法。

美国营销学家科特勒进一步发展和完善了温德尔·史密斯的理论并最终形成了成熟的STP理论:市场细分(segmentation)、市场目标(targeting)和定位(positioning)。它是战略营销的核心内容,指企业在进行一定市场细分的基础上,确定自己的目标市场,最后把产品或服务定位在目标市场中的确定位置上,在这里,定位包括了如何设计产品的特色、如何定价等,很明显,定位实际上成为营销的核心工作。

定位是在战略层面和执行层面建立更直接和具体的联系,即企业的定位直接体现在商业模式所需要实现的顾客价值上,强调的是商业模式构建的目的。企业对于自身的定位直接影响(而非决定)企业需要构筑何种"物种"的商业模式,与商业模式的定位略微有些差异的是战略中的定位将决定战略的成败,而商业模式中的定位更多地作为整个商业模式的一个支撑点,因为同样的定位可以有不一样的商业模式,同样的商业模式也可以实现不一样的定位。此外,商业模式中的定位更多地可以用来帮助理解企业的状态,这个状态包括提供什么样的产品和服务、进入什么样的市场、深入行业价值链的哪些环节、选择哪些经营活动、与哪些合作伙伴建立合作关系、怎么分配利益等。在商业模式的定位中,选择不做什么与选择做什么同样重要,关系到企业如何构建业务系统、确定盈利模式、分布关键资源和能力、设计现金流结构等商业模式模型中的其他部分。

(二)业务系统

业务系统是指企业达成定位所需要的业务环节、各合作伙伴扮演的角色以及和利益相关者的合作与交易方式等内容。我们可以从行业价值链和企业内部价值链以及合作伙伴的角色两个层面来理解业务系统的构造。业务系统是商业模式的核心,高效运营的业务系统不仅仅是赢得企业竞争优势的必要条件,同时也有可能成为企业竞争优势本身。一个高效的业务系统需要根据企业的定位识别相关的活动并将其整合为一个系统,然后再根据企业的资源能力分配利益相关者的角色,确定与企业相关价值链活动的关系和结构,围绕企业定位所建立起来的、内外部各方利益相关者相互合作的业务系统将形成一个价值网络,该价值网络明确了客户、供应商和其他合作伙伴在影响企业通过商业模式而获得价值的过程中所扮演的角色。

(三)关键资源和能力

业务系统决定了企业所要进行的活动,而要完成这些活动,企业需要掌握和使用一整套复杂的有形和无形资产、技术和能力,我们称之为关键资源和能力。关键资源和能力是让业务系统运转所需要的重要的资源和能力,任何一种商业模式构建的重点工作之一就是了解企业所需要的重要资源和能力有哪些,它们是如何分布的以及如何才能获取相关资源和拥有相应能力。不是所有的资源和能力都是同等珍贵,也不是每一种资源和能力都是企业所需要的,只有和定位、业务系统、盈利模式、现金流结构相契合、能互相强化并实现企业价值的资源和能力才是企业真正需要的。

(四) 盈利模式

盈利模式指企业如何获得收入、分配成本、赚取利润。盈利模式是在给定业务系统中各价值链所有权和价值链结构已确定的前提下,企业利益相关者之间利益分配格局中企业利益的表现,良好的盈利模式不仅能够为企业带来利益,更能为企业编织一张稳定共赢的价值网,各种客户怎样支付、支付多少,所创造的价值应当在企业、客户、供应商、合作伙伴之间如何分配,是企业盈利模式所要回答的问题。

一个企业可以使用多种盈利模式。例如,同样是新闻媒体,电视台与报纸对于客户的收费方式不完全一样。电视台的收入主要是向广告客户收取广告费、赞助费等,而报纸除了向广告客户收费外,还可以从读者客户中收取报纸费用。一个好的盈利模式往往可以产生多种收入来源,传统的盈利模式往往是企业提供什么样的产品和服务就针对这种产品和服务向客户收费,现代企业的盈利模式变化极大,经常出现的盈利模式是企业提供的产品和服务不收费并且是永远不收费,吸引来的顾客产生的价值则由其他利益相关者支付。例如,客户使用互联网上的搜索引擎不需支付费用,但被搜索到的产品和服务的提供商却需要支付费用。同样业务系统的盈利模式也可能不一样,例如网络游戏就有收费、免费和向玩家付费三种方式。成本结构是和企业提供的产品和服务、业务系统及其资源能力分布紧密相关的,传统盈利模式的成本结构往往和收入结构一一对应,而现代盈利模式中的成本结构和收入结构则不一定完全对应。同样是制造销售手机,那些通过专卖店、零售终端销售手机的企业,其销售成本结构主要是销售部门的办公与管理费用、销售人员的工资与奖金费用等,而通过与运营商提供的服务捆绑,直接给用户送手机的制造商的销售成本结构则完全不一样。

(五) 现金流结构

现金流结构是企业经营过程中产生的现金收入扣除现金投资后的状况,其贴现值反映了采用该商业模式企业的投资价值。不同的现金流结构反映企业在定位、业务系统、关键资源和能力以及盈利模式等方面的差异,体现企业商业模式的不同特征,并影响企业成长速度的快慢,决定企业投资价值的高低、企业投资价值递增速度以及受资本市场青睐的程度。

(六) 企业价值

企业价值,即企业的投资价值,是企业预期未来可以产生的自由现金流的贴现值。如果说定位是商业模式的起点,那么企业的投资价值就是商业模式的归宿,是评判商业模式优劣的标准。企业的投资价值由其成长空间、成长能力、成长效率和成长速度决定。好的商业模式可以做到事半功倍,即投入产出效率高、效果好,包括投资少、运营成本低、收入的持续成长能力强等。企业的定位影响企业的成长空间,业务系统、关键资源和能力影响企业的成长能力和效率,盈利模式影响企业的自由现金流结构,即影响企业的投资规模、运营成本支付和收益持续能力与速度,进而影响企业的投资价值以及企业价值实现的效率和速度。投资价值实现的效率可以用企业价值/资产规模、企业价值/净资产规模来评价,投资价值实现的速度可以用企业价值递增速度和达到更大规模层次所花费的时间来评价。例如,企业价值从

1亿元，到100亿元、1000亿元、1万亿元所需要的时间。同样一个机会，同样的市场、顾客需要、新技术、新产品，企业独特的资源或能力、独有的社会资本等，采用不同商业模式产生的企业价值规模、价值实现的效率、价值递增的速度和价值达到更大规模所需要的时间都会大相径庭。

商业模式的这六个要素是相互作用、相互决定的，相同的企业定位可以通过不一样的业务系统实现；同样的业务系统也可以有不同的关键资源和能力、不同的盈利模式、不一样的现金流结构。例如，业务系统相同的家电企业，有些企业可能擅长制造，有些可能擅长研发，有些则可能更擅长渠道建设；同样是门户网站，有些是收费的，而有些则不直接收费；等等。商业模式的构成要素中只要有一个要素不同，就意味着商业模式的不同。一个能对企业各个利益相关者有贡献的商业模式需要企业家反复推敲、实验、调整和实践，这六个要素才能产生。

三、几种常见的商业模式

前文已经对商业模式进行了定义，也阐述了其构成要素的内涵，可以看出商业模式具有的重要意义，商业模式迫使创业者进一步从业务系统视角思考创意或机会的可行性，将创业者的注意力聚焦于业务系统构成要素及各要素之间的适配机制，解释了利益相关者愿意参与创业者的机会开发活动的动因，向所有的利益相关者明晰诠释了业务运转的内在逻辑。随着经济社会的快速发展，新颖的商业模式层出不穷，下文简要介绍几种常见的商业模式。

（一）店铺模式

从人类社会出现集市，有了固定的人群居住地开始就有了店铺模式（shopkeeper model）。但是这种古老的商业模式，主要以服务业为主，比制造业和零售业更为复杂，更需要人性化的服务和各种促销手段来完成产品和服务的销售。店铺模式的核心就是在有潜在消费群体的地方开设店铺。

（二）"饵与钩"模式

随着时代的进步，商业模式也变得越来越精巧。"饵与钩"（bait and hook）模式，也称为"剃刀与刀片"（razor and blades）模式，或是"搭售"（tied products）模式，出现在20世纪初。在这种模式里，基本产品的出售价格极低，通常处于亏损状态，而与之相关的消耗品或是服务的价格则十分昂贵。比如说，剃刀（饵）和刀片（钩），手机（饵）和通话时间（钩），打印机（饵）和墨盒（钩），相机（饵）和照片（钩）等。这个模式还有一个很有趣的变形：软件开发者们免费发放他们的文本阅读器，但是对其文本编辑器的定价却高达几百美金。

（三）硬件+软件+大数据模式

硬件+软件+大数据模式，也是苹果公司独步天下的秘诀，苹果将硬件制造和软件开发进行结合，通过软件的使用增加用户对硬件使用的黏性，这就是一种商业模式的创新。苹果公司通过不断升级 iOS 系统在手机端承载这些软件，消费者在使用这些软件的时候就形成了自己的习惯和路径依赖，使消费者准备购买其他硬件时就不得不考虑已经形成的软件使用习惯。虽然苹果创新的速度已经放慢，但新版苹果手机的出现仍会吸引大量老顾客去购买。

（四）免费模式

在互联网时代，免费模式已经成了一种非常成功的商业模式，最典型的是 360 杀毒软件，一面世就直接终身免费，抢了金山毒霸、瑞星、卡巴斯基等传统杀毒软件开发商的饭碗。免费模式的成功就在于它的二段收费，赚钱并不是凭借免费的软件，而是通过某个功能集聚大量的有黏性的人群。在互联网时代流量就是价值，它可以创造新的需求，比如广告和产品的推荐，就成了它的盈利手段。在互联网时代还出现了新的变化，比如建立免费的阅读创作平台，一部精彩的小说前三章免费，等你有兴趣了想读后面的内容则要收费。比如游戏平台，基本功能免费，但是想要更高的体验——收费。又比如音乐、视频软件里，部分歌曲和视频需要购买会员才能听到或者看到完整版本。

（五）电子商务模式

传统行业加互联网、传统制造业加互联网向电子商务转型已经是一种大的趋势，它不是简单把产品放到网上去卖，而是整个系统性的流程再造。电子商务模式就是指在网络环境和大数据环境中基于一定技术基础的商务运作方式和盈利模式，也是目前有一定网络知识和英语水平的年轻人最容易入手的电子商务创业模式，简单来说就是在淘宝、京东、拼多多、亚马逊（Amazon）等购物软件上把自己的产品卖到全国，把中国的产品卖到全球，或者把全球的产品卖到中国。电子商务模式随着其应用领域的不断扩大和信息服务方式的不断创新，其类型也层出不穷，主要可以分为以下六种类型。①企业与消费者之间的电子商务（business to consumer，B2C）。②企业与企业之间的电子商务（business to business，B2B）。③消费者与消费者之间的电子商务（consumer to consumer，C2C），C2C 商务平台就是通过为买卖双方提供一个在线交易平台，使卖方可以主动提供商品上网拍卖，而买方可以自行选择商品进行竞价。④互联网与线下商务之间的电子商务（online to offline，O2O），这种类型中，线下服务可以用线上来揽客，消费者可以用线上来筛选服务，还可以在线结算。该模式最重要的特点是：推广效果可查，每笔交易可跟踪。⑤BOB，是"business-operator-business"的缩写，意指供应方与采购方之间通过运营者达成产品或服务交易的一种新型电子商务模式。⑥B2Q（enterprise online shopping introduce quality control，企业网购引入质量控制）模式，指通过在采购环节中根据买方需要引入第三方工程师技术服务人员，提供售前验货、售后安装调试维修等服务的一种模式。

（六）其他模式

20 世纪 50 年代，新的商业模式是由麦当劳（McDonald's）和丰田汽车（Toyota）创造的；60 年代的创新者则是沃尔玛（Walmart）和混合式超市（hypermarkets，指超市和仓储式销售合二为一的超级商场）；到了 70 年代，新的商业模式则出现在 FedEx（联邦快递）和

Toys "R" Us 玩具商店的经营中；80 年代是 Blockbuster、Home Depot（家得宝）、Intel（英特尔）和戴尔；90 年代则是 Southwest Airlines（西南航空）、Netflix、eBay、亚马逊和 Starbucks（星巴克咖啡）。

随着科学技术不断发展，商业模式也有了多样化趋势，互联网的免费模式就是其中的典型代表，由于新兴商业模式太多，故不一一列举。每一次商业模式的革新都能给企业带来一定时间内的竞争优势。但是随着时间的改变，企业必须不断地重新思考它的商业设计。随着（消费者的）价值取向从一个工业转移到另一个工业，企业必须不断改变它们的商业模式，一个企业的成功与否最终取决于它的商业设计是否符合了消费者的优先需求。近年来，中国在互联网商业模式创新方面已经独步全球，未来会创造更多的奇迹，可以想象只要在中国发现了一种独特的创新商业模式，并在中国市场上做到第一，相信其一定会是未来的世界第一。共享单车的商业模式就是中国的独创，现在已经在全世界拓展自己的疆界。任何在新的时代能够找到大势所趋的市场需求，并且能够在传统商业模式中去发现新的市场空缺，在适当的时机介入的人，未来都可能借助商业模式的创新，创造出非凡的成就。

第二节　商业模式设计

一、商业模式的九大板块

若要很好地回答商业模式的三个基本问题：价值创造、价值获取、价值传递，可以把商业模式分为九个关键板块。

（一）价值主张

价值主张是用来描述为特定客户细分创造价值的系列产品和服务。主要回答的问题是：企业该向客户传递什么样的价值？企业正在帮助客户解决哪一类难题？企业正在满足哪些客户需求？企业正在给客户细分群体提供哪些系列的产品服务？

其重要意义在于，价值主张是客户选择一家企业而非另一家企业的原因，他解决了客户的困扰或者满足了客户的需求。每个价值主张都包含可选系列产品和服务，以迎合特定客户细分群体的需求，所以在这个意义上，价值主张是企业提供给客户的受益集合或收益系列。有些价值主张可能是创新的，会表现为一个全新的或者具有破坏性的产品或服务；而另一些可能与现存市场的产品或服务类似，只是增加了功能和特性。总的来讲，价值是可以定量（价格、服务速度）或者定性的（设计、客户体验），具体内容如下。①新颖，产品或服务满足顾客从未感受和体验过的全新需求。②性能，改善产品和服务性能是传统意义上创造价值的普遍方法。③定制化，以满足个别客户或客户细分群体的特定需求来创造价值。④把事情做好，可以帮客户把某些事情做好而简单地创造价值。⑤设计，产品因优秀的设计脱颖而出。⑥品牌/身份地位，顾客可以通过使用某一特定品牌而显示价值。⑦价格，以更低的价格提供同质化的价值，满足价格敏感客户细分群体。⑧成本缩减，帮助客户削减成本是重要的创造价值的方法。⑨风险抑制，帮助客户抑制风险能创造价值。⑩可达性/便利性/可用性，可达性指把产品和服务提供给以前接触不到的顾客；便利性和可用性指使事情更方便或易于使用，可以创造可观的价值。

（二）客户细分

客户细分用来描述一家企业想要接触或服务的不同人群或组织，即目标用户群体。主要回答的问题是：企业正在为谁创造价值？谁是该企业最重要的客户？

客户构成了商业模式的核心，没有客户，就没有企业可以长久存活，为了更好地满足客户，企业可能把客户分为不同的细分领域，每个细分领域的客户具有共同的需求、共同的行为和其他共同的属性。客户细分可以定义为一个或多个细分领域，企业必须做出合理的决策，到底该服务哪些细分群体，该忽略哪些细分群体；同时还要考虑以下几点：怎么提供不同的产品以满足不同客户的需求？怎么通过不同的分销渠道接触不同的客户群体？客户群体之间的关系如何？客户群体的盈利能力如何？客户群体愿意为产品的不同方面付费吗？企业家慎重考虑后，一旦做出决策，就可以凭借对特定客户群体需求的深刻理解，设计相对应的商业模式。客户细分群体大致可分为以下几种类型。①大众市场，是价值主张、渠道通路和客户关系全都聚集于一个大范围内的客户群组，顾客具有大致相同的需求和问题。②利基市场，指被市场中的统治者/有绝对优势的企业忽略的某些细分市场，价值主张、渠道通路和客户关系全都针对一个利基市场的特定需求定制，常可在供应商和采购商的关系中找到。③区隔化市场，指顾客需求略有不同，细分群体之间的市场区隔会有所不同，所提供的价值主张也略有不同。④多元化市场，指经营业务多样化，以完全不同的价值主张迎合完全不同需求的顾客细分群体。⑤多边平台或多边市场，服务于两个或者更多的相互依存的客户群体。

（三）渠道通路

渠道通路用来描绘企业是如何沟通、接触客户细分而传递其价值主张。主要回答的问题是：通过哪些渠道可以接触企业的客户细分群体？企业现在该如何接触他们？企业的渠道如何整合？哪些渠道最有效？哪些渠道成本效益最好？如何把企业的渠道与客户的例行程序进行整合？

沟通、分销和销售这些渠道构成了企业相对客户的接口界面，渠道通路是客户接触点，它在客户体验中扮演着重要角色，可以分为直销渠道和非直销渠道，也可以分为自有渠道和合作伙伴渠道。渠道通路包含以下功能：提升产品或服务在客户中的认知、帮助客户评估其价值主张、协助客户购买特定产品和服务、向客户传递价值主张、给客户提供售后支持。

（四）客户关系

客户关系是用来描绘企业与特定客户细分群体建立的关系类型。主要回答的问题是：企业的每个客户细分群体希望企业与之建立和保持何种关系？哪些关系企业已经建立了？这些关系成本如何？如何把这些关系与商业模式的其他板块进行整合？

企业应该弄清楚其希望和每个客户细分群体建立的关系类型。客户关系范围可以从个人到自动化，客户关系可以被以下几个动机驱动：客户获取、客户维系、提高销售额（追加销售）。商业模式所要求的客户关系深刻地影响着全面的客户体验，客户关系类型可分为以下几种。①个人助理，基于人与人之间的互动，可以通过呼叫中心、电子邮件或其他销售方式等个人助理手段进行。②专业个人助理，为单一客户安排专门的客户代表，通常是向高净值个人客户提供服务。③自助服务，为客户提供自助服务所需要的全部条件。④自动化服务，整合了更加精细的自动化过程，可以识别不同客户及其特点，并提供与客户订单或交易相关的服务。⑤社区服务，利用用户社区与客户或者潜在客户建立更为深入的联系，如建立在线社区。⑥共同开发，与客户创造共同价值，鼓励客户参与到全新和创新产品的设计和创作中。

（五）关键业务

关键业务用来描绘为了确保其商业模式可行，企业必须做的最重要的事情。主要回答的问题是：企业的价值主张需要哪些关键业务？企业的渠道通路需要哪些关键业务？企业的客户关系、收入来源需要哪些关键业务？

任何商业模式都需要多种关键业务活动。这些业务是企业得以成功运营所必须实施的最重要的动作。正如核心资源一样，关键业务也是创造和提供价值主张、接触市场、维系客户关系并获取收入的基础。而关键业务也会因商业模式的不同而有所区别，例如，对于微软等软件制造商而言，其关键业务包括软件开发；对于戴尔等电脑制造商来说，其关键业务包括供应链管理；对于麦肯锡咨询企业而言，其关键业务包含问题求解。关键业务大致可分为以下几类。①制造产品，与设计、制造、发送产品有关，是企业商业模式的核心。②问题解决，为客户提供新的解决方案，需要知识管理和持续培训等业务。③平台/网络，网络服务、交易平台、软件甚至品牌都可看成平台，与平台管理、服务提供和平台推广相关。

（六）核心资源

核心资源用来描绘让商业模式有效运转所必需的最重要因素。主要回答的问题是：企业的价值主张需要什么样的核心资源？企业的渠道通路需要什么样的核心资源？企业的客户关系如何？收入来源如何？

每个商业模式都需要核心资源，这些资源使得企业组织能够创造和提供价值主张、接触市场、与客户细分群体建立关系并赚取收入。不同的商业模式需要的核心资源也有所不同。芯片制造商需要资本集约型的生产设施，而芯片设计商则需要更加关注人力资源。核心资源既可以是自有的，也可以是企业租借的或从重要伙伴那里获得的，大致可以分为以下几类。①实体资产，包括生产设施、不动产、系统、销售网点和分销网络等。②知识资产，包括品牌、专有知识、专利和版权、合作关系和客户数据库。③人力资源，在知识密集产业和创意产业中，人力资源至关重要。④金融资产，金融资源或财务担保，如现金、信贷额度和股票期权等。

（七）关键合作

关键合作模块用来描述让商业模式有效运作所需的供应商与合作伙伴的联盟。主要回答的问题是：谁是企业的重要伙伴？谁是企业的重要供应商？企业正在从伙伴那里获得哪些核心资源？合作伙伴都执行哪些关键业务？

企业会基于多种原因打造合作关系，合作关系正日益成为许多商业模式的基石。很多企业创建联盟来优化其商业模式、降低风险或获取资源。合作关系可以分为以下四种类型：在非竞争者之间的战略联盟关系，在竞争者之间的战略合作关系，为开发新业务而构建的合资关系，为确保可靠供应的购买方和供应商关系。以下三种动机有助于创建合作关系：商业模式的优化和规模经济的运用、风险和不确定性的降低、特定资源和业务的获取。

（八）收入来源

收入来源构造模块用来描绘企业从每个客户细分群体中获取的现金收入（需要从创收中扣除成本）。主要回答的问题是：什么样的价值能让客户愿意付费？客户现在在付费买什么？客户是如何支付费用的？客户更愿意如何支付费用？每个收入来源占总收入的比例是多少？

如果客户是商业模式的心脏，那么收入来源就是动脉。企业必须问自己，什么样的价值能够让各客户细分群体真正愿意付款？只有回答了这个问题，企业才能在各客户细分群体上发掘一个或多个收入来源。每个收入来源的定价机制可能不同，例如固定标价、谈判议价、拍卖定价、市场定价、数量定价或收益管理定价等。一个商业模式可以包含两种不同类型的收入来源，分别为通过客户一次性支付获得的交易收入和经常性收入，其中经常性收入指来自客户为获得价值主张与售后服务而持续支付的费用。可获取收入的方式大致有以下几种。①资产销售，销售实体产品的所有权。②使用收费，通过特定的服务收费。③订阅收费，销售重复使用的费用。④租赁收费，暂时性排他试用权的费用。⑤授权收费，知识产权授权费用。⑥经纪收费，提供中介服务收取佣金。⑦广告收费，提供广告宣传服务收费。

（九）成本结构

成本结构是用来描绘运营一个商业模式所引发的所有成本。主要回答的问题是：什么是企业商业模式中最重要的固有成本？哪些核心资源花费最多？哪些核心业务花费最多？

成本结构这个模块用来描绘在特定的商业模式运作下所引发的最重要的成本。创建价值和提供价值、维系客户关系以及产生收入都会引发成本，这些成本在确定关键资源、关键业务与关键合作后可以相对容易地计算出来。然而，有些商业模式，相比其他商业模式更多的是由成本驱动的。成本驱动的商业模式侧重于在每个地方尽可能地降低成本，其中包括固定成本、可变成本、规模经济、范围经济，这种做法的目的是创造和维持最经济的成本结构，采用低价的价值主张、最大程度自动化和广泛外包。而价值驱动的商业模式特征在于：有些企业不太关注特定商业模式设计对成本的影响，而是专注于创造价值，增值型的价值主张和高度个性化服务通常是以价值驱动型商业模式为特征的。

其实，任何一种商业模式都少不了以上九大板块，任何新型的商业模式都是九个板块按照不同逻辑的排列组合。每个创业者的定位、兴趣点和视角不一样，向各板块内加入的内容也就不一样，于是有了不同的商业模式。在开始按照上面的九大板块设计商业模式之前，必须牢记一点：商业模式是动态的，它存在的目的就是被更新，让团队里的每个成员了解今天、本周我们正在执行的计划是什么。一旦执行的过程中发现有问题，那就要回头修改相对应的商业模式板块，并且确认这个改动会不会影响其他的板块。

二、商业模式画布

如何描述企业自身的商业模式，如何讨论？如何设计？如何挑战、改善、创新、创造、转变、选择商业模式？以上这些都需要建立一整套完整的商业分析体系，其中商业模式画布就是一个很好的选择，这是一个可以促进理解、讨论、创意和分析的实操工具，它最佳的用法是打印出来贴在墙上，然后使用便签在上面进行工作。

（一）商业模式画布的基本内涵

商业模式画布（business model canvas）是亚历山大·奥斯特瓦德（Alexander Osterwalder）、伊夫·皮尼厄（Yves Pigneur）在《商业模式新生代》(*Business Model Generation*)中提出的一种用来描述商业模式、可视化商业模式、评估商业模式以及改变商业模式的通用语言，是一种能够帮助创业者催生创意、降低猜测、确保他们找对了目标用户、合理解决问题的工具。

商业模式画布由九个基本构造块构成，涵盖了客户、提供物（产品/服务）、基础设施和财务生存能力四个方面，可以方便地描述和使用商业模式，来构建新的战略性替代方案。商业模式画布通过一套严谨务实的系统化分析流程和工程化设计步骤，来确保最终设计方案的科学性和有效性。其由如图 8-2 中的九个基本构造块组成，分别如下。①客户细分（customer segments，CS）：企业或机构所服务的一个或多个客户分类群体。②价值主张（value propositions，VP）：通过价值主张来解决客户难题和满足客户需求。③渠道通路（channels，CH）：通过沟通、分销和销售渠道向客户传递价值主张。④客户关系（customer relationships，CR）：在每一个客户细分市场建立和维护客户关系。⑤收入来源（revenue streams，RS）：收入来源产生于成功提供给客户的价值主张。⑥核心资源（key resources，KR）：核心资源是提供和交付先前描述要素所必备的重要资产。⑦关键业务（key activities，KA）：通过执行一些关键业务活动，运转商业模式。⑧关键伙伴（key partnership，KP）：有些业务要外包，而另外一些资源需要从企业外部获得。⑨成本结构（cost structure，CS）：商业模式上述要素所引发的成本构成。

关键伙伴	关键业务	价值主张	客户关系	客户细分
此构造块描绘企业与必要合作伙伴的合作网络	此构造块描绘企业活动和资源的安排	此构造块描绘为特定客户细分创造价值的系列产品和服务	此构造块描绘企业与特定客户细分群体建立联系的类型	此构造块描绘企业想要接触和服务的不同人群或组织
	核心资源		渠道通路	
	此构造块描绘企业提供、交付各类要素所必备的重要资产		此构造块描绘企业与特定客户细分群体建立联系的方式	
成本结构				收入来源
此构造块描绘运营商业模式所引发的所有成本				此构造块描绘企业从客户群体获取的现金收入

图 8-2 商业模式画布构造

（二）商业模式画布的功能

商业模式画布的先后顺序是，首先要找到谁是我们的目标用户，他们的需求是什么也就是价值主张是什么，我们怎么才能获取到他们，通过什么渠道，如何收益，依靠哪些资源，用什么样的方式实现盈利，谁能帮助我们实现盈利，成本是多少。如果对这生涩的九点进行进一步的简化，用简单易懂的一句话来概括就是我们成本有多少，通过什么样的方式给目标用户提供什么样的服务，从而获得多少收益。商业模式画布中每一个方格都代表着成千上万种可能性和替代方案，创业者要做到的就是找到最佳的那一个。因此商业模式画布对创业者在创业过程中的实践具有重要意义，有以下两个功能。①商业模式画布是能够帮助创业者理清创业思路，不胡乱猜测，降低项目风险，确保创业者找到真正的目标用户群体，进而合理地解决问题的一种思维工具。②商业模式画布不仅能够提供更多灵活多变的计划，而且更容易满足用户的需求。更重要的是，它可以将商业模式中的元素标准化，并强调元素间的相互作用。

（三）如何绘制商业模式画布？

商业模式画布大量应用于商务分析。商业模式画布主要可以细分为商业分析画布、产品策划画布、项目进度画布、策略分析画布、团队管理画布等。尤其是创业初期，绘制一张清晰简洁的商业模式画布能够为创业者提供思路清晰、纵观全局的决策方案，有利于后期商业活动顺利进行，提高收益和效率。究竟如何画一幅商业模式画布呢？首先要找到我们的目标用户，他们的需求是什么？我们怎么样才能获取到他们？需要通过什么渠道？我们如何收益？我们可以依靠哪些资源？我们用什么样的方式实现盈利？谁能帮我们实现盈利？所需要的成本是多少？具体如何利用商业模式画布来展开团队关于商业模式的讨论呢？根据前人经验，大致有以下六点。①准备一张足够大的商业模式画布。②核心团队全部参与模式讨论。③针对商业想法逐一对九个基本构造块展开讨论。④可将关键要点写在便签上，将便签贴在画布上。⑤根据讨论结果，随时更换画布上的便签。⑥建议从价值主张或客户细分入手，展开讨论。

无论多么激烈的讨论或多么有成效的讨论，作为讨论成果的商业模式画布结论并非企业商业模式的最终答案。相反，这仅仅是我们探索、发现商业模式的起点。

第三节　商业模式评估

一、成功商业模式的特征

改革开放以来，中国诸多企业的成功缘于偶然而失败于商业模式者比比皆是。实际上，成功的商业模式一样而又非常不一样，一样的是这一模式创新性地将内部资源、外部环境、盈利模式与经营机制等有机结合，不断提升自身的营利性、协调性、价值、风险控制能力、持续发展能力与行业地位等；非常不一样的是这一模式是在一定条件、一定环境下的成功，更多地具有个性，不能简单地拷贝或复制，而且必须通过不断地修正才能保持企业持久的生命力，因而，借鉴基础上的创新永远是商业模式中商业智慧的核心价值。总结成功商业模式的特征，有以下九点。

（一）具有创新性特点

成功的商业模式不仅仅是针对技术上的突破，环节上的改进，商业模式的创新贯穿于企业经营的整个过程，贯穿于企业资源开发、研发模式、制造方式、营销体系、市场流通等各个环节，企业中的任何一个环节都有可能成为创新环节。创新是一种商业模式形成的逻辑起点与原动力，也是一种商业模式区别于另一种商业模式的决定性因素，因而创新性成为成功的商业模式的灵魂与价值所在。现阶段，我国企业商业模式的形成有多种路径，从经济发展阶段来看，成功商业模式不必苛求完全原创，但也不能完全模仿，需要将中国人的特定思维或特质与特殊的市场经济发展环境相结合，形成经世致用的商业模式。改革开放以来我国成功的商业模式的创新性主要来源于两个层次：一是具有完全的原创性，或在关键环节实现了突破，形成了较为浓厚的原创性；二是模仿或借鉴了国外最新的商业模式，进行了一定创新，但具有浓厚的中国特色。

（二）具有独特的、持久的盈利模式

商业模式最关注的不是交易的内容而是方式，其目的不在于概念的重整，而在于实现营业收入和利润，因而盈利模式是成功商业模式的核心要素。同时，一个盈利模式必须要有一定的价值主张及运营机制的导向和支撑，因而是成功商业模式的集中体现，成功的商业模式必须具备一定的独特性和持久性。独特性是能构成企业的竞争优势，且在同一行业中难以被竞争对手所模仿或采用；持久性是指能够支持企业持续盈利。

（三）具有客户价值挖掘能力

对于企业，暂时的盈利或亏损都是正常的。具有好的商业模式的企业并不是不会亏损，而是亏损之后它有能力站起来，并且获得更多的利润，这些利润来自对客户价值的挖掘，它善于从不同的角度、不同的客户需求出发，去生产符合客户需求的产品，增加可挖掘的价值。

（四）具有风险控制能力

虽然有好的商业模式，但是还需要经得住风险的考验，就好比无论多伟岸的大厦，都必须具有稳定性，否则风一吹就倒了。创业过程需要承担一定的风险，包括负债、资源投入、新产品和新市场的引入以及关于新技术的投资，承担风险代表着把握机会。德鲁克在《创新与企业家精神》一书中指出，成功的创业者不是盲目的风险承担者，他们采用各种方式降低风险，比如，通过调查、评估等降低不确定性，或者运用在其他领域内经过验证的方法和技术有效降低风险，加强竞争地位。成功商业模式也是如此，要拥有风险控制能力，运用各种方法降低风险。

（五）具有持续发展能力

如果你的商业模式存在的时间很短，没有后续的持续发展，也必然成不了大器。一个好

的商业模式不是靠抓住偶然的机会，而是需要从最开始就找到他的核心逻辑，从而完善商业模式，长久地发展下去。

（六）具有行业领先优势

在行业上拥有主导地位是能够持续盈利的先决条件，因此，好的商业模式是企业持续竞争优势之源，商业模式的建立和维护对于确立企业的市场领导地位和竞争实力是极为重要的。

（七）能够提供独特价值

产品和服务独特性的组合形成了企业能提供的独特价值，这种组合要么可以向客户提供额外的价值，要么使得客户能用更低的价格获得同样的利益，或者用同样的价格获得更多的利益，当然也可能是指新的思想。例如，酒店行业，传统的酒店行业经营方式比较单一，这样酒店在采购东西的时候不能形成批量，成本降低不了；人员不能批量，也就不能形成人才优势，很多酒店的服务员到一定年龄也不能晋升成为领班，所以这种传统的酒店模式不能很好地利用资源。在如家快捷酒店的发展模式里，它在全国各地建了几千家连锁店，普通服务员表现得好，可以在各连锁店当店长；要批量订购床单，一次性可以批发一个服装厂一年的产量，这样就可以把采购成本降下来。所以商业模式具有规模效益，能够给顾客提供独特价值。

（八）脚踏实地

脚踏实地就是实事求是，就是把商业模式建立在对客户需求的准确理解和把握上。现实中的很多企业集团管理体系，不管是传统企业集团管理体系还是新型企业集团管理体系，对于自己的钱从何处来，为什么客户看中自己企业集团管理体系的产品和服务，都不甚了解，这样不切实际的商业模式，在互联网狂热的时候，简直数不胜数，只有真正接地气、脚踏实地的商业模式才能在竞争中站住脚。

（九）难以模仿

成功的商业模式都是难以模仿的，比如直销模式人人都知道其如何运作，也都知道戴尔为此中翘楚，而且每个商家只要愿意，都可以模仿戴尔的做法，但能不能取得和戴尔相同的成绩，完全是另外一回事。当然，卓越的商业模式，在取得成功的同时，必然受到竞争者的模仿。不可否认，可能有一种企业搬运其他企业成功的商业模式也能在市场上生存下来，也活得不错，但未来随着互联网的飞速发展，留给他们的生存空间将越来越小。

总之，成功的商业模式必须有自己独特的企业经营模式。诸如著名实业家稻盛和夫所说："作为企业经营者，必须把握企业所处产业的发展规律，把握自己企业的发展方向，打造自己企业的文化体系，形成自己企业的商业模式！"这种独特性表现在它怎样界定顾客、界定顾客的需求和偏好、界定竞争者、界定产品和服务、界定业务内容吸引客户以创造利润，在摸索自己企业适合的商业模式的同时，找到企业的核心竞争力。当然越成功的企业，商业模式框架越成熟，可能总结出来的也不只限于此，还有更多的其他方面需要大家自己去总结、归纳。

二、商业模式的评估标准

商业模式评估是企业商业模式理论和实践的一个非常重要的环节。商业模式评估可分为两种,一种是对商业模式潜力的事前评估,就是通过对商业模式的盈利性和适用性进行预测,预测商业模式实施以后可能会产生的绩效;另一种是对商业模式潜力的事后评估,分析企业在实施了某种商业模式以后发生了哪些方面的变化,此时不是一种预测,而是对实际效果的衡量。事前评估是一种静态评估,更多是对商业模式构成要素的横向评估;事后评估是一种动态评估,更多是对商业模式实施的纵向评估。事前评估方法通常是建立模型,而事后评估则分为定性评估和定量评估,我们可以从主要商业评估理论,结合相关理论模型在企业和产业里的应用方法,来分析商业模式评估的现状、规律与未来的发展方向。本书参考邵洪波(2014)对于主流商业模式评估理论和思想的梳理,认为近三十年间对商业模式的研究主要分为盈利观、运营观、战略观、协同观等四种。

(一)盈利观下的商业模式评估

奥佛尔(Afuah)等从盈利能力的角度来评价商业模式的潜力。其评价商业模式可以分三个步骤:一是考察商业模式目前的盈利状况,主要是评价收入和现金流;二是衡量利润预测因素,主要是评估利润率、市场份额和年收入增长率;三是衡量商业模式各构成因素,涉及十个部分,而且每个部分均包括一整套的评价指标。

这种评估方法的优点是比较系统,三个步骤之间具有很强的逻辑性,因此是比较成熟的商业模式评估方法之一。不足之处:一是将利润率、市场份额和年收入增长率作为企业利润预测因素的做法有过分表面化之嫌,没有深入探讨企业获得利润的根本原因;二是这种评价方法更多是一种"过去时",是对商业模式实施以后的效果进行衡量,而不能用于事前评估;三是没有采用更为详细或者定量的描述方法,在衡量商业模式各构成因素的过程中,所有指标只有高和低两个定性取值,因此无法详细评估不同商业模式之间的差别。

(二)运营观下的商业模式评估

以运营观为主导的商业模式,强调企业需要进行合适的流程、业务设计,各职能部门也需要紧密配合,因此内外部的匹配性是其要点。

莫里斯(Morris)等认为商业模式评估的关键在于评估商业模式的匹配性。评估方式表现为评价其内部匹配性和外部匹配性。前者主要指商业模式构成因素内部之间的相互匹配;后者主要指商业模式构成因素与外部环境之间的匹配,这种评估方法的优点是很有启示意义,对深入研究商业模式评估具有重要的指导意义;不足在于这仅仅是一种思路,而不是具体的评估方法,因此有待后续研究者加以纵深研究。

李东基于规则(行为准则或惯例)视角提出关于商业模式构成本质的新理论,将商业模式基本构件落脚为规则,使商业模式的基本内容具体化,再针对具体化的基本内容进行相应的评估,由此提出了面向容器效应的评估方法。评估商业模式的容器是由定位板块、利益板块、收入板块以及成本板块四大功能板块构成的,这一方面决定了商业模式为企业带来的价值,另一方面决定了商业模式为顾客创造的利益。其中,收入板块和成本板块是从企业角度评估商业模式的,定位板块和利益板块则更强调顾客的利益。可见企业自身的价值以及顾客所获得的利益共同决定了商业模式的有效性,即这两方面共同实现的空间便是商业模式评估的结果。容器评价法具体的实施主要分为两个步骤,一是对规则的评价阶段,主要评价规则所促进的新的顾客价值,以及规则所降低的不确定性。二是对商业模式与战略的匹配性进行评价。结合情景-匹配状况,将组合关系分为强-匹配、强-不匹配、弱-匹配、弱-不匹配四类,根据不同的评估结果组合,企业制定不同的策略用以提升企业绩效,促进企业发展。

(三)战略观下的商业模式评估

根据哈梅尔(Hamel)的观点,一个好的商业模式必须能够创造高于平均水平的利润,因此主要从财富潜力的角度对商业模式进行评估,其评估方式包括效率、独特性、匹配性、营利性四方面,此种研究方法的优点是比较全面,且吸收了战略管理资源论的思想,因此得到了后续研究者的广泛引用;不足之处是过于宽泛,可操作性不强。

平衡计分卡是最近二十年流行的战略绩效管理工具。平衡计分卡在1992年被提出,它综合了财务指标和非财务指标,以企业的远景和目标为核心,分别从财务、客户、内部业务流程以及学习与成长四个方面对企业的经营业绩和发展状况进行综合、全面和系统的评价。李曼等将其与商业模式评估结合,提出了商业模式的平衡记分卡模型,他们提出可以从商业模式与战略目标的吻合程度、商业模式的运营效率、产品与服务的客户价值及商业模式的财务价值创造四个方面建立商业模式的评价指标体系。刘卫星、丁信伟认为传统的平衡记分卡强调企业内部与外部客户的平衡,却没有包括其他主体。实际上,商业模式中不仅包括企业和客户,还包括供应商、联盟伙伴、竞争者等利益相关者。基于此,他们结合翁君奕提出的介观商务模式和原磊提出的"3-4-8"商业模式分类方法,提出了六维平衡记分卡模型用以评估商业模式,该评估体系包括伙伴层面、内部构造层面、客户层面、社会层面、成长与发展层面、财务层面六个层面。

雷达图示法。工程师和研发人员由于其自身的背景和关注点的缘故,对商业模式并不熟悉,据此,石田文昭(Fumiaki Ishidal)和平谷佐久间(Hiraku Sakuma)在研究商业模式重构方法时制定了评估商业模式的五个维度,它们分别是:环境、商业创意、技术、模型、收益能力。根据这五个评估要素,他们细分制定了一个评估评价表,并用雷达图表示评估的结果,以帮助对商业模式了解较少的工程师和研发人员对其有更好的直观认识。同时提出了评估商业模式的五步法。①商业概念:主要考察商业模式与公司使命、愿景是否匹配,是否能为企业带来与众不同的差异性与竞争优势。②环境分析:分析宏观环境可以使用PEST(political, economical, social, technological;政治、经济、社会、技术)分析法,中微观层面上的可以使用五力分析。③技术竞争力分析:关注企业技术创新是否具有领先性,其市场化之后为企业带来销售额的增长,以及技术研发的成本。④模式化:经由情境规划法评估时间和驱动力、竞争战略等,对比不同态势的商业模式。⑤盈利分析:识别利润空间与收益方式,进一步分析利润来源与结构并实施财务模拟作业。在明确五个步骤之后,采用雷达图可视工具对上述的评估结果进行总结,得出五个部分的平均得分,将其列入雷达图上,寻找最低分，并且针对最低分方面，将其各个具体选项的得分用雷达图表示，就此发现商业模式重构的项目；最后将重构之后的商业模式各项与之前模式进行对比，以检验新的商业模式是否有效。

（四）协同观下的商业模式评估

荷兰学者戈德丁（Gordijn）从价值观的角度出发，认为商业模式评估的关键在于分析不同参与主体之间的价值流动情况。这种多参与主体的价值协同创造价值的状态符合协同观的特点。

通过基于价值网络建模的可视化 e^3-value 建模工具创建参考模型，该方法清晰地描述企业价值创造和转移的过程，并实现对商业模式的仿真运算，以数值体现企业商业模式的获利和有效性，从而帮助企业对当前商业模式进行有效评估。基于 e^3-value 工具编制利润/效用表，以一种直观形象的方式告诉企业管理者该商业模式方案运行的效果，这种借助商业模式模拟仿真工具的方法对商业模式实施评估，使得整体评估结果更准确可信。通过对商业模式不同部分的价值进行计算，不仅有助于评估某种商业模式的好坏，而且有助于认清其好坏的原因，针对所得到的数据发现新的商业机会以及机会存在的基本条件。此外，通过对所选参数的调整和测算能进一步揭示其商业模式内在机制，帮助企业发现模式中好与坏的部分，进而制定确实可行的创新措施。其中基于 e^3-value 建模主要涉及参与者、市场群体、价值活动、价值对象、价值端口、价值界面和价值交换等元素。

参与者，作为法律上独立的经济实体，它通过执行价值活动获取收益。参与者一般可划分为参与社交网络价值链的企业主体和除下游市场外的上中游商业模式参与主体两类。特别是在社交网络的模型中，参与者主要包括社交网络运营商、第三方开发商、广告商、网络游戏运营商和零售企业等。

市场群体，是目标市场的一个细分群体，这些群体具有相同的价值端口和价值对象。如社交网络的市场群体是网民中浏览、使用社交网络的用户，它是互联网市场中的一个细分用户群体。

价值活动，是能够为参与者创造价值的内部活动。不同参与者通过价值活动产生价值并进行价值交换，一个参与者可以有一个或多个价值活动，如在社交网络中，广告商有一个价值活动——投放广告，而第三方开发商则有两个价值活动——软件开发和软件出售。

价值对象，是参与者交换的有形或无形物品，包括产品、服务、金钱、消费者体验等。对参与者来说，价值对象是具有价值、值得交换的。如社交网络的价值对象包括游戏费、增值费、广告费等金钱，社交网络服务、广告服务等服务，网络游戏、应用、平台等无形产品。

价值端口，在 e^3-value 模型中用一个三角形表示，参与者通过价值端口获得或提供价值对象。价值端口的概念使人们从某一参与者内部商业流程中脱离出来，更加关注外部参与者及其他商业模型组件与此参与者的交互。如社交网络中每一参与者都有多个价值端口，它是价值交换的一个虚拟输入、输出点。

价值界面，如同价值交换的港口，是价值端口的集聚处。通过价值界面，参与者交换价值对象。每个参与者可以有一个或多个价值界面用以分组不同的价值端口。

价值交换，是连接产生价值交换的两个价值端口的直线，箭头的方向表示价值对象的流动方向。

本 章 小 结

本章作为本书的第八章，主要是让读者对商业模式有初步的了解和认识，本章共有三节内容。第一节介绍对商业模式的基本认知。首先，梳理大量学者关于商业模式内涵的界定，得出商业模式的定义；其次，介绍了商业模式的六大构成要素；最后，介绍了几种常见的商业模式。第二节主要介绍商业模式设计的相关内容，详细介绍了商业模式的九大板块及商业模式画布的基本内涵、功能、绘制方法等内容。第三节主要介绍了商业模式评估的相关内容，详细介绍了成功商业模式的特征及商业模式的评估标准。

关 键 术 语

商业模式　　商业模式画布　　商业模式评估

本章思考题

1. 寻找一两个近年来典型的创业失败案例，分析其商业模式的缺陷。
2. 分析某行业几个竞争对手的商业模式及其优劣。
3. 与不同阶段的创业者探讨，了解商业模式的形成和调整过程。

案例

菜篮子的菜小站，疫后如何"站位"？——菜小站商业模式探析

最近一段时间，温州各大社区的百姓都在交口谈论："听说菜小站招募站长了……""菜小站？是做什么业务的？""你们不知道呀，这个站长平时发发朋友圈、帮忙宣传带货的，有空呀下楼去收收货，也不费什么工夫，每个月带货还有销售提成呢！""听说可以去妇联、残联、民政部门、街道社区报名呢……"

横空出世的菜小站，怎么瞬间承包了温州百姓街头巷尾的谈资之一呢？话题还得从2020年初那场突如其来的疫情说起……

1. 缘起：平价菜进社区

菜小站的雏形源自现代温州菜篮子集团有限公司（简称菜篮子集团）2020年初启动的"平价菜进社区"项目。2020年初，席卷全国的新冠疫情打乱了百姓的日常生活，2月10日起，作为温州农贸领域的领头企业——菜篮子集团受市委市政府指令，着手解决当下最为迫切的民生问题。

刻不容缓，菜篮子集团在短短两天内成立了"平价菜进社区"项目组，由菜篮子集团吴

董全面负责，下设客服、采购、仓库、送货、技术支持、活动策划和应急响应7个小组，明确工作流程及作业分工；公司还利用新媒体号召社会力量参与，与社区党群服务中心、志愿者等300余人合作，迅速启动了"平价菜进社区"活动，接单、采购、运输、装卸、分拣、配送、检测等各环节一气呵成，日均打包2000余份蔬菜，解决了小区最后100米的配送问题。2月下旬起，项目组还与市农业局、市广电传媒、中国邮政温州分公司等合作，建立了多渠道、多媒介的公益助农体系，转入到"平价菜进社区"的常态化运营。

截至2020年4月底，"平价菜进社区"已惠及温州市300余个社区，累计销售额350余万元，惠及城区市民150余万人，彰显了菜篮子集团"多谋民生之利、多解民生之忧"的使命，受到了百姓、政府和媒体的交口称赞。

2. 升级：菜小站角色定位

如果说，疫情期间的"平价菜进社区"更多彰显的是国企的责任担当；那么疫情趋向平稳之后，是继续打着"平价菜进社区"的旗号，还是把它迭代为一种新的商业模式？能否把应急的"平价菜进社区"做成菜篮子集团旗下的一个常态化业务板块呢？

吴董认为，探索建立常态化的农产品应急保障体系是国家建立公共卫生事件应急管理体系的重要环节，在保民生的同时也是创新集团商业模式的良机！

他的设想是：首先给这项业务一个有辨识度的名称——"菜小站"，它应该服务于"社区居民等群体"，可以定位于"助农、扶贫、保供和社群服务"；它应该是一个下沉到社区的"开放性共享平台、公益社群服务平台、最后100米生鲜服务平台"；它可与现有社区店、团购点、小卖部、社区党群服务中心、红色管家、党员志愿者、社区义工队、物业、业主委员会等组织合作运营；它可与妇联、残联、民政部门、街道社区等共推"1+1"计划；它可以推出微信小程序为居民提供各种社区服务……而公司则可将菜小站作为社区引流入口，以温州主城区300个小区为基础建立多元共享的社区互动平台，顺势进入到社区服务的广阔空间！

菜小站的设想一出，大家都认为确实是一个机会！但分管运营的朱副总却陷入担忧中："社区+生鲜"的模式已衍生出社区生鲜到店、前置仓模式、线上线下店仓一体化及社区团购等不同的商业模式，市场上竞争者如云，前有天猫、京东等电商巨头布局本地生鲜，美团推出美团买菜，饿了么推出叮咚买菜，永辉超市推出超级物种，盒马推出盒马鲜生；后有初创公司如食享会、十荟团、邻邻壹、考拉精选等已先后获得天使融资，通过高回报的团长佣金迅速占据了市场份额，竞争达到白热化程度。与之相比，农贸体系内的菜小站要怎么创新商业模式才不至于被同行淘汰？难道也要跟着"烧钱"抢市场份额吗？要怎么样摆脱同质化发展，提供多元化的服务内容呢？

社区庄主任也分析：眼下，天猫、淘宝、京东、叮咚买菜等都在加速布局社区店，"得社区者得流量，得流量者得天下"，咱菜篮子不能放弃社区这块"肥肉"吧？我们菜篮子布局社区店还是有一定优势的，公司旗下有覆盖温州20多家菜市场的经营权，业务延伸至仓储、冷链物流、上游菜品基地，有全产业链资源可整合，在供货端肯定不成问题；在需求端，我们集团有国企背书，百姓认可度高。

吴董非常认可庄主任的观点，既然菜小站的基本构想有了，社区也主动请求"联姻"了，疫情保供期间积累的经验也有了，要不，先干起来！

3. 落地：菜小站破壳待出，说干就干

第一个菜小站于 2020 年 4 月底"破土动工"，落户在泰力路上的鹿鸣苑社区，面积约 20 平方米。按照设想，每个菜小站统一门店大小、装修标准和标识标牌，菜品统一由菜篮子集团采供。考虑到首家门店的示范效应，站长先由菜篮子集团职工担任。一般，站长面向社会公开招聘，公司已经制定并发布了菜小站站长申请条件、岗位职责和招聘流程。菜小站的产品按照流通环节抽样检测，从采购、分拣再到配发、销售，整个流程按照标准化进行，为舌尖上的安全上了"双重保险"。

菜小站的亮点之一在于其"公益基因"，会定期和社区党群服务中心合作开展系列公益活动。在这个过程中，菜篮子集团做了两件事情：一是开展了"菜小站社区邻里行"活动。2020 年 5 月，在庆年坊社区推出了"家门口"助农产品试吃、沙拉制作体验、爱心义诊、免费理发等活动；公司还和社区主任一起慰问空巢老人、残疾老人；端午前夕，又开展了端午粽飘香活动。二是公司在第一时间推出了菜小站的微信小程序服务。菜小站保证菜品价平、质优、速快、量足、类多，用户只要动动拇指，就能一站式采购到所需菜品，并就近提取，或每单增加 2 元后由站长按照指定时间配送上门，送货费用由菜篮子集团代收代付直接给站长。与此同时，站长的招募与遴选、菜小站的选址与改造、小程序的优化与升级、薪酬体系的设计与推进、合作伙伴的谈判与签约等工作，也在紧锣密鼓推进中……

4. 后疫情时代：菜小站何去何从？

经过两个月的谋篇布局和"开疆扩土"，菜小站正在温州城里"生根发芽"：第一个实体店马上完工，第一批站长招募接近尾声，接下来就是菜小站小试"菜"刀的时刻了！

时间来到 2020 年 6 月，后疫情时代线下菜市场逐渐恢复正常，面对消费者逐步回流到实体店铺、菜市场去选择新鲜水果蔬菜，吴董再一次陷入了沉思：当消费者面临线下实体门店和线上生鲜平台的多样化选择，线上商品的质量、价格、种类以及服务等方式，将成为消费者重新选择的重要参考指标，未来免不了线上生鲜平台与线下商超、菜市场的正面竞争。而菜小站既有线下实体菜市场的经营权，又投放大量社区门店组建线上便民生鲜平台，那么未来该如何留住消费者呢？

退一步说，新零售模式下各大电商都开足马力进攻生鲜市场，但太多社区生鲜团购平台都在提供同质化的服务（生鲜产品、配送到家、拼团优惠）；眼下当务之急，是如何帮助菜小站"突围"并走差异化发展道路……那么，菜小站应该如何稳健"站位"？

资料来源：应天煜，等. 2020.菜篮子的菜小站，疫后如何"站位"？——菜小站商业模式探析[Z].中国管理案例共享中心案例库.

阅读上述案例，回答以下问题：
（1）简述菜小站商业模式的形成过程。
（2）讨论后疫情时代菜小站如何进一步发展。

本章参考文献

邵洪波. 2014. 商业模式评估的理论、方法与发展（上）[J]. 现代国企研究, (8): 42-49.

王迎军，韩炜. 2011. 新创企业成长过程中商业模式的构建研究[J]. 科学学与科学技术管理，32(9): 51-58.

卫武，赵璇. 2021. 画布视角下不同类型众创空间的商业模式：一个多案例比较研究[J]. 科技进步与对策，38(9): 1-8.

赵占波，邬国锐，刘锋. 2015. 中国社交网络商业模式发展及影响因素分析[J]. 商业研究，(1): 33-40.

Bellman R, Clark C E, Malcolm D G, et al.1957. On the construction of a multi-stage, multi-person business game[J]. Operations Research, 5(4): 469-503.

Drucker P F. 1994.The theory of the business[J]. Harvard Business Review, 72(5): 95-104.

Jones G M. 1960. Educators, electrons, and business models: a problem in synthesis[J]. The Accounting Review, 35(4): 619.

Timmers P. 1998. Business models for electronic markets[J]. Electronic Markets, 8(2): 3-8.

第九章

新企业开办

【学习目的】

通过本章的学习，了解企业组织形式的内涵、类型，明晰不同企业组织形式的优势与劣势，知晓如何选择企业组织形式，掌握新企业成立必须要考虑的相关法律法规，学会开展新创企业的运营准备工作。

【学习要求】

1. 了解创业时可选择的不同企业组织形式及其特点。
2. 了解新企业成立的相关法律法规。
3. 学会开展新创企业的运营准备工作。

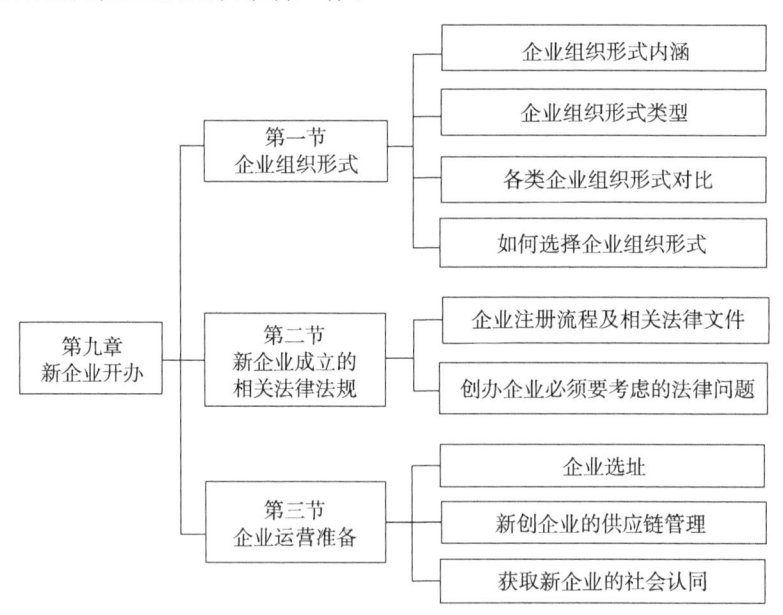

```
第九章          第一节            企业组织形式内涵
新企业开办       企业组织形式       企业组织形式类型
                                  各类企业组织形式对比
                                  如何选择企业组织形式

                第二节            企业注册流程及相关法律文件
                新企业成立的
                相关法律法规       创办企业必须要考虑的法律问题

                第三节            企业选址
                企业运营准备       新创企业的供应链管理
                                  获取新企业的社会认同
```

第一节 企业组织形式

一、企业组织形式内涵

作为创业者或投资人，要想将自己的想法付诸实践并产生实际效益，必须依法依规成立自己的实体企业。现代市场经济条件下，由于实际中的企业组织形式日益多样化，如何选择适合的企业组织形式对新创企业的未来发展至关重要。通常来讲，企业组织形式是指企业存在的形态和类型，具体指企业财产及其社会化大生产的组织状态，它表明一个企业的财产构成、内部分工协作、与外部社会经济联系的方式。企业作为市场经济中的主体，不同的企业组织形式在投资人的风险可控程度、投资人数限制、法定资本与盈亏分配规则、运营管理、总体税负等方面存在诸多差异，会影响企业的注册流程、创业者的社会责任、创业者的融资行为以及企业的纳税额等，直接或间接地决定新创企业的成败。按照我国现行法律与国际通行规则分类，新创企业按一般的企业组织形式可以划分为个人独资企业、合伙企业和公司制企业三类。自 1999 年 8 月 30 日中华人民共和国第九届全国人民代表大会常务委员会第十一次会议通过《中华人民共和国个人独资企业法》之后，2005 年 10 月 27 日第十届全国人民代表大会常务委员会第十八次会议和 2006 年 8 月 27 日第十届全国人民代表大会常务委员会第二十三次会议分别修订了新《中华人民共和国公司法》和《中华人民共和国合伙企业法》。至此，我国企业组织形式基本上与国外接轨。2018 年 10 月 26 日第十三届全国人民代表大会常务委员会第六次会议通过了《关于修改〈中华人民共和国公司法〉的决定》，对《中华人民共和国公司法》进行了第四次修正，相关法律日渐完善。

二、企业组织形式类型

（一）个人独资企业

个人独资企业是最古老也是最常见的企业法律组织形式，个人独资企业又称个人业主制企业。我国的个人独资企业是指：按照《中华人民共和国个人独资企业法》在中国境内设立，由一个自然人投资，财产为投资者个人所有，投资人以其个人财产对企业债务承担无限责任的经营实体。根据《中华人民共和国个人独资企业法》第二章第八条规定，设立个人独资企业应当具备下列条件：①投资人为一个自然人；②有合法的企业名称；③有投资人申报的出资；④有固定的生产经营场所和必要的生产经营条件；⑤有必要的从业人员。

从设立条件中可以看到，和各类企业相比，个人独资企业的创设条件最为简单，个人独资企业的成功与否往往与所有者个人的技能和能力息息相关。

（二）合伙企业

合伙企业指由两人或两人以上的投资人共同出资兴办、联合经营、共负盈亏的企业。我国《中华人民共和国合伙企业法》规定："本法所称合伙企业，是指自然人、法人和其他组织依照本法在中国境内设立的普通合伙企业和有限合伙企业。"依照定义，合伙企业包括普通合伙企业和有限合伙企业两种形式。其中普通合伙企业由普通合伙人组成，合伙人对合伙企业债务承担无限连带责任。《中华人民共和国合伙企业法》对普通合伙人承担责任的形式有特别规定的，从其规定。而有限合伙企业由普通合伙人和有限合伙人组成，普通合伙人对合伙企业债务承担无限连带责任，有限合伙人以其认缴的出资额为限对合伙企业债务承担责任。设立合伙企业，应当具备下列条件：①有二个以上合伙人。合伙人为自然人的，应当具有完全民事行为能力；②有书面合伙协议；③有合伙人认缴或者实际缴付的出资；④有合伙企业的名称和生产经营场所；⑤法律、行政法规规定的其他条件。

此处需要说明的是：有限合伙企业及其合伙人适用《中华人民共和国合伙企业法》第三章规定；第三章未作规定的，适用该法第二章第一节至第五节关于普通合伙企业及其合伙人的规定。

（三）公司制企业

公司是现代社会中最主要的企业形式，它是以营利为目的，由股东出资形成，拥有独立的财产、享有法人财产权、独立从事生产经营活动、依法享有民事权利、承担民事责任，并以其全部财产对公司的债务承担责任的企业法人。所有权与经营权分离，是公司制企业的重要产权基础。与传统的个人独资企业和合伙企业相比，新创企业开办者选择公司制作为企业组织形式的一个最大特点，就是以其所持股份或出资额为限对公司债务承担有限责任；另一个特点就是存在双重纳税问题，即公司盈利要上缴公司所得税，新创企业开办者作为股东还要上交企业投资所得税或个人所得税。根据《中华人民共和国公司法》，我国的公司制企业存在有限责任公司（包括一人有限责任公司）和股份有限公司两种类型。

有限责任公司是指根据《中华人民共和国公司登记管理条例》规定登记注册，由五十个以下的股东出资设立，每个股东以其所认缴的出资额对公司承担有限责任，公司法人以其全部资产对公司债务承担全部责任的经济组织。有限责任公司包括国有独资公司以及其他有限责任公司。设立有限责任公司，应当具备以下条件。

（1）股东符合法定人数。根据《中华人民共和国公司法》第二章第二十四条规定，有限责任公司由五十个以下股东出资设立。

（2）有符合公司章程规定的全体股东认缴的出资额。根据《中华人民共和国公司法》第二章第二十六条、第二十七条、第二十八条规定，有限责任公司的注册资本为在公司登记机关登记的全体股东认缴的出资额。法律、行政法规以及国务院决定对有限责任公司注册资本实缴、注册资本最低限额另有规定的，从其规定。股东可以用货币出资，也可以用实物、知识产权、土地使用权等可以用货币估价并可以依法转让的非货币财产作价出资；但是，法律、行政法规规定不得作为出资的财产除外。对作为出资的非货币财产应当评估作价，核实财产，不得高估或者低估作价。法律、行政法规对评估作价有规定的，从其规定。股东应当按期足额缴纳公司章程中规定的各自所认缴的出资额。股东以货币出资的，应当将货币出资足额存入有限责任公司在银行开设的账户；以非货币财产出资的，应当依法办理其财产权的转移手续。股东不按照前款规定缴纳出资的，除应当向公司足额缴纳外，还应当向已按期足额缴纳出资的股东承担违约责任。

（3）股东共同制订公司章程。根据《中华人民共和国公司法》第二章第二十五条规定，有限责任公司章程应当载明下列事项：公司名称和住所；公司经营范围；公司注册资本；股东的姓名或者名称；股东的出资方式、出资额和出资时间；公司的机构及其产生办法、职权、议事规则；公司法定代表人；股东会会议认为需要规定的其他事项。股东应当在公司章程上签名、盖章。

（4）有公司名称，建立符合有限责任公司要求的组织机构。

（5）有公司住所。

股份有限公司是指将公司的全部资本划为等额股份，然后股东以其认购的股份为限对公司承担责任，公司以其全部财产对公司债务承担责任。这种股份有限公司，相比较而言，更加先进，具有上市资格。设立股份有限公司，应当具备下列条件。

（1）发起人符合法定人数。根据《中华人民共和国公司法》规定，股份有限公司的设立有发起人限制，设立股份有限公司，应当有二人以上二百人以下为发起人，其中须有半数以上的发起人在中国境内有住所。

（2）有符合公司章程规定的全体发起人认购的股本总额或者募集的实收股本总额。

（3）股份发行、筹办事项符合法律规定。

（4）发起人制订公司章程，采用募集方式设立的经创立大会通过。股份有限公司章程应当载明下列事项：公司名称和住所；公司经营范围；公司设立方式；公司股份总数、每股金额和注册资本；发起人的姓名或者名称、认购的股份数、出资方式和出资时间；董事会的组成、职权和议事规则；公司法定代表人；监事会的组成、职权和议事规则；公司利润分配办法；公司的解散事由与清算办法；公司的通知和公告办法；股东大会会议认为需要规定的其他事项。

（5）有公司名称，建立符合股份有限公司要求的组织机构。

（6）有公司住所。

三、各类企业组织形式对比

各种企业组织形式对创业者的优势、劣势影响，大致可以总结为表 9-1 的内容。

表 9-1 各种企业组织形式对创业者的优势、劣势影响

企业组织形式	优势	劣势
个人独资企业	企业设立手续非常简单； 所有者拥有企业控制权； 可以迅速对市场变化做出反应； 无须缴纳个人所得税、无须双重纳税； 在技术和经营方面容易保密	创业者承担无限责任； 企业成功过多依靠创业者个人能力； 资金筹集困难； 企业随着创业者的退出而消亡，寿命有限； 创业者投资的流动性低
合伙企业	创办比较简单，费用低； 经营比较灵活； 企业拥有更多人的技能和能力； 资金来源较广； 信用度较高	合伙人承担无限责任； 依赖合伙人的能力，企业规模受限； 容易因关键合伙人的退出而解散； 合伙人的投资流动性较低，产权转让困难
有限责任公司	创业股东只承担有限责任，风险小； 公司具有独立寿命，易于存续； 可以吸纳多个投资人，促进资本集中； 多元化产权结构有利于决策科学化	创立的程序比较复杂，创立费用较高； 存在双重纳税问题，税负较重； 不能公开发行股票，融资规模有限； 产权不能充分流通，资产运作受限
股份有限公司	创业股东只承担有限责任，风险小； 筹资能力强； 公司具有独立寿命，易于存续； 职业经理人进行管理，管理水平较高； 产权可以以股票形式充分流通	创立的程序复杂，创立费用高； 存在双重纳税问题，税负较重； 需定时报告公司的财务状况； 公开公司的财务数据，不利于保密； 政府限制较多，法律法规要求严格

根据以上分析，不同企业组织形式对于创业者而言各有其优势与劣势。在实际创业过程中，创业者应根据自身资源和能力条件及市场情况做出适当选择。

四、如何选择企业组织形式

（一）影响创业者选择企业组织形式的因素

企业组织形式反映了企业的性质、地位、作用和行为方式；规范了企业与出资人、企业与债权人、企业与政府、企业与企业、企业与职工等内外部的关系。毫无疑问，它必须和我国的社会制度及生产力发展水平相适应，同时要充分考虑到企业的行业特点。企业只有选择了合理的组织形式，才有可能充分地调动各个方面的积极性，使之充满生机和活力，在决定企业组织形式时，要考虑的因素很多，主要是以下几方面。

1. 税收

西方发达国家，企业创业者首先考虑的因素是税收。在美国公司法中，也将这一因素称为决定性因素。以我国为例，我国对公司制企业和合伙企业实行不同的纳税规定，国家对公司营业利润在企业环节上征公司税，税后利润作为股息分配给投资者，个人投资者还需要缴纳个人所得税。而合伙企业则不然，营业利润不征公司税，只征收合伙人分得收益的个人所得税。对比合伙企业和股份有限公司，合伙企业要优于股份有限公司，因为合伙企业只征一次个人所得税，而股份有限公司还要再征一次企业所得税；如果综合考虑企业的税基、税率、优惠政策等多种因素的存在，股份有限公司也有有利的一面，因为国家的税收优惠政策一般都是只适用于股份有限公司。例如，《国家税务总局关于股份制企业转增股本和派发红股征免个人所得税的通知》（国税发〔1997〕198号）规定，股份制企业用资本公积金转增股本不属于股息、红利性质的分配，对个人取得的转增股本数额，不作为个人所得，不征收个人所得税。这一点合伙企业就不能享受。在测算两种性质企业的税后整体利益时，不能只看名义税率，还要看整体税率，由于股份有限公司施行"整体化"措施，消除了重叠纳征，税收便会消除一部分。如果合伙人中既有本国居民，又有外国居民，就出现了合伙企业的跨国税收现象，由于国籍的不同，税收将出现差异。一般情况下，规模较大的企业应选择股份有限公司，规模不大的企业，采用合伙企业比较合适，因为，规模较大的企业需要资金多，筹资难度大，管理较为复杂，如采用合伙企业形式运转比较困难。

2. 利润和亏损的承担方式

个人独资企业，投资人无须和他人分享利润，但其要一人承担企业的亏损。合伙企业，如果合伙协议没有特别规定，利润和亏损由每个合伙人按相等的份额分享和承担。有限责任公司和股份有限公司，公司的利润是按股东持有的股份比例和股份种类分配的，对公司的亏损，股东个人不承担投资额以外的责任。

3. 资本和信用的需求程度

资本和信用的需求程度，也指投资人的资本和规模。通常，投资人有一定的资本，但不想使事业的规模太大，或者扩大规模受到客观条件的限制，适宜采用合伙企业或有限责任公司的形式；如果所需资金巨大，并希望经营的事业规模宏大，适宜采用股份有限公司形式；如果投资人愿意以个人信用作为企业信用的基础，且不准备扩展企业的规模，适宜采用个人独资企业的方式。

4. 创业者企业经验

创业者企业经营经验的多寡，往往对企业未来的经营影响较大，在选择企业组织形式时应重点考虑。创业者企业经营经验如果特别丰富，可以选择个人独资企业或一人有限责任公司等独立性较强的企业组织形式，否则最好选择合伙企业或者非一人有限责任公司，以发挥众人智慧，防止企业经营出现重大的问题。

5. 行业特点

如果企业所属行业适宜较大规模经营，如制造业企业、贸易加工型企业以及技术研发型企业，一般选择合伙企业和有限责任公司形式较为适宜。如果企业属于一般性服务行业，通常规模较小，则可以优先选择注册个人独资企业或者一人有限责任公司类型。

此外，企业的设立程序繁简，企业的存续期限，投资人的权利转让，投资人的责任范围，企业的控制和管理方式等因素都会对投资人选择企业组织形式形成影响，必须对各项因素进行综合分析。

（二）选择企业组织形式应注意的几个问题

第一，选择市场化。在企业组织形式的选择上，人们可根据与人合作的意愿、利益的分化度、可协调度、协调能力以及成本–收益的比较做出决定，这个决定是选择主体的主观价值判断与企业组织形式客观情况相结合的体现，虽然制约因素很多，但主要还是在市场利益驱动下完成的，是一个市场机制自动筛选、淘汰的动态过程。

第二，注重选择的实效。从思想、政策到行动不搞一刀切，对公有制经济、国有经济也一样，如现代企业制度不一定适合所有国有大中型企业，产权主体的人为多元化可能导致公有产权被其他产权主体进一步侵蚀，不但无法克服已有弊端，反而增添麻烦。

第三，选择过程的创新。企业组织形式不是一个所有制性质概念，而是既定性质所有制企业的运作方式，是一种财产的组织形式。创新不涉及社会性质问题，制度创新同技术创新一样，将成为国际竞争的重要领域，所以我们必须创新，敢于改变游戏规则。创新应以企业为主导，因为企业最了解市场需求，政府转而实行政策导向、提供环境、为企业服务。在创新过程中，也可能有失败的尝试，甚至多次失败，但最终肯定会找到更有效率的形式，它们可能是各种形式的组合，也可能是全新的，新形式的高效率不意味着旧形式的过时、低效，照相机没有消灭画家，也不可能完全取代书信、电话。

（三）企业组织形式多元化发展

在市场经济条件下，生产力的发展水平是多层次的，由此形成了三类基本的企业组织形式，即个人独资企业、合伙企业和公司制企业（以有限责任公司和股份有限公司为主）。这三种企业都属于现代企业的范畴，体现了不同层次的生产力发展水平和行业的特点，但企业组织形式的法定性不是一成不变的。我国企业组织形式应呈现多元化发展的趋势，可以在法定的形式外寻求并借鉴一些国家的企业组织形式并以法律的形式固定下来。

第二节　新企业成立的相关法律法规

新企业成立必须符合相关法定注册流程，遵守相关法律文件章程，同时要随时考虑自身经营过程中应遵守的法律法规。

一、企业注册流程及相关法律文件

建立一个全新的企业是创业者进入市场时最常用的方式，具体又包括独创和合办两种形式，其中独创主要包括注册个人独资企业、注册一人有限责任公司；合办主要包括注册合伙企业、有限责任公司和股份有限公司。本章第一节已经介绍了个人独资企业、合伙企业、有限责任公司和股份有限公司等企业组织形式的成立要求、优劣势对比，下面简单介绍各种组织形式企业必须完成的、准备的注册资料和应当承担的法律责任，以及企业注册的相关流程。

（一）个人独资企业的注册资料与法律责任

申请设立个人独资企业，应当由投资人或者其委托的代理人向个人独资企业所在地的登记机关提交设立申请书、投资人身份证明、生产经营场所使用证明等文件。委托代理人申请设立登记时，应当出具投资人的委托书和代理人的合法证明，个人独资企业不得从事法律、行政法规禁止经营的业务，从事法律、行政法规规定须报经有关部门审批的业务，应当在申请设立登记时提交有关部门的批准文件。

根据《中华人民共和国个人独资企业法》第五章规定，任何个人或企业不得违反本法规定，否则将会承担相关法律责任。具体规定如下：不得提交虚假文件或采取其他欺骗手段，取得企业登记；个人独资企业使用的名称与其在登记机关登记的名称必须相符合；不得涂改、出租、转让、伪造营业执照；个人独资企业成立后无正当理由不得超过六个月未开业；不得在未领取营业执照前，以个人独资企业名义从事经营活动；个人独资企业登记事项发生变更时，必须按本法规定在规定期限内办理有关变更登记；投资人委托或者聘用的人员管理个人独资企业事务时不得违反双方订立的合同，给投资人造成损害；个人独资企业不得违反本法规定，侵犯职工合法权益，未保障职工劳动安全，不缴纳社会保险费用；投资人委托或者聘用的人员不得违反本法第二十条规定，侵犯个人独资企业财产权益；相关人员不得违反法律、行政法规的规定强制个人独资企业提供财力、物力、人力；个人独资企业及其投资人不得在清算前或清算期间隐匿或转移财产，逃避债务；投资人违反本法规定，应当承担民事赔偿责任和缴纳罚款、罚金；登记机关不得对不符合本法规定条件的个人独资企业予以登记，对符合本法规定条件的企业必须予以登记；登记机关的上级部门的有关主管人员不得强令登记机关对不符合本法规定条件的企业予以登记，或者对符合本法规定条件的企业不予登记，或者对登记机关的违法登记行为进行包庇；登记机关不得对符合法定条件的申请不予登记或者超过法定时限不予答复。违反以上规定的企业、个人或者相关责任人员，必须依照《中华人民共和国个人独资企业法》相关条文规定接受处罚。

（二）合伙企业的注册资料与法律责任

设立一家合伙企业，应提交相关文件、证件，包括《企业设立登记申请书》（内含《企业设立登记申请表》《投资者名录》《企业经营场所证明》等表格）；公司章程（提交打印件一式两份，全体股东亲笔签字；有法人股东的，要加盖该法人单位公章并由其法定代表人亲笔签字）；验资报告；出资权属证明；《名称预先核准申请书》及《企业名称预先核准通知书》；股东资格证明；《指定代表或者共同委托代理人授权委托书》；经营范围涉及前置审批项目的，应提交有关审批部门的批准文件。除上述必备文件外还应提交打印的股东名录和董事、经理、监事成员名录各一份，然后按照相应的步骤程序，递交申请材料，领取《受理通知书》，缴纳登记费并领取执照。

根据《中华人民共和国合伙企业法》第五章规定，任何个人或企业不得违反本法规定，否则将会承担相关法律责任。具体规定如下：不得提交虚假文件或者采取其他欺骗手段，取得合伙企业登记；合伙企业须在其名称中标明"普通合伙"、"特殊普通合伙"或者"有限合伙"字样；不得在未领取营业执照情况下，以合伙企业或者合伙企业分支机构名义从事合伙业务；合伙企业登记事项发生变更时，必须依照本法规定办理变更登记；合伙企业登记事项发生变更，执行合伙事务的合伙人须按期申请办理变更登记；合伙人执行合伙事务，或者合伙企业从业人员利用职务上的便利，将应当归合伙企业的利益据为己有的，或者采取其他手段侵占合伙企业财产的，应当将该利益和财产退还合伙企业；合伙人不得对本法规定或者合伙协议约定必须经全体合伙人一致同意始得执行的事务擅自处理，给合伙企业或者其他合伙人造成损失；不具有事务执行权的合伙人不得擅自执行合伙事务，给合伙企业或者其他合伙人造成损失；合伙人不得违反本法规定或者合伙协议的约定，从事与本合伙企业相竞争的业务或者与本合伙企业进行交易；清算人须依照本法规定向企业登记机关报送清算报告；清算人执行清算事务，不得牟取非法收入或者侵占合伙企业财产；清算人不得违反本法规定，隐匿、转移合伙企业财产，对资产负债表或者财产清单作虚假记载，或者在未清偿债务前分配财产，损害债权人利益；合伙人不得违反合伙协议；有关行政管理机关的工作人员不得违反本法规定，滥用职权、徇私舞弊、收受贿赂、侵害合伙企业合法权益。违反本法规定，构成犯罪的，依法追究刑事责任。违反本法规定，应当承担民事赔偿责任和缴纳罚款、罚金，其财产不足以同时支付的，先承担民事赔偿责任。

（三）有限责任公司和股份有限公司的注册资料与法律责任

设立一家有限责任公司或股份有限公司，应提交的登记注册文件、证件，包括《企业设立登记申请书》（内含《企业设立登记申请表》《投资者名录》《企业法定代表人登记表》《董事会成员、经理、监事任职证明》《企业经营场所证明》等表格）；公司章程（提交打印件一式两份，全体股东亲笔签字；有法人股东的，要加盖该法人单位公章并由其法定代表人亲笔签字）；验资证明；以非货币方式出资的，还应提交资产评估报告（涉及国有资产评估的，还应提交国有资产管理部门的确认文件）;《名称预先核准申请书》及《企业名称预先核准通知书》；股东资格证明；《指定代表或者共同委托代理人授权委托书》；经营范围涉及前置审批项目的，应提交有关审批部门的批准文件。除上述必备文件外还应提交打印的股东名录和董事、经理、监事成员名录各一份，然后按照相应的步骤程序，递交申请材料，领取《受理通知书》，缴纳登记费并领取执照。

根据《中华人民共和国公司法》第十二章规定，任何个人或企业不得违反本法规定，否则将会承担相关法律责任。具体规定如下：不得虚报注册资本、提交虚假材料或者采取其他欺诈手段隐瞒重要事实取得公司登记；公司的发起人、股东不得虚假出资，未交付或者未按期交付作为出资的货币或者非货币财产；公司的发起人、股东在公司成立后，不得抽逃其出资；公司不得违反本法规定，在法定的会计账簿以外另立会计账簿；公司不得在依法向有关主管部门提供的财务会计报告等材料上作虚假记载或者隐瞒重要事实；公司须依照本法规定提取法定公积金；公司在合并、分立、减少注册资本或者进行清算时，须依照本法规定通知或者公告债权人；公司在进行清算时，不得隐匿财产，对资产负债表或者财产清单作虚假记载或者在未清偿债务前分配公司财产；公司在清算期间不得开展与清算无关的经营活动；清算组须依照本法规定向公司登记机关报送清算报告，或者报送清算报告不得隐瞒重要事实或者有重大遗漏；承担资产评估、验资或者验证的机构不得提供虚假材料；承担资产评估、验资或者验证的机构不得因过失提供有重大遗漏的报告；承担资产评估、验资或者验证的机构因其出具的评估结果、验资或者验证证明不实，给公司债权人造成损失的，除能够证明自己没有过错的外，在其评估或者证明不实的金额范围内承担赔偿责任；公司登记机关须对符合本法规定条件的登记申请予以登记，或者对不符合本法规定条件的登记申请不予登记；公司登记机关的上级部门不得强令公司登记机关对不符合本法规定条件的登记申请予以登记，或者对符合本法规定条件的登记申请不予登记；未依法登记为有限责任公司或者股份有限公司，而冒用有限责任公司或者股份有限公司名义的，或者未依法登记为有限责任公司或者股份有限公司的分公司，而冒用有限责任公司或者股份有限公司的分公司名义的，由公司登记机关责令改正或者予以取缔；公司成立后无正当理由超过六个月未开业的，或者开业后自行停业连续六个月以上的，可以由公司登记机关吊销营业执照；外国公司不得违反本法规定，擅自在中国境内设立分支机构；不得利用公司名义从事危害国家安全、社会公共利益的严重违法行为。公司违反本法规定，应当承担民事赔偿责任和缴纳罚款、罚金的，其财产不足以支付时，先承担民事赔偿责任。违反本法规定，构成犯罪的，依法追究刑事责任。

（四）企业注册流程

按照现行法律法规，创业者注册新公司需要遵循一定的流程，并需要到相应的政府机关部门审批登记。相关审批登记项目包括：公司核名、经营项目审批、公司公章备案、验资、申领营业执照/组织机构代码证/税务登记证、银行开户、购买发票等，相关内容解释如表9-2所示。

表9-2 新企业成立的相关审批登记项目

登记项目名称	内容解释
公司核名	注册企业第一步就是企业名称审核，即查名。创业者需通过国家市场监督管理总局进行公司名称注册申请，由国家市场监督管理总局三名工商查名科注册官进行综合审定，给予注册核准，并发放盖有国家市场监督管理总局名称登记专用章的企业《名称预先核准通知书》。此过程中申办人需要提供法人和股东的身份证复印件，并提供2~10个公司名称，写明经营范围、出资比例，公司名称要符合规范

续表

登记项目名称	内容解释
经营项目审批	如新创企业的经营范围中涉及特种行业许可经营项目,则需报送相关部门报审盖章,特种许可项目涉及旅馆、印铸刻字、典当、拍卖、信托寄卖等行业,需要消防、治安、环保等行政部门审批。特种行业许可证办理,根据行业情况及相应部门规定不同,分为前置审批和后置审批。前置审批是指在办理营业执照前需要先去审批的项目;后置审批是指对于应当予以前置审批的商事登记,为了提高商事登记的效率,促进商事活动的迅速开展,采取先行商事登记而后进行理应前置审批的审查,它代表了前置审批制度改革的方向。二者均是在企业登记注册的过程中,根据企业经营的行业和范围不同,须经过相关行业的主管部门审批,并取得相应批复同意或发放相关的证件的项目。典型的前置审批行业如烟草经营、务工人员派遣等,常见的后置审批有《进出口经营权》《道路运输许可证》等,这类许可证日常办理较多,进行后置审批可以大大提高办证效率
公司公章备案	企业办理工商注册登记过程中,需要使用图章,由公安部门刻出。公司用章包括:公章、财务章、法人章、全体股东章、公司名称章等
验资	验资指投资者需要按照各自的出资比例,提供相关注册资金的证明,然后通过审计部门进行审计并出具"验资证明"(个人独资企业、合伙企业等工商登记机关不要求提交验资报告,股份有限公司在申请设立登记时需要提交)
申领营业执照/组织机构代码证/税务登记证	从2015年10月1日起,全国范围内开始全面实行"三证合一"登记制度。"三证合一",就是将企业依次申请的工商营业执照、组织机构代码证和税务登记证三证合为一证,提高市场准入效率;"一照一码"则是在此基础上更进一步,通过"一口受理、并联审批、信息共享、结果互认",实现由一个部门核发加载统一社会信用代码的营业执照
银行开户	新创企业需设立基本账户,企业可根据自己的具体情况选择开户银行。银行开户应提供的材料有:营业执照正本、公司公章/法人章/财务专用章、法人身份证等
购买发票	税务问题是新创企业必须重视的,需要购买发票,前去税务所办理涉税事宜,经营过程中不得偷税漏税

二、创办企业必须要考虑的法律问题

一个社会的法律规定为其公民能做什么和不能做什么建立了一个框架,这个法律框架同样在一定程度上允许或禁止创业者所做的某些决策和采取的部分行动。显然,创办企业也会受当地法律的影响,创业者必须了解并处理好一些重要的法律和伦理问题,创业涉及的法律和伦理问题相当复杂,创业者需要认识到这些问题,以免由于早期的法律和伦理失误而给新企业带来沉重代价,甚至使其夭折。创业者一般不会有意触犯法律,但往往高估他们所掌握的与创建和经营新企业相关的法律知识,或者缺乏伦理意识,因此创业者创办企业前,必须先了解创业企业的一些基本法律问题,如表9-3所示。

表9-3 创业企业不同阶段的法律问题

创建阶段的法律问题	经营现行业务中的法律问题
• 确立企业的组织形式	• 人力资源管理(劳动)法规
• 设立税收记录	• 安全法规
• 进行租赁和融资谈判	• 质量法规
• 起草合同	• 财务和会计法规
• 申请专利、商标和版权保护	• 市场竞争法规

在企业的创建阶段,创业者面临的法律问题包括:确定企业的组织形式,设立适当的税收记录,进行租赁和融资谈判,起草合同以及申请专利、商标和版权保护等。当新企业成立起来并开始运营之后,仍然有与经营相关的法律问题。例如,人力资源管理(劳动)法规可能会影响员工的雇用、报酬以及工作评定的确定;安全法规可能会影响产品的设计与包装、工作场所和机器设备的设计和使用,环境污染的控制以及物种的保护。尽管许多法规可能在某一企业达到一定规模时才适用,但事实是,新企业都追求发展,这意味着创业者很快就要面临这些法律问题,与创业有关的法律主要是知识产权、竞争、质量和劳动等方面的法规,具体包括专利法、商标法、著作权法、反不正当竞争法、合同法等。

知识产权是人们对自己通过智力活动创造的成果所依法享有的权利。知识产权包括专利、商标、版权等,是企业的重要资产。知识产权可通过许可证经营或出售,带来许可经营收入。实际上,几乎所有的企业(包括新企业),都拥有一些对其成功起关键作用的知识产权(表9-4)。

表9-4 企业各部门中典型的知识产权

部门	典型的知识产权形式	常用保护方法
营销部门	名称、标语、标识、广告语、广告、手册、非正式出版物、未完成的广告拷贝、顾客名单、潜在顾客名单及类似信息	商标、版权和商业秘密
管理部门	招聘手册、员工手册、招聘人员在选择和聘用候选人时使用的表格和清单、书面的培训材料和企业的实时通信	版权和商业秘密
财务部门	各类描述企业财务绩效的合同、幻灯片,解释企业如何管理财务的书面材料,员工薪酬记录	版权和商业秘密
管理信息系统部门	网站设计、互联网域名、公司特有的计算机设备和软件的培训手册、计算机源代码、电子邮件名单	版权、商业秘密和注册互联网域名
研究开发部门	新的和有用的发明和商业流程、现有发明和流程的改进、记录发明日期和不同项目进展计划的实验室备忘录	专利和商业秘密

资料来源:巴林格和爱尔兰(2006)

知识资产现在已逐渐成为创业企业(尤其是高科技创业企业)中最具价值的资产,因此对创业者来说,为了有效保护自己的知识产权,并且避免无意中违法而侵犯他人知识产权的行为,了解知识产权内容及相关法律就显得非常重要。下面着重介绍与创业企业紧密关联的专利法、商标法和著作权法。

(一)专利与专利法

专利是指某个政府机构根据申请颁发的文件,它被用来记述一项发明,并且创造一种法律状况,在这种状况下,专利发明通常只有经过专利所有人的许可才可以被利用。专利制度主要是为了解决发明创造的利用权利归属于谁的问题。专利法可以有效地保护专利所有人的合法权益。创业者对其个人或企业的发明创造应及时申请专利,以寻求法律保护,使自己的权益不受侵犯,或者在受到侵犯时,依据法律提出诉讼,要求侵害方予以赔偿。

我国于1984年3月12日第六届全国人民代表大会常务委员会第四次会议上通过并颁布了《中华人民共和国专利法》,并分别于1992年9月4日第七届全国人民代表大会常务委员会第二十七次会议、2000年8月25日第九届全国人民代表大会常务委员会第十七次会议、

2008年12月27日第十一届全国人民代表大会常务委员会第六次会议上通过《关于修改〈中华人民共和国专利法〉的决定》三次修正。2020年10月17日，第十三届全国人民代表大会常务委员会第二十二次会议通过《关于修改〈中华人民共和国专利法〉的决定》第四次修正，自2021年6月1日起施行。

（二）商标与商标法

商标是指在商品或者服务项目上所使用的，由文字、图形、字母、数字、标志和颜色等要素单独展现或者组合构成的显著标志。它用以识别不同经营者所生产、制造、加工、拣选、经销的商品或者提供的服务，商标是企业的一种无形资产，具有很高的价值，这种价值体现在其独特性和所产生的经济利益上，保护和提高商标的价值，可以为企业带来巨大的收益。商标包括注册商标和未注册商标，目前我国只对人用药品和烟草制品实行强制注册，通常所讲的商标均指注册商标。注册商标包括商品商标、服务商标和集体商标、证明商标。注册商标的有效期为十年，可以申请续展，每次续展注册的有效期也为十年。商标注册申请人，必须是依法成立的企业、事业单位、社会团体、个体工商户、个人合伙以及符合《中华人民共和国商标法》第十七条和第十八条规定的外国人或者外国企业。

《中华人民共和国商标法》于1982年8月23日第五届全国人民代表大会常务委员会第二十四次会议通过。随后，根据1993年2月22日第七届全国人民代表大会常务委员会第三十次会议《关于修改〈中华人民共和国商标法〉的决定》第一次修正，根据2001年10月27日第九届全国人民代表大会常务委员会第二十四次会议《关于修改〈中华人民共和国商标法〉的决定》第二次修正，根据2013年8月30日第十二届全国人民代表大会常务委员会第四次会议《关于修改〈中华人民共和国商标法〉的决定》第三次修正。最新一次的修正为2019年4月23日第十三届全国人民代表大会常务委员会第十次会议通过的《关于修改〈中华人民共和国建筑法〉等八部法律的决定》。

（三）著作权与著作权法

著作权也称版权，是指作者对其创作的文学艺术和科学作品所依法享有的权利。著作权包括发表权、署名权、修改权、保护作品完整权、复制权、发行权、出租权、展览权、表演权、放映权、广播权、信息网络传播权、摄制权、改编权、翻译权、汇编权以及应当由著作权人享有的其他权利等十七项权利。对著作权的保护是对作者原始工作的保护。著作权的保护期限为作者有生之年加上去世后50年。我国实行作品自动保护原则和自愿登记原则，即作品一旦产生，作者便享有版权，登记与否都受法律保护，自愿登记可以起证据作用。国家版权局认定中国版权保护中心为软件登记机构，其他作品的登记机构为所在省级版权局。

1990年9月7日，第七届全国人民代表大会常务委员会第十五次会议通过了《中华人民共和国著作权法》。2001年10月27日，第九届全国人民代表大会常务委员会第二十四次会议通过《关于修改〈中华人民共和国著作权法〉的决定》，对《中华人民共和国著作权法》进行第一次修正。2010年2月26日，第十一届全国人民代表大会常务委员会第十三次会议通过《关于修改〈中华人民共和国著作权法〉的决定》，对《中华人民共和国著作权法》进行第二次修正。2012年3月31日，根据国务院立法工作计划，国家版权局草拟了《中华人民共和国著作权法》（修改草案），并公开征求社会各界意见，社会公众可以在 2012 年 7 月 31 日前提出意见。2020 年 11 月 11 日，第十三届全国人民代表大会常务委员会第二十三次会议通过《关于修改〈中华人民共和国著作权法〉的决定》第三次修正，自 2021 年 6 月 1 日起施行。

除了与知识产权相关的法律法规以外，还有反不正当竞争法、合同法、产品质量法、劳动法等法律法规也是创业者及其新创企业所应当了解和关注的。

第三节　企业运营准备

选择企业组织形式，了解创办企业应注意的法律问题，在完成了企业注册的必要法定流程之后，新创企业随即可以开始进行运营准备，企业运营准备的内容是多方面的，主要包括选址、供应链管理、获取社会认同三方面。

一、企业选址

从世界各地新企业成功和失败的经验来看，选址的重要性不言而喻。据香港工业总会和香港中华总商会的统计，在众多开业不到两年就关门的企业中，由于选址不当所导致的企业失败数量占据了总量的 50%以上，这是因为，企业竞争力的内容具有复杂性和多层次性，一家新企业的持续竞争力必然受到该地区商业环境质量的强烈影响。可以想象，倘若没有高质量的交通运输基础设施，新企业就无法高效地运用先进的物流技术；假如当地的司法系统不能公平迅速地解决争端，新企业就难以正常和有效地运作；另外，社会治安、企业税率优惠、社区文化等商务环境因素也都深刻地影响着新企业。

创业者选择新企业的注册与经营地点涉及两方面：一是选择地区，包括不同国家或地区、一个国家内的不同地理区域或城市；二是选择具体地址，包括商业中心、住宅区、路段、市郊等。前者主要考虑国家、地区、城市的经济、技术、文化、政治等总体发展状况，后者重点考察市场因素、交通因素、商圈因素、物业因素、价格因素、资源、消费群体、社区环境、商业环境等。例如肯德基当年进入中国市场时，面临的一大难题就是选择哪个城市作为投资目标地，通过分析人口状况、商业、文化与政治及城市影响力，比较北京、上海、广州、天津的整体环境，最后选择北京作为开拓中国市场的基地。当选择具体店铺位置时，家乐福注定遵循它的标准——十字路口，这是考察商圈的结果。此外，新企业及其产品的名称对消费者有直接影响，创业者在企业正式成立之前，必须精心设计。

（一）影响创业选址的因素

新企业选址是一个较复杂的决策过程，涉及的因素比较多。归纳起来，影响选址的因素主要有经济因素、技术因素和其他重要因素（政治因素、社会文化因素和自然因素）。

1. 经济因素

经济因素是新企业选址需要考虑的最重要因素。在关联企业和关联机构相对集中地区的新企业容易成功。波特在研究了全球产业竞争力的"钻石模型"后指出，某一领域内相互关联的企业和机构在选址上进行集中后可以形成"团簇"（clustering），这是一个地区经济竞争力的标志。若一家企业有幸建在一个好的企业聚集区，区内的各家企业间就会产生一种竞争与合作的关系。一方面，竞争对手之间展开激烈的竞争以求在竞争中胜出并保住市场；另一方面，在相关行业的企业及地方机构间还存在着广泛的合作关系，一群具有竞争力的企业和一系列高效运转的机构共同实现该地区的繁荣，因此新企业在选址时都应考虑将自己建在一个好的产业"团簇"中。

此外，经济因素要具体考虑市场和商圈等。对于市场因素，可以从顾客和竞争对手两个角度来考虑。从顾客角度，要考虑经营地是否接通顾客，周围的顾客是否有足够的购买力，对于零售业和服务业，店铺的客流量和顾客的购买力决定企业的业务量。从竞争对手角度，经营地点的选择有两种不同的思路：一种是选择同行聚集林立的地方，同行聚集有利于人气聚合与上升，比如当下的服饰一条街、建材市场、家电市场、小商品市场等；另一种是"别人淘金我卖水"，别人都蜂拥到某地去淘金，成功者固然腰缠万贯，失败者也要维持生存，如果到他们中间去卖水，肯定稳赚不赔。商圈因素，就是指要对特定商圈进行特定分析。如车站附近是往来旅客集中的地区，适合发展餐饮、食品、生活用品；商业区是居民购物、聊天、休闲的理想场所，除了适宜开设大型综合商场外，特色鲜明的专卖店也很有市场；影剧院、公园名胜附近，适合经营餐饮、食品、娱乐、生活用品等；在居民区，凡能给家庭生活提供独特服务的生意，都能获得较好发展；在市郊地段，不妨考虑向驾车者提供生活、休息、娱乐和维修车辆等服务。从商圈因素来看，还需要考虑金融机构等配套设施建设的便利性。

2. 技术因素

新技术对高科技创业企业成功的作用是显然的，但技术本身的进步却更加难以预测，从某种意义上说，技术市场的变化是最为剧烈和最具不确定性的因素，因此，为了能够了解和把握技术变化的趋势，许多企业在创业选址时，常常考虑将企业建在技术研发中心附近，或建在新技术信息传递比较迅速、频繁的地区。例如，美国加利福尼亚州的硅谷在20世纪50年代以后逐渐成为美国电子工业的基地，不仅是高科技创业企业的"摇篮"，而且以电子工业为基础所形成的"高科技风险企业团簇"被认为是"20世纪产业集群的典范"，其成功的经验和运行范式广为世界各国所模仿。北京中关村也在21世纪初逐渐成为我国高科技创业企业的重要基地。

具有较强社会资本的产业"团簇"内的企业要比没有这种资本的孤立的竞争者更加了解市场。因为这些企业与其他关联实体间不断发展的、建立在信任基础上的，并且是面对面的客户关系能够帮助企业尽早了解技术进步、市场上的零部件及其他资源的供求状况。融洽的关系能够使新企业通过不断的学习和创新及时改善产品服务和营销观念，以进一步增强企业的存活力，当然，以技术为依托的社会资本积累过程往往是一个渐进过程。

3. 其他重要因素

政治因素。政府对市场的规制也是值得创业者重视的一个方面，创业者需评价现在已经存在的及将来有可能出现的影响到产品或服务、分销渠道、价格以及促销策略等的法律和法规问题，将企业建在政府支持该产业的地区。当投资者到国外去设厂时，更应该考虑不同国家的政治环境，如国家政策是否稳定、有无歧视政策等。

社会文化因素。人们生活态度的不同，人们对安全、健康、营养及环境的关心程度的不同，也都会影响创业者所生产产品的市场需求，特别当创业者准备生产的产品与健康或环境质量等有密切关系时更是如此，此时应优先考虑将企业建在其企业文化与所生产产品得到较大认同的地区。

自然因素。选址也需要考虑地质状况、水资源的可利用性及气候变化等自然因素。如有不良地质结构的地区，会对企业安全生产产生影响。水资源缺乏的地区会对用水量大的企业的正常生产产生不利影响。

不同的行业企业对上述各种因素有不同的考虑侧重点。比如制造业企业的选址和服务业企业的选址的侧重点就不同。制造业企业侧重考虑生产成本因素，如原料与劳动力，而服务业企业侧重考虑市场因素，比如顾客消费水平、产品与目标市场的匹配关系、市场竞争状况等。

总之，无论影响企业选址的因素有多少，无论不同企业给予不同因素的权重有怎样的变化，一般企业的厂址都要在都市、郊区、乡间、工业区四者中进行选择，这四者中除郊区是都市与乡间的折中状况无须比较外，其余企业所在地优缺点比较如表9-5所示。

表9-5 企业所在地优缺点比较

比较	都市	乡间	工业区
优点	1. 接近市场，产销联系紧密； 2. 劳动力来源充足； 3. 交通运输系统健全； 4. 各类用品购置容易； 5. 公共设施良好，员工的教育、娱乐、住宿、交通、医疗等设备可由市区供应； 6. 消防保安服务到位； 7. 与银行保持良好关系； 8. 卫星工厂及提供劳务机构容易寻找； 9. 高级人才及顾问易聘任	1. 地价低廉，土地容易取得； 2. 劳动力成本较低； 3. 厂房易于扩充； 4. 建筑成本较低； 5. 噪声污染管制较少； 6. 人员流动率低； 7. 交通不致拥挤	1. 公共设施完备； 2. 建地开发完整，建筑成本低； 3. 工业区内厂商易于合作； 4. 员工的教育、娱乐、住宿、交通、医疗等设备可由社区供应； 5. 卫星工厂及提供劳务机构容易寻找
缺点	1. 劳动力成本高； 2. 人员流动率高； 3. 场地不容易获得； 4. 厂房不易扩充； 5. 建筑成本高； 6. 交通拥挤，噪声污染管制严格	1. 交通不便； 2. 员工的教育、娱乐、住宿、交通、医疗等设备需由企业自行供应； 3. 保安、消防需由企业自行负责； 4. 高级人才及顾问不易聘任； 5. 零星物品不易就近购买； 6. 卫星工厂及提供劳务机构不易就近寻觅	1. 人员流动率高； 2. 雇员工资高； 3. 厂房不易扩充； 4. 交通拥挤； 5. 与消费者距离较远，不易建立知名度
适合产业	1. 各种服务业； 2. 加工销售业	1. 大型企业； 2. 制造或初级加工业； 3. 噪声污染不易控制的工业； 4. 占地较多的工厂	视工业区专业规则状况而定

将企业的地址简单描述为都市、郊区、乡间、工业区四大类型，其实是对影响选址的经济、技术、政治、文化因素的初级分类。因此创业者可以先根据这四大类型地区的固有优点和缺点做出初步比较，再考虑那些对其企业类型有重要影响的细分因素之后进行决策。

（二）选址的步骤

1. 市场信息的收集和研究

在企业创业的早期阶段，不只是选址阶段，信息对创业者来说都是非常重要的，有研究表明市场信息的使用会影响企业的绩效，而市场信息与选址决策的关系更是显而易见。因此根据已经列出的影响选址的几大因素，创业者自己或借助专业的中介机构收集市场信息是出色地完成选址决策的第一步。

首先，创业者应考虑从二手资料中收集信息，因为对创业者而言，最明显的信息来源是已有数据或二手资料，这些信息可以来自商贸杂志、图书馆、政府机构、互联网、大学或专门的咨询机构。在图书馆可以查到已经发表的关于行业、竞争者、顾客偏好的去向、产品创新等信息，甚至也可以获得有关竞争者在市场上所采取的战略方面的信息；互联网也可以提供有关竞争者和行业的深层信息，甚至可以通过直接接触潜在消费者而获得必要的客户信息。

其次，创业者还应亲自收集新的信息，获取一手资料。获取一手资料的过程其实就是一个数据收集过程，可使用多种方法，包括观察、互联网、访谈、聚点小组、试验及问卷调查等。其中，聚点小组是一种收集深层信息的非正规化的方法，一个聚点小组由 10~12 名潜在顾客组成，他们被邀请来参加有关创业者研究目标的讨论，聚点小组的讨论以一种非正规化的、公开的模式进行，这样可以保证创业者获得某些信息。

最后，要对收集到的各方面信息进行汇总、整理。通常，单纯对信息的总结可以得到一些初步的印象，接着对这些信息进行交叉制表分析可以获得更加有意义的结果。

2. 多个选址的评价

通过对市场上各种信息的收集、汇总、整理以及简单的定性分析后，创业者应该已经得出若干个新企业厂址的候选地，这时便可以借助科学的定量方法进行评价。目前最常用的有关选址的评价方法有量本利分析法、综合评价法、运输模型法、重心法和引力模型法等。

量本利分析法只是从经济角度进行选址的评价。实际影响选址的因素是多方面的，同时各种因素也不一定完全能用经济利益来衡量，因此采用多因素的综合评价法是选址评价中一个常用的方法。多因素评价就是先给不同的因素以不同的权重，再依次给不同选择下的各个因素打分，最后求出每个方案的加权平均值，哪个方案的加权平均值最高，哪个就是最佳方案。

当选址对象的输入与输出成本是决策的主要变量时，运输模型法是一个很好的决策方法。运输模型法的基本思想是：通过建立一个物流运输系统，选择一个能够使整个物流运输系统的运输成本最小的生产或服务地址。此模型尤其适合输入与输出成本对企业利润影响巨大的情况。

在服务业选址中，市场因素是主要的选址决策变量，对顾客的吸引力是服务企业区位优势的体现。Laulajainen 和 Stafford（1996）曾总结过服务企业创业区位选择中应该坚持的两大原则。第一，占有总顾客 60%的顾客高度集中区，组成主要贸易区；而与此相连的 20%的顾客集中区，组成次级贸易区；另外的 20%则为外围区。服务企业选址应优先考虑将自已建在主要贸易区。第二，大商店比小商店具有较大的吸引力，即大商店有大的贸易区，大商店在给定的贸易区内具有较高的销售穿透性，而这种市场穿透性随着距离的增加而减弱。因此，创业者可考虑要么将自己的企业建大，要么将自己建在大商店附近，而引力模型法恰好能够体现服务业这一决策特征，可以用来进行服务企业的选址决策。

3. 确定最终选址

创业者依据已经汇总整理的市场信息，以及其所要进入的行业特点和自己企业的特征，借助以上一种或者两种方法进行评估，最终完成选址决策，从而迈出自己创业至关重要的第一步。

二、新创企业的供应链管理

供应链管理是在供应链网络上的各组织、部门具有一个共同战略目标的基础上的管理，它将整个供应链看成一个有机的整体，体现了系统管理的思想，强调供应链成员之间的信息共享以及战略性合作伙伴关系，指在满足一定的客户服务水平的条件下，为了使整个供应链系统成本达到最小而把供应商、制造商、仓库、配送中心和渠道商等有效地组织在一起所进行的产品制造、转运、分销及销售的管理方法。供应链管理包括计划、采购、制造、配送、退货五大基本内容。常见的供应链管理方法包括以下两种。①快速反应（quick reaction，QR）。快速反应是指物流企业面对多品种、小批量的买方市场，不是储备了"产品"，而是准备了各种"要素"，在用户提出要求时，能以最快速度抽取要素，及时组装，提供所需服务或产品。快速反应是美国纺织服装业发展起来的一种供应链管理方法。②有效客户反应（efficient customer response，ECR）。有效客户反应是1992年从美国的食品杂货业中发展起来的一种供应链管理策略，也是一个由生产厂家、批发商和零售商等供应链成员组成的，各方相互协调和合作，更好、更快并以更低的成本满足消费者需求的供应链管理解决方案。有效客户反应是以满足顾客要求和最大限度降低物流过程费用为原则，能及时做出准确反应，使提供的物品供应或服务流程最佳化的一种供应链管理策略。

新企业在没有品牌、没有工厂、没有销售记录，更没有利润的情况下，如何赢得顶级供应商的青睐，建立起企业的供应链，并进行有效管理，这确实是极大挑战。新企业的供应链管理一定不同于大公司的供应链管理系统，需要根据企业实际，根据自身资源和身边可利用的资源，建立快速反应、成本低廉的运营系统。

三、获取新企业的社会认同

新企业在发展的最初阶段往往面临如何建立包括消费者、供应商和投资者在内的利益相关者对其产品、服务或商业模式乃至组织自身的理解和认识。在漫长的经营、成长过程中，企业要想做大、做强、做久，最终成为百年名店，仅仅做到提供顾客所需要的产品和服务、遵纪守法是不够的，还要进一步符合道德标准，主动承担社会责任，通过良好的行为表现获得社会各界的广泛认同。

（一）道德与道德管理

从一定意义上讲，道德就是以一种可接受的方式在进行任何活动时，需遵守的原则或参考标准。创业者面临特殊的道德困境，包括利益冲突、个性特点、利益相关者的社会责任、开放程度等。利益冲突主要与道德和经济平衡问题有关，它包括企图将个人从经营决策中分离出来的紧张状态；个性特点主要与人际关系和个人问题有关，在许多情况下个人问题或个性人格往往会引发困境；利益相关者的社会责任涵盖了管理合理化的压力，强调了行为准则的重要性；开放程度表明创业者对于价值与期望的要求更加公开。在这些困境中，创业者面临着每天都要做出经营决策的挑战。许多决策是复杂的，并且需要道德上的考虑，在新企业发展过程中，充满着无数的冲突，创业者需要对企业战略负道德责任，为了使新企业健康发展，创业者应该制定专门的原则，以便帮助他们在企业成长过程中采取正确的步骤。下面是四条管理者的道德法则。

法则一：雇用最合适的人员，具有道德意识的员工是最好的保障。

法则二：建立标准，而不是规定。

法则三：不要孤立自己，管理者如果置身象牙塔，就可能失去市场竞争力。

法则四：要做出榜样，在任何时候都不犯道德错误。

尽管道德给创业者带来了复杂的挑战，但创业者的价值观对于建立一个道德化的组织非常关键。创业者在做出关键决策的时候都有机会展现出自己的道德，而创业者良好的行为对其他员工来说都是一个榜样。

（二）企业社会责任及其承担

企业社会责任是指企业在创造利润、对股东利益负责的同时，还要承担起对企业的员工、消费者、供应商、社区和政府等利益相关者的责任，保护其权益，以获得在经济、社会、环境等多个领域的可持续发展能力。随着时代的发展，企业社会责任问题日益受到各国政府和民众的广泛关注。

在欧美发达国家，企业承担社会责任已经从当初以处理劳工冲突和环保问题为主要诉求，上升到实施企业社会责任战略以提升企业国际竞争力的阶段。在实践中，随着企业社会责任运动的发展，越来越多的企业通过设立企业社会责任委员会或类似机构来专门处理企业社会责任事项，越来越多的企业公开发表社会责任报告。对于西方国家的创业者及其企业来说，承担企业社会责任就是要积极参与企业社会责任运动，贯彻执行由此衍生的 SA8000（Social Accountability 8000，社会责任 8000）等各种企业社会责任国际标准。

在我国，强化企业的社会责任是一个紧迫的现实问题，是加入世界贸易组织后中国企业提高国际竞争力面临的一项新的挑战。在《中华人民共和国公司法》第五条中有明确要求，"公司从事经营活动，必须遵守法律、行政法规，遵守社会公德、商业道德，诚实守信，接受政府和社会公众的监督，承担社会责任"，因此公司理应对其劳动者、债权人、供货商、消费者、公司所在地的居民、自然环境和资源、国家安全和社会的全面发展承担一定责任。《中华人民共和国公司法》不仅将强化公司社会责任理念列入总则条款，而且在分则中设计了一套充分强化公司社会责任的具体制度，可见，企业社会责任在我国已经具有了明确的法律地位。我国新企业在创建伊始就应清楚地认识到推行企业社会责任是人类文明进步的标志，这不仅是国家的要求，也是现代企业的历史使命。创业者应该在积极参与和关注企业社会责任运动，以及企业社会责任国际标准出台的同时，从以下几个方面着手提高承担企业社会责任的意识和能力。第一，制定实施体现企业社会责任的竞争战略。突破传统的企业竞争战略，在勇于承担企业社会责任的同时，打造企业新的竞争优势是我国新一代创业者的必然选择。第二，把企业社会责任建设融入企业文化建设中。企业文化建设其实是企业发展战略的一部分，企业文化建设既可以提高企业竞争能力，也可以使人在工作中体会生命的价值，把企业社会责任作为新时期企业文化整合和再造的重要内容，已成为国际企业文化发展的大趋势。第三，把社会责任的理念付诸实实在在的行动。在企业的日常经营管理过程中，不仅要对股东负责，对员工负责，还要对客户、供应商负责，对自然环境负责，对社会经济的可持续发展负责。

本 章 小 结

本章作为本书的第九章，主要是让读者初步了解如何开办一个新企业，本章共有三节内容。第一节介绍了企业组织形式。首先，介绍了企业组织形式的内涵；其次，对企业组织形式的不同类型进行了详细介绍；再次，对比了不同企业组织形式的优势与劣势；最后，就如何选择企业组织形式进行了详细介绍。第二节主要介绍了新企业成立的相关法律法规，首先详细介绍了企业注册流程及相关法律文件，其次介绍了创办企业必须要考虑的法律问题。第三节主要介绍了企业运营准备的相关内容。首先介绍了企业选址应考虑的因素和选址的具体步骤，其次介绍了新创企业的供应链管理，最后介绍了新企业应该如何获取社会认同。

关 键 术 语

新企业开办　　企业组织形式　　企业注册流程　　企业运营准备

本章思考题

1. 企业不同的法律组织形式各自有哪些特点？
2. 新创企业需要了解哪些法律法规？
3. 新创企业需要做好哪些运营准备？

案例

杨凌示范区进一步支持大学生创新创业若干政策

发文字号：杨发〔2015〕15号　　发文机构：杨凌示范区党工委办公室

为全面推动世界知名农业科技创新城市建设，促进大众创业、万众创新，进一步激发大学生及归国留学人员（以下简称"大学生"）创新创业活力，在《杨凌示范区鼓励创新创业优惠政策》、《杨凌示范区高层次创业人才专项资金管理暂行办法》等政策的基础上，制定更为优惠的激励政策。

一、以杨凌示范区"众创田园"为核心，鼓励发展和建设一批面向大学生开放的众创空间。通过项目或政府购买服务等方式，支持有关创业服务机构面向大学生开展创业服务。实施"互联网+现代农业"行动，加快推进农产品电商产业园建设。

二、杨凌示范区种子孵化专项资金进一步加大对大学生倾斜支持力度。对符合条件的创新创业团队的创业项目，以无偿资助等方式，按照不超过20万元的标准给予支持。

三、设立1000万元的杨凌示范区创新创业投资引导资金，引导示范区有关国有企业联合社会力量设立大学生创业天使投资基金，加大对种子期、初创期创业项目的投入。

四、加强对大学生创业项目的金融支持力度。实行大学生创业贴息贷款政策，凡符合条件的项目可享受两年期内单笔10万元以内的贴息贷款。鼓励区内金融机构创新金融产品，加大对大学生创新创业项目的贷款力度。支持担保机构提高对大学生创新创业项目贷款的风险容忍度。

五、加大大学生创业孵化力度。对入驻孵化基地的大学生创新创业团队，5年内免缴办公用房租金。免收房租先由就业专项资金按照有关规定补助，不足部分由示范区财政列支。

六、优先解决创新创业大学生的住房问题。对在杨凌新领办创办的创新创业团队负责人，纳入示范区保障房的保障范围，按照60平方米的保障房补贴标准，由示范区财政全额补贴，最长补助5年。从注册之日起5年内，达到规模以上企业标准的，在企业存续期内可继续无偿居住。如领办创办人员在杨凌购买住房的，按照示范区高层次创业人才奖励办法的相关标准给予一次性购房补贴。

七、着力降低大学生创业成本。大学生创业团队为其成员按规定足额缴纳社会保险的，对基本养老、医疗、失业保险的单位配套部分，由示范区给予5年期限的社会保险补贴。以上补贴先由就业专项资金按照有关规定补助，不足部分由示范区财政列支。

八、凡纳入示范区政府采购目录的大学生创新创业企业的产品、服务，同等条件下优先采购。

九、本政策适用于毕业五年内在杨凌新领办创办企业且达到一定标准的大学本（专）科学生、硕士、博士研究生（含归国留学人员）。

十、本政策由示范区大学生创新创业工作领导小组解释，自印发之日起施行。

思考题：

（1）讨论杨凌示范区相关政策对于大学生创办企业的帮助是否符合当下需要？

（2）结合本书内容，查阅与"新企业开办"相关的优惠政策。

本章参考文献

巴林格，爱尔兰. 2006. 创业管理：成功创建新企业[M]. 张玉利，王伟毅，杨俊，译. 北京：机械工业出版社.

李家华. 2015. 创业基础[M]. 2版. 北京：清华大学出版社.

张玉利，等. 2016. 创业管理[M]. 4版. 北京：机械工业出版社.

Laulajainen R, Stafford H A. 1996. Corporate geography: business location principles and cases[J]. Long Range Planning, 29(3): 434.

Porter M E. 1998. On Competition[M]. Boston: Harvard Business School Press.